Donald B. Kraybill, Steven M. Nolt und David L. Weaver-Zercher

Die Gnade der Amish

Donald B. Kraybill, Steven M. Nolt
und David L. Weaver-Zercher

Die Gnade der Amish

Wie Vergebung Tragödien überwindet

Übersetzung aus dem Amerikanischen
von Gislinde Müller

WILEY-VCH Verlag GmbH & Co. KGaA

1. Auflage 2009

Alle Bücher von Wiley-VCH werden sorgfältig erarbeitet. Dennoch übernehmen
Autoren, Herausgeber und Verlag in
keinem Fall, einschließlich des vorliegen-
den Werkes, für die Richtigkeit von An-
gaben, Hinweisen und Ratschlägen sowie
für eventuelle Druckfehler irgendeine
Haftung.

**Bibliografische Information
der Deutschen Nationalbibliothek**
Die Deutsche Nationalbibliothek ver-
zeichnet diese Publikation in der Deutschen
Nationalbibliografie; detaillierte bibliografische Daten sind im Internet über
http://dnb.d-nb.de abrufbar.

©2009 WILEY-VCH Verlag GmbH & Co.
KGaA, Weinheim

Das englischsprachige Original erschien
2007 unter dem Titel Amish Grace bei
John Wiley & Sons, Inc.

Alle Rechte, insbesondere die der Übersetzung in andere Sprachen, vorbehalten.
Kein Teil dieses Buches darf ohne schriftliche Genehmigung des Verlages in irgend-
einer Form – durch Fotokopie, Mikrover-
filmung oder irgendein anderes Verfahren
– reproduziert oder in eine von Maschinen,
insbesondere von Datenverarbeitungs-
maschinen, verwendbare Sprache übertragen oder übersetzt werden. Die Wiedergabe
von Warenbezeichnungen, Handelsnamen
oder sonstigen Kennzeichen in diesem
Buch berechtigt nicht zu der Annahme,
dass diese von jedermann frei benutzt
werden dürfen. Vielmehr kann es sich auch
dann um eingetragene Warenzeichen oder
sonstige gesetzlich geschützte Kennzeichen
handeln, wenn sie nicht eigens als solche
markiert sind.

Printed in the Federal Republic of Germany

Gedruckt auf säurefreiem Papier.

Satz TypoDesign Hecker GmbH, Leimen
Druck und Bindung Kösel, Krugzell
www.koeselbuch.de
Umschlaggestaltung Adam Design, Weinheim

ISBN: 978-3-527-50447-3

Inhaltsverzeichnis

Vorwort zur deutschsprachigen Ausgabe

Über die Amish ist den meisten Europäern wenig oder wenig mehr bekannt als Klischees: Eine Lebensweise wie im 17. Jahrhundert, strikte Absage an die moderne Technik, Landwirtschaftsbetriebe mit organischem Anbau, religiöser Radikalismus, totale Ablehnung von Gewalt.

Diese Klischées werden durch folkloristisch anmutende Postkartenidylle mit dem Motiv des Pferdegespanns und Amish-Männern und -Frauen, die nach der Mode des 17. Jahrhunderts gekleidet sind und noch heute deutsche Dialekte sprechen, untermauert.

Die Amish leben nicht, wie viele meinen, auf einer »Insel der Seligen«, sondern sie stehen in der Tradition der Täufer des 16. und 17. Jahrhunderts, früher oft »Wiedertäufer« genannt. Ihre Geschichte ist eine Geschichte des Leidens und der Verfolgung. Von Anfang ihrer Geschichte an haben sie ihren Feinden vergeben. Vergebung ist noch heute meist die Antwort, wenn ihnen Böses zugefügt wird..

Unbegreifliche Morde wurden am 6. Oktober 2006 in Nickel Mines, einem kleinen Dorf der Amish im US-Staat Pennsylvania verübt. Zehn unschuldige Schulmädchen wurden in der kleinen Dorfschule ermordet oder lebensgefährlich verletzt. Die unvorstellbare Tat führte zu einer mindestens ebenso unvorstellbaren Reaktion: Sie haben dem Täter, seiner Familie und seinen Bekannten vergeben.

Die Verfasser von »Die Gnade der Amish« sind ausgewiesene Forscher der Täuferbewegungen. Sie erklären, was bei den Amish vergebendes Handeln möglich macht und lassen den Leser einen Blick in das Leben und Zusammenleben der Amish tun. Darüber hinaus geben sie einen Abriss über die Grundlagen ihres Glaubens und ihrer Geschichte.

Der Wille und die Fähigkeiten zur Vergebung ist in einer Welt voller Konflikte nötiger denn je. Die Autoren stellen das Modell der Amish jedoch nicht als allgemein verpflichtend hin. Sie rufen jedoch »uns andere« auf, glaubwürdige, jeweils angemessene Wege zum Schutz und zur Stärkung der Würde des Menschen zu finden.

Gary Waltner von der mennonitischen Forschungsstelle in Kirchheim-Bolanden hat die Kirchenlieder der Amish in mühevoller Kleinarbeit im deutschen Originaltext beschafft und der Autor Donald Kraybill hat die Dialektausdrücke für die Gottesdienste und Zusammenkünfte zusammengetragen und für die deutsche Ausgabe übermittelt. Beiden sei an dieser Stelle herzlich gedankt.

Möge das vorliegende Buch falsche Vorstellungen über die Amish ausräumen und Verständnis für eine Gegenkultur in unserer globalisierten Welt wecken.

Dr. Dietrich Blaufuß, Erlangen

8

Vorwort

Amish. Schule. Amoklauf. Nie hätte man es für möglich gehalten, dass diese Worte jemals in einem Atemzug genannt werden würden. Doch das Unvorstellbare wurde am 2. Oktober 2006 wahr, als Charles Carl Roberts IV seine Waffen und seinen Zorn in ein Schulhaus der Amish in Nickel Mines in Pennsylvania trug. An jenem Tag starben fünf Schülerinnen und fünf weitere wurden lebensgefährlich verletzt. Roberts verwandelte ein Schulhaus in ein Haus des Horrors und zerstörte damit einen amerikanischen Mythos – dass die Amish der Alten Ordnung von den Problemen der übrigen Welt verschont bleiben.

Die Amish stützen sich weniger auf diesen Mythos als diejenigen, die sie von ferne beobachten. Ja, ihre Geschichte erinnert sie daran, dass nicht einmal die entschiedensten Bemühungen, sich von der Welt und ihren Freveln fernzuhalten, absolut sicher sind.

Die Nickel Mines Amish haben den Horror vom 2. Oktober gewiss nicht vorausgeahnt. Sie waren jedoch ungewöhnlich gut darauf vorbereitet, mit Güte, Langmut und Liebe darauf zu reagieren. Ja, die größte Überraschung in Nickel Mines war nicht das Eindringen des Bösen, sondern die Reaktion der Amish darauf. Die größte Überraschung war die Gnade der Amish.

Dieses Buch erklärt die Reaktion der Amish auf die Schießerei in Nickel Mines und geht besonders darauf ein, wie sie dem Mörder vergeben haben und wie sie seiner Familie gegenüber Gnade zum Ausdruck gebracht haben. Angesichts unseres schon über lange Zeit laufenden Studiums des Lebens der Amish waren wir nicht über ihre Reaktion erstaunt. Ihr Handeln weckte aber auch bei uns eine Vielzahl von Fragen. Was genau haben die Amish nach der Tragödie getan? Was hat es für sie bedeutet, Vergebung zu gewähren? Und welches war der kulturelle Boden, der diese Art von Reaktion in einer Welt genährt hat, wo Rache und nicht Vergebung an der Tagesordnung sind?

Während wir diese Fragen untersuchen, führen wir in einige Aspekte der Amish-Kultur ein und zeigen damit die Verbindung zwischen dem Leben und der Gnade der Amish. Diese Verbindung ist aus zwei Gründen wichtig: Erstens erklärt sie, dass das Gewähren von Gnade weder im Voraus geplant noch zufällig war. Es ist aus dem entstanden, was die Amish schon lange vor dem schrecklichen Oktobertag waren. Wir stellen zweitens die Reaktion der Amish in den Kontext ihrer Geschichte und ihrer Praxis. Dadurch ist es für uns leichter herauszuarbeiten, welche Lehren wir, die wir außerhalb der Gesellschaft der Amish leben, daraus ziehen können.

Im Anhang geben wir ausführliche Informationen über die Eigenheiten dieser Gemeinschaft. Einige einführende Worte an dieser Stelle helfen, den Hintergrund unserer Geschichte aufzuzeigen. Die Amish gehen auf die Wiedertäufer zurück, eine radikale christliche Bewegung, die 1525, kurz nachdem Martin Luther die Reformation ins Rollen gebracht hatte, entstand. Gegner der jungen Radikalen nannten sie *Anabaptisten*, ein herabsetzender Spitzname, der »Wiedertäufer« bedeutet, denn sie tauften einander als Erwachsene, auch wenn sie in der Staatskirche bereits als Kinder getauft worden waren. Diese radikalen Reformer waren darauf aus, christliche Gemeinschaften zu schaffen, die durch Liebe füreinander und für ihre Feinde geprägt waren – eine Ethik, die sie auf den Berichten vom Leben und der Lehre Jesu gründeten. Etwa zwei Jahrhunderte später um das Jahr 1690 herum entstand die Gemeinschaft der

Amish als anabaptistische Gruppe in der Schweiz und in Bereichen des Elsass im heutigen Frankreich.

Die Amish des Lancaster County in Pennsylvania sind eine der zahlreichen Untergruppen der Amish in Nordamerika. Die meisten Gruppen der Amish sind auch unter der Bezeichnung »Alte Ordnung« bekannt, weil bei ihnen alte religiöse und soziale Sitten und Gewohnheiten besonders stark ausgeprägt sind. Die Mennoniten, die man als religiöse Vettern der Amish bezeichnen könnte, haben ihre Wurzeln ebenfalls bei den Täufern des 16. Jahrhunderts. Viele, wenn auch nicht alle mennonitischen Gruppen des 21. Jahrhunderts, haben sich stärker an die außerhalb ihrer Gemeinden herrschende Kultur angepasst und nutzen mehr Technologie als die Amish.

Auch wenn der Anlass für dieses Buch so grausam ist, dass wir ihn am liebsten aus der Geschichte löschen würden, glauben wir, dass er uns Einblicke in den Glauben der Amish öffnet. Einspänner, Bärte und Hauben sind für die meisten Amerikaner die ins Auge springenden Merkmale des Lebens der Amish. Solche Bilder gewähren zwar einen gewissen Einblick in die Kultur und die Werte der Amish, die ihnen lieb und teuer sind. Die Amish sagen jedoch eher, dass sie einfach versuchen, Jesus Christus zu gehorchen, der seinen Nachfolgern geboten hat, so viele merkwürdige Dinge zu tun, wie zum Beispiel ihre Feinde zu lieben, zu segnen und ihnen zu vergeben. Dies ist kein Bild vom Leben der Amish, das man auf einer Postkarte aus dem Amish-Country finden kann. Es kann nur aus der Charakterfestigkeit in den Mühen des Alltags gezeichnet werden. Das ist zwar kein Trost für die Familien, die ihre Töchter an jenem Tag verloren haben. Das Bild der Amish ist heute jedoch viel klarer als vor dem Oktober 2006.

Dieses Buch handelt von der Gnade der Amish, aber es geht auch um Vergebung, Verzeihen und Aussöhnung. Gnade, wie wir das Wort in diesem Buch verwenden, ist ein breit gefächertes Konzept, das von Liebe und Reaktionen von Mitgefühl anderen gegenüber geprägt ist. Eine Reaktion der Gnade kann viele Formen haben: einen Menschen trösten, der trauert, jemandem Hilfe geben, der in Not ist, zugunsten eines anderen ein Opfer bringen und so weiter. Den Amish fällt es schwer, über ihre »Gnade« zu sprechen, weil Gnade ein Geschenk ist, das nur Gott geben kann. Wir verwenden in diesem Buch *Gnade* in einem weiteren Sinn – als Synonym für Güte und freundliches Verhalten anderen gegenüber.

Vergebung ist eine besondere Form der Gnade, die immer einen Angriff, einen Angreifer und ein Opfer (in diesem Fall eine Gemeinschaft, in der es Opfer zu beklagen gab) voraussetzt. Wenn Vergebung gegeben wird, dann verzichtet ein Opfer auf das Recht auf Rache und verpflichtet sich, die bitteren Gefühle, die es dem Übeltäter gegenüber hat, zu überwinden. Manche Menschen, die Vergebung untersucht haben, dehnen diese Definition noch einen Schritt weiter aus, das heißt, sie zielen auf positive Gefühle dem Angreifer gegenüber ab – Gefühle wie Liebe und Mitgefühl – auch das sei entscheidend für Vergebung. Für ihren Teil glauben die Amish, dass Taten der Gnade gegenüber dem Angreifer ein wichtiger Schritt hin zu wahrer Vergebung sind. Es ist in diesem Buch nicht unser Ziel, Vergebung für alle Zeiten zu definieren. Wir haben ein bescheideneres Ziel: Wir wollen die Geschichte von Vergebung der Amish in Nickel Mines erzählen. Obwohl wir dem Verständnis der Amish von Vergebung den Vorrang geben, verknüpfen wir es manchmal mit wissenschaftlichen Auseinandersetzungen zu diesem Thema.

Bei der Darstellung der Geschichte der Amish ist es uns wichtig, Vergebung sowohl von Begnadigung als auch von Wiedergutmachung zu unterscheiden. Während beim Vergeben das Opfer auf das Recht auf Rache verzichtet, befreit Begnadigung einen Angreifer ganz und gar von Strafe. In vielen Fällen kann Begnadigung nicht von dem Opfer, sondern nur von einer Person oder einer Institution, die Disziplinargewalt über den An-

12

greifer hat (z.B. innerhalb eines juristischen Systems), gegeben werden. *Versöhnung* ist die Wiederherstellung einer Beziehung oder das Schaffen einer neuen Beziehung zwischen dem Opfer und dem Täter. Versöhnung ist nicht notwendigerweise die Voraussetzung für Vergebung, und natürlich erfolgt sie nicht immer, weil dazu Vertrauen zwischen zwei willigen Parteien hergestellt werden muss. In vielen Situationen jedoch bildet Versöhnung zwischen Opfer und Angreifer das letztliche Ziel, und Vergebung ist ein entscheidender Schritt in diesem Prozess.

Wir haben mit mehr als drei Dutzend Amish gesprochen, während wir dieses Buch schrieben, und wir zitieren sie auf den folgenden Seiten wörtlich. Die Kultur der Amish legt großen Wert auf Demut. Deshalb wollten die Befragten nicht, dass ihr Name gedruckt erscheint. Wir haben ihren Wunsch respektiert und zitieren viele unserer Quellen als eine »Großmutter der Amish« oder einen »Zimmermann der Amish«. Ebenso geben wir keinen Namen von Amish an, die Briefe oder Aufsätze in Zeitschriften und Zeitungen der Amish geschrieben haben.

Für acht Personen, die wir häufig zitieren, verwenden wir typische Vornamen der Amish als Pseudonyme: Amos, Eli, Gid, Katie, Mary, Moses, Sadie und Sylvia (jedes Pseudonym bezieht sich auf eine wirkliche und nicht auf eine fiktive Person). Bei diesem Buch geht es um Gnade, und in diesem Sinn verwenden wir auch ein Pseudonym für die Witwe des Mörders.

Bei einigen wenigen Personen verwenden wir die richtigen Namen von Amish, denn ihre Namen sind sehr oft in den Medien genannt worden. Wir verwenden z.B. die Vornamen der Mädchen, die die West Nickel Mines School besuchten, ebenso wie den Vornamen ihrer Lehrerin und Namen von Amish in Geschichten über Vergebung, die nicht mit dem Schulmassaker verbunden sind, weil diese Namen schon in den Medien

13

oder anderswo erwähnt wurden, als die Geschichten zum ersten Mal berichtet wurden.

Schließlich müssen wir unseren Gebrauch des Begriffs *Engländer* klären. Amish verwenden diesen Begriff oft für Menschen, die den Amish nicht angehören. Die Amish sprechen einen deutschen Dialekt, Pennsylvaniadeutsch (umgangssprachlich auch Pennsylvania Dutch genannt) als erste Sprache. Sie sprechen, lesen und schreiben auch Englisch, das sie in der Regel lernen, wenn sie in die Schule kommen. Amish-Erwachsene sprechen in der Regel Englisch mit Nachbarn, die keine Amish sind, und sie bezeichnen sie einfach als »die Engländer«, auch wenn die Außenstehenden gar nichts mit Großbritannien zu tun haben. Auf den folgenden Seiten verwenden wir abwechselnd die Begriffe Nicht-Amish, Engländer und Außenstehende.

Wir haben den Text in drei Teile gegliedert. Teil I, der die ersten fünf Kapitel umfasst, erzählt die Geschichte von den Schüssen in der Schule und den Reaktionen, die darauf folgten. Teil II erforscht das Verständnis und die Praktiken der Vergebung im Leben der Amish in einem umfassenderen Sinn. Teil III reflektiert die Bedeutung der Vergebung, nicht nur für die Amish, sondern für uns alle.

Teil 1

I
Die Amish von Nickel Mines

»Wir glauben, dass wir unser Licht
scheinen lassen sollen – aber nicht vor
den Augen anderer Menschen.«

Ein Amish-Vater

Die Sonne schickte ihre ersten Strahlen über den Morgenhimmel, als wir von Straßburg, Pennsylvania, aus nach Osten fuhren.[1] Wir schauten unseren Kartenausdruck mit der Taschenlampe an. Nach weiteren drei Kilometern bogen wir auf der Wolf Rock Road nach Süden ab. Vor uns blinkten zwei Rücklichter in der Dunkelheit. Das konnte nur ein Pferdeeinspänner sein. Das Klipp-Klapp der Pferdehufe beim Aufstieg zum Bergkamm gab das Tempo an.

Wir waren auf dem Weg zu einem Ort, den man unter normalen Umständen niemals aufgesucht hätte. Am Vortag waren in einer einklassigen Schule der Amish in der kleinen Gemeinde Nickel Mines Schüsse gefallen. Wir hatten, da wir als Wissenschaftler das Leben der Amish studieren, den ganzen Tag damit zugebracht, am Telefon viele Fragen von Reportern zu beantworten, die nach Information lechzten. Jetzt waren wir auf dem Weg zum Schauplatz der Tragödie und wollten zu weiteren Fragen der Journalisten, die sich dort versammelt hatten, Rede und Antwort stehen.

Wir fuhren weiter zum »Riff«, einer niedrigen von Osten nach Westen verlaufenden Bergkette, die die Lancaster Amish-Siedlung in zwei Hälften teilt. Der ältere Teil der Siedlung liegt im Norden und wurde etwa 1760 gegründet. Damals siedelten dort die Amish. Später entwickelte sich daraus das Dorf Intercourse. 1940 waren Pioniere der Amish auf der Suche nach billigerem Land in den Süden des Riffs in Richtung Georgetown gezogen. Die Bevölkerung der »Alten Ordnung« verdoppelte sich etwa alle zwanzig Jahre. Deshalb wurde Georgetown der Mittelpunkt einer wachsenden Gemeinde. Heute leben etwa achthundert Familien der Amish in dem kleinen Stadtgebiet mit einem Durchmesser von ca. 5 Kilometern. Das »südliche Ende«, wie dieser Teil der Siedlung genannt wird, ist hügliger. Die Bewohner hier sind langsamer und konservativer als die im Norden. Das behaupten jedenfalls die Amish im älteren nördlichen Teil.

Die Rücklichter des Einspänners, dem wir folgten, erinnerten uns daran, dass die Amish Technik nicht ganz ablehnen. Fernsehen, Internet, Autos und einiges andere lehnen sie ab, weil sie fürchten, es schade ihrer Gemeinschaft. Manche Erfindungen nutzen sie, andere passen sie so an, dass sie ihrer Art zu leben nützen und nicht schaden. Ihr Bemühen, Technik zu zähmen, hat geniale Techniker der Amish dazu gebracht, eine faszinierende Mischung von Altem und Neuem zu entwickeln. Beispiele dafür sind LED-Lichter an Einspännern, Stahlräder an modernen Traktoren, Ladenkassen, die von Batterien betrieben werden, Werkstattsägen, die von Kompressoren angetrieben werden. Telefonapparate sind in Verschlägen außerhalb der Wohnungen untergebracht, damit sie das Familienleben nicht stören. In einigen Geschäften der Amish findet das Textverarbeitungsprogramm Classic Word Processor Anwendung. Man wirbt zwar damit, dass es nichts Ausgefallenes sei, nur ein »Arbeitspferd für das Geschäft«, doch immerhin hat der Computer einen 8-Zoll-Bildschirm, arbeitet auf der Basis von Windows und ist mit einem Tabellen- und Textverarbeitungsprogramm ausgestattet. Anders als die meisten Computer hat dieser Computer der »Alten Ordnung« aber keinen Anschluss zum Telefon, das Internet oder zu Videospielen.

Wir hatten zwar am Vortag stundenlang mit Reportern über die West Nickel Mines School gesprochen, wussten aber nicht genau, wo sie lag. Wir wussten nur, dass sie etwa 19 Kilometer südöstlich von Lancaster City und abseits der Route 30 lag, dem quirligen Touristenstreifen mit seinen vielen Restaurants und Outletstores. Wir wussten auch, dass die alten Nickelminen im Jahr 1890, als der Preis infolge günstiger Importe ins Bodenlose fiel, geschlossen worden waren. Jetzt wurde das Gebiet landwirtschaftlich genutzt. Farmen, kleine Geschäfte und Bungalows lagen verstreut an kurvenreichen Landstraßen.

Als wir auf dem Kamm des Riffs angekommen waren und uns der Mine Road näherten, sahen wir im Morgengrauen ein Stopp-Schild. Die rechte Seite der Mine Road wurde von Polizeiautos blockiert. Ein Beamter mit einer großen Taschenlampe kam auf uns zu und fragte, wohin wir wollten. Als er unsere Ausweise geprüft hatte, ließ er uns hinter den Fernsehaufnahmewagen parken, die, so weit das Auge blickte, die Mine Road säumten.

Die Mine Road ist eine enge Landstraße mit ein paar verstreuten Häusern und Ackerland, die rechts in ein kleines Tal schauen. Die West Nickel Mines Amish School lag in der Nähe der Talsohle. Dutzende von Übertragungswagen parkten an der Böschung der Straße. Ihre Satellitenschüsseln ragten gen Himmel. Ein weißer Holzzaun umgab den Schulhof, das Schulhaus, zwei Nebengebäude und zwei Ballspielplätze. Auf der Weide nebenan grasten Pferde, auf der anderen Seite lag ein weiterer Ballspielplatz. Die Schule bestand aus einem Raum und war im Stil des 19. Jahrhunderts gebaut und hatte eine Glocke auf dem Dach – ein schönes Hintergrundbild für die Morgennachrichten. Ein friedlicher und idyllischer Anblick – es hätte der Vorgarten des Paradieses sein können. Fünf Meilen nördlich des Riffs gibt es tatsächlich ein kleines Dorf, das so heißt.

Wir parkten und gingen durch eine Ansammlung von Fernsehreportern und Journalisten die Straße hinunter. Einige Reporter hatten offenbar die ganze Nacht in ihrem Wagen verbracht, so zerzaust und müde, wie sie aussahen. Einige Journalisten aus New York, die sich vermutlich einen Starbuck-Coffeeshop gewünscht hätten, kamen mit Tassen mit einer merkwürdigen Brühe heran, die sie in einem Nachbarschaftsladen, der acht Kilometer entfernt lag, gekauft hatten. Eine kleine Querstraße vor uns war ebenfalls mit Übertragungswagen zugestellt. Dutzende Journalisten mit Notizbüchern, Mikrofonen und Kameras liefen in der Gegend herum. »Wo ist Nickel Mines?«, fragten wir einen Reporter, als wir näher kamen. »Hier«, antwortete er.

Das sollte es sein? Nur ein paar Häuser und eine Straßenkreuzung? An einer Ecke der Kreuzung steht ein Auktionshaus. Läden, Tankstellen, Coffeeshops – Fehlanzeige ... Der nächste Laden, die nächste Bank und das nächste Feuerwehrhaus stehen in Georgetown, etwa 2,5 Kilometer weiter südlich. Der Parkplatz des Auktionshauses hatte sich über Nacht zu einem Medien-Basar mit Satellitenschüsseln und grellen Lampen verwandelt. Diesel-Generatoren summten, und überall streunten Reporter auf der Suche nach neuen Informationen herum. Die bescheidenen Straßenzüge, die man kaum als Dorf bezeichnen kann, hatten für einen langen Tag, der sich über eine Woche ausdehnte, die Aufmerksamkeit der Welt auf sich gezogen. Wir standen vor einem Mineralwasserautomaten neben dem Auktionshaus und versuchten, einen Stehplatz zu bekommen. Vor nur 15 Stunden hatte Charles Carl Roberts IV genau an dieser Stelle, die etwa 350 Meter von der Schule entfernt ist, ein Mineralwasser gekauft. Er hatte gewartet, während die 26 Kinder der Schule in ihrer Morgenpause Softball spielten. Ein Mitglied der Schulkommission der Amish hatte ihn dort gesehen, sich aber nichts dabei gedacht, weil Roberts oft beim Auktionshaus herumlungerte. »Charlie hätte in der Schule von Georgetown schießen können, denn sie ist näher an seinem Haus gelegen«, sagte ein Mann der Amish. »Er hat wahrscheinlich gedacht, sie läge zu nah an anderen Häusern.«

20

Zur Amish-Siedlung von Lancaster gehören mehr als 160 Gemeinden, die als Gemeindedistrikte bezeichnet werden. Jede wird von einem Team von ordinierten Männern geleitet – einem Bischof, einem Diakon und zwei oder drei Predigern. Diese Männer, die aus ihrem Distrikt gewählt sind, dienen neben ihrer beruflichen Tätigkeit als religiöse Führer. Sie üben ihr Amt auf Lebenszeit ohne Bezahlung und ohne formale theologische Ausbildung aus.

Bäche und Straßen zeigen die Grenzen eines jeden Distriktes an, der sozialen und religiösen Heimat von 25 bis 40 Familien. Jede Familie der Amish besucht die Gemeindetreffen mit den anderen Familien, die in den Grenzen ihres Distriktes leben. Wird die Mitgliederzahl eines Distriktes so groß, dass der Platz nicht für die Gemeindetreffen in Privathäusern reicht, dann wird der Distrikt aufgeteilt. Die Familien leben so nahe beieinander und tun neben den Gemeindetreffen so viel gemeinsam, dass sie sich sehr gut kennen.

Die Nickel Mines Crossroad teilt drei Distrikte: West Nickel Mines, East Nickel Mines und Northeast Georgetown. Die West Nickel Mines School wird von Kindern aller drei Distrikte besucht. »Es war ein Glück, dass die Kinder von drei verschiedenen Distrikten kamen«, sagte ein Amish rückblickend. »So waren die Trauer und die Vorbereitungen für die Beerdigung auf Mitglieder mehrerer Distrikte verteilt.«

Dies ist dicht besiedeltes Amish-Land. Farmen und Geschäfte der Amish stehen unmittelbar neben denen ihrer englischen Nachbarn. Die Hauptstadt der Amish, Bart Township, hat 3000 Einwohner aus Amish und Engländern. Sie leben in etwa 800 Häusern auf einer Fläche von 25 Quadratkilometern. Die Amish haben wie in vielen anderen Gemeinden viele Freunde unter ihren englischen Nachbarn. Ein großer Teil der Nachbarschaftsaktivitäten spielen sich über die kulturellen Grenzen hinweg ab. Etwa 75 Prozent der Feuerwehrgesellschaft von Bart Township sind Amish, und einige haben Führungspositionen. Sie fahren keine Feuerwehrautos, aber sie helfen bei der Feuerbekämpfung und organisieren die Spendenbeschaffung für die Gesellschaft.

Die Bereitschaft der Amish, in Feuerwehrautos mitzufahren, während sie sich wehren, sie zu lenken, spiegelt das Verhältnis der Amish zu Autos ganz allgemein wieder. Zu Beginn des 20. Jahrhunderts haben die Amish den Besitz von Autos verboten, weil sie fürchteten, das Auto würde ihre Gemeinschaft auseinanderreißen und es den Mitgliedern leichter machen, in die Städte zu fahren und sich mit der übrigen Welt zu vermischen. Die Fortbewegung mit Pferden und Pferdewagen hilft, die Mitglieder an ihren örtlichen Gemeindedistrikt und an ihre Nachbarn zu binden. Allerdings nehmen Amish englische »Taxifahrer« in Anspruch, die ihre Fahrzeuge nutzen, um ihre Amish-Auftraggeber zu Geschäftstreffen, besonderen Ereignissen und weiteren Reisen zu fahren. An dem Tag, an dem die Schüsse fielen, fuhren die Eltern verletzter Kinder in Polizeiautos und in Fahrzeugen von Fahrern, die nicht zu den Amish gehörten. Sie lehnten Angebote, mit Helikoptern zum Krankenhaus geflogen zu werden, ab, obwohl viele der Verletzten damit transportiert wurden.

Als die Sonne das Dunkel der Nacht besiegt hatte, war die Schule besser zu erkennen. Es war eine typische Amish-Einraumschule mit einer gusseisernen Glocke in einer kleinen Kuppel auf dem Dach. Das gelbe Stucco-Gebäude, das 1976 erbaut worden war, stand auf einem Stück Land, auf dem früher Kühe gegrast hatten, und lag etwa 45 Meter von der White Oak Road und etwa 400 Meter vom nächstgelegenen Haus der Amish entfernt. Es gibt über das Land verstreut mehr als 1400 Schulen der Amish. Die meisten Jugendlichen der Amish besuchen solche privaten Schulen, die von ihrer Glaubensgemeinschaft betrieben werden. Nach dem 8. Schuljahr beginnen die Scholaren, wie die Amish ihre Schüler nennen, eine Lehre in der Landwirtschaft, einem Handwerksbetrieb oder einem Ladengeschäft zu Haus, bei einem Nachbar oder Verwandten in der Nähe.

Die West Nickel Mines School ist eine von 30 Schulen der Amish, die sich auf ein Gebiet verteilen, das sich rund um Georgetown erstreckt. Sie haben ihre Namen von nahe gelegenen Städten und örtlich bekannten Plätzen: Cedar Hill, Wolf Rock, Georgetown, Valley Road, Bartville, Mt. Pleasant View, Peach Lane, Green Tree etc. Mehr als 190 Schulen sind über die Siedlung Lancaster County, das im Osten in Chester County übergeht, verstreut. Ein Schulvorstand, der aus vier bis fünf Männern besteht, steht ein bis zwei Schulen vor – er stellt die Lehrer ein, sorgt für die Ausstattung und verwaltet die Finanzen.

Solche Privatschulen wie die in Nickel Mines sind neueren Datums. Die Kinder der Amish besuchten die öffentlichen Schulen auf dem Land, bis Mitte des 20. Jahrhunderts große Schulen aufkamen, weil mehrere Schulen zusammengelegt wurden. Das bedeutete, dass die Schüler der Amish nicht mehr zu Fuß zur Schule gehen konnten. Die Eltern hatten zudem weniger Einfluss und Kontrolle über die Schule ihrer Kinder. Immer öfter kamen die Lehrer von weit her und wussten wenig über die Lebensweise der Amish. Den Eltern gefiel es auch nicht, dass ihre Kinder im High School Alter mit Themen und Inhalten konfrontiert wurden, die ihren Vorstellungen widersprachen wie zum Beispiel Evolution und Leibeserziehung.

Die Amish wendeten sich gegen diese umwälzenden Veränderungen in öffentlichen Schulen. Aus ihrer Sicht ist eine gute achtklassige Schulbildung in den Grundfächern Lesen, Schreiben und Rechnen alles, was man für ein erfolgreiches Leben als Amish braucht. In den 50-er Jahren des vorigen Jahrhunderts bekamen im Lancaster County sogar Dutzende von Eltern Gefängnisstrafen, weil sie sich weigerten, ihre Kinder über die achte Klasse hinaus in große, weiter entfernte Schulen zu schicken. Schließlich hat der Supreme Court, das höchste Gericht der USA, bei einem Fall im Jahre 1972, der als »Wisconsin gegen Yoder« bekannt wurde, erlaubt, dass Kinder der Amish ihre Schulbildung nach der achten Klasse beenden dürfen, wenn sie 14 Jahre alt sind. Die Angst vor den öffentlichen Schulen und die Verlautbarung dieses Gerichtsbeschlusses ließ die Zahl der Privatschulen der Amish wachsen.

Verglichen mit den Wohnungen, Scheunen, Ställen und Werkstätten gibt es in den Schulen die niedrigste technische Ausstattung in der Gesellschaft der Amish. Die technische Ausstattung beschränkt sich in der Regel auf eine batteriebetriebene Wanduhr, ein Propangaslicht und einen Kerosin-, Kohle- oder Holzofen. Es gibt keine Taschenrechner, keine Mikroskope, Computer, elektronische Geräte oder Fernseher. Ein Lehrer der Amish unterrichtet – oft mithilfe eines Helfers – alle acht Klassen im gleichen Klassenzimmer. Der Lehrplan umfasst die Grundfächer: Rechtschreibung, Lesen, Schönschreiben, Grammatik, Rechnen und ein wenig Geografie. Die Unterrichtssprache ist Englisch.

Ein ruhiges, aber friedliches Summen schwebt über dem Raum, wenn Kinder im Flüsterton einander helfen, während der Lehrer mit ein oder zwei Klassen gleichzeitig arbeitet. Hebt ein Schüler die Hand und bittet um Erlaubnis, ein Buch aus der Bibliothek holen oder das »Outhouse« (das WC) benutzen zu dürfen, dann nickt der Lehrer meist freundlich. Am Ende des Schultages verwandeln sich die Schüler in ihr eigenes Reinigungspersonal – sie kehren den Boden, bringen die Bücher auf die Regale der Bibliothek zurück und putzen in der Eingangshalle die Schlagstöcke und Bälle.

Zum Erstaunen vieler wird Religion in den Schulen der Amish nicht als besonderes Fach unterrichtet, sondern durch Bibellesen, Gebet, Hymnen und Lieder und das Vorbild des Lehrers gelehrt. Die Amish glauben, dass formale religiöse Unterweisung in die Familie und in die Gemeinde und nicht in die Schule gehört. Natürlich durchdringen die Werte die Schule »den ganzen Tag – unseren Lehrplan und das Spiel auf den Spielplätzen«, wie es in einem Schulbuch der Amish heißt. Dies äußert sich dann zum Beispiel darin, dass man beim Rechnen nicht betrügt, dass man Sauberkeit pflegt und sich gesundheitsbewusst verhält, dass man lernt, den eigenen Unterhalt auf ehrliche Weise zu verdienen. Auf dem Spielplatz wird Ehrlichkeit, Ernsthaftigkeit, Demut und die goldene Regel gelehrt, dass man andere so behandelt, wie man selbst behandelt werden möchte.

Als wir bei der West Nickel Mines School über die Straße gingen, versammelten sich um uns Journalisten auf der Suche nach Informationen. Man merkte, dass sie vorbereitet waren, sodass sie sofort auf den Punkt kamen: Was glauben Sie, denken die Amish über ...? Wie reagieren die Amish auf ...? Was lehren die Amish in ihren Schulen? So klar und geradeheraus die Fragen waren, so oft gingen die Reporter von der falschen Annahme aus, dass alle Amish in Nordamerika einander wie ein Ei dem anderen gleichen. In Wirklichkeit gibt es bei den Amish viele unterschiedliche Untergruppen. Jede von ihnen hat ihre eigenen Gewohnheiten. Zum Beispiel fahren die Lancaster Amish Wagen mit grauem Oberteil, andere fahren solche mit schwarzem, gelbem oder weißem Oberteil. Beschäftigungen, Kleiderschnitte, Heirats- und Beerdigungsgebräuche und das, was an Technik zugelassen ist, unterscheidet sich von Untergruppe zu Untergruppe. In einigen wenigen Untergruppen dürfen Geschäftsinhaber Mobiltelefone besitzen. Die meisten Amish haben die Toilette im Haus, während das bei anderen nicht der Fall ist. Einige Gruppen erlauben den Gebrauch von Inlineskates, andere tun es nicht etc. Schließlich gibt es 1700 Gemeindedistrikte, bei denen die religiöse Autorität lokal verankert ist. Schließlich haben die Amish keinen Papst. So gibt es viele unterschiedliche Möglichkeiten, in den USA als Amish zu leben.

Wir versuchten, den Reportern spezifische Informationen über die Amish im Gebiet von Nickel Mines zu geben, aber auch hier gibt es unterschiedliche Persönlichkeiten und Praktiken. Man kann auch bei den Amish Unterschiede beobachten, wie es sie in anderen ethnischen oder religiösen Gruppen gibt. Wir fragten uns: Wie fassen wir die ganze kulturelle Vielfalt in klaren kurzen Sätzen für die Abendnachrichten zusammen?

Ein Grund, warum es am Tag nach dem Amoklauf eine so große Nachfrage nach Informationen gab, ist die Abneigung der Amish gegen jede Form der Öffentlichkeit. Es gab keine Rechtsanwälte oder Familiensprecher, die die trauernden Eltern hätten vertreten können. Die Amish wollten – von einigen Ausnahmen abgesehen – nicht mit den Medien sprechen und nicht im Fernsehen auftreten. Diese Weigerung war nicht die Folge eines plötzlichen Schocks nach den Schüssen. Der Grund dafür besteht in einer tiefen Abneigung gegenüber der Öffentlichkeit. Diese ist in ihren religiösen Glaubenssätzen und ihren kulturellen Traditionen begründet.

Die Amish scheuen seit jeher die Scheinwerfer der Öffentlichkeit. Sie haben dafür Hinweise in der Bibel, die das rechtfertigen. Sie bevorzugen es, ruhig und zurückgezogen zu leben. Dabei nehmen sie die Worte Jesu ernst. »Wenn Du also Almosen gibst, so lass nicht vor dir hertrompeten, wie es die Heuchler in den Synagogen tun, lass deine Linke nicht wissen, was die Rechte tut« (Matthäus 6, 2–3). Diese Sätze aus dem 6. Kapitel des Matthäusevangeliums stehen unmittelbar vor dem Vaterunser, dem »Modell-Gebet«, das Jesus seine Jünger lehrte. Die Anweisungen sind klar: Übe deine Religion nicht in der Öffentlichkeit aus, um deine Frömmigkeit zu zeigen. Übe deinen Glauben privat aus, und euer Vater im Himmel wird euch belohnen.

Die Amish sind der Öffentlichkeit gegenüber auch deshalb so zurückhaltend, weil sie als kollektive Gesellschaft glauben, dass die Gemeinschaft und nicht das Individuum an erster Stelle stehen sollte. Der eigene Name in einer Zeitungsgeschichte bringt Stolz zum Ausdruck. Man zieht die Aufmerksamkeit auf sich, indem man die Aufmerksamkeit auf die eigenen Vorstellungen lenkt. Einige Amish sprechen zwar mit der Presse, aber nur dann, wenn sie anonym bleiben können. Glaube muss manchmal in der Öffentlichkeit ausgeübt werden. Er sollte jedoch nach der Vorstellung der Amish kein Schaulaufen sein.

»Wir glauben daran, dass wir unser Licht scheinen lassen sollen«, sagte ein Amish-Vater, »aber es soll nicht in den Augen anderer Menschen scheinen.«

Es wird auch nicht dazu ermutigt, sich für Fotos zur Verfügung zu stellen. Die Amish zitieren die Bibel:»Du sollst Dir kein Bild machen ...« (2. Moses 20, 4) als Grund, nicht für Fotos zu posieren. Sich für ein Foto aufzustellen, wird als Akt des Hochmutes angesehen, das den Einzelnen auf einen Sockel stellt. Solche Selbstförderung zieht nicht nur exzessive Aufmerksamkeit auf das Individuum, sondern grenzt an Selbstverherrlichung.

So waren die Reporter, die über die Schüsse in der West Nickel Mines School berichten wollten, in einer verzwickten Lage. Wie konnten sie über Menschen berichten, die das nicht wollten – und das in einer Zeit tiefer Trauer und des Schocks? Über die Schüsse konnte man relativ leicht berichten. Polizeiberichte und öffentliche Berichte waren am Tag der Tragödie ziemlich leicht zu bekommen. Etwas anderes war es, über die Gemeinschaft der Amish zu berichten.

Als wir zur Mine Road zurückgingen, um uns auf ein Interview vorzubereiten, kam uns ein Amish-Farmer auf einem Leiterwagen, der von zwei Mauleseln gezogen wurde, entgegen. So, wie er auf dem erhöhten Sitz an der Vorderseite des geschlossenen Wagens saß, sah er wie ein Fahrer auf einer Bühne aus. Als wir darauf warteten, dass der Mauleselwagen an der Schlange von mobilen Fernsehstudios, die ihre Nachrichten über die Welt schickten, vorbeifuhr, kam es uns einen Augenblick so vor, als seien wir in eine andere Zeit zurückversetzt.

In dem großen grauen Wagen lagen Bänke, Gesangbücher und Gegenstände, die beim Essen gebraucht wurden. Die Amish haben keine Kirchengebäude. Deshalb transportieren diese Leiterwagen die Ausrüstungsgegenstände von Haus zu Haus, denn die Familien wechseln sich bei den Gemeindetreffen, die jede zweite Woche stattfinden, ab. Auf den dreistündigen Sonntagmorgengottesdienst, der *Gma* heißt (Dialekt-Abkürzung für das Wort Gemeinde), folgt ein Gemeinschaftsmahl, an dem bis zu 200 Menschen teilnehmen können. Das Gemeindetreffen findet in großen Räumen im ersten Stock oder im Keller eines Hauses, im Oberstock einer Scheune oder in einer Werkstatt oder einem Laden statt.

Die Wagen bringen bei einem Todesfall auch Bänke in die Häuser der Trauerfamilien. Hunderte von Freunden und Familienmitglieder kommen, wenn der Tote von einer englischen Leichenhalle zurückgebracht worden ist, ins Trauerhaus. Die Zeit für Besuche erstreckt sich in der Regel über mehrere Tage und Abende vor der Beerdigung. Sechzehn Stunden nach der Schießerei in der Schule steuerten die Leiterwagen die Häuser der Familien an, die bald ihre Kinder beerdigen mussten.

Der Leiterwagen veranschaulichte einen Punkt, den wir immer wieder Reportern gegenüber sagten, die fragten: »Sind die Amish darauf vorbereitet, mit einer Tragödie wie dieser zurande zu kommen?«

Unsere Antwort war paradox und vielleicht ein bisschen unerwartet. Natürlich sind die Amish nicht darauf vorbereitet – es sei denn, sie sind es.

In einer gewissen Hinsicht ist keine Gemeinschaft auf ein solches Unheil vorbereitet. In der Geschichte der Amish gab es wenige Morde, und es hatte noch nie ein Massaker in einer Schule gegeben. Natürlich sind Erwachsene und Kinder bei tragischen Unfällen gestorben. Es gab jedoch nichts, was mit den Schüssen in Nickel Mines vergleichbar ist. Es gibt keine Metalldetektoren an den Türen, keine täglichen Leibesvisitationen nach versteckten Waffen, keine Polizisten, die in den Gängen Wache halten, keine Anweisungen für Notfälle und kein Training, das auf Situationen wie eine Geiselnahme vorbereitet hätte. Die Kinder, die eine einklassige Schule der Amish besuchen, kommen aus etwa zehn Familien aus der unmittelbaren Umgebung. Die Türen sind nicht verschlossen und stehen in den Schulstunden oft offen. Die Schulen der Amish vermitteln Kindern ein tiefes Gefühl von Sicherheit. Ihre Gefährten sind Nachbarn, und ihre Lehrer kommen oft zu Besuch nach Hause. Manche der jüngeren Kinder würden eine Pistole nicht einmal als solche erkennen, wenn sie eine zu Gesicht bekämen. Jüngere Amish-Kinder haben fast ausnahmslos noch nie einen Film, Videospiele oder Fernsehsendungen mit Gewaltverbrechen gesehen. Abgesehen von einem Faustkampf können sie sich Gewalt kaum vorstellen. Waren die Amish also auf den Ausbruch von Gewalt vorbereitet, der sie an jenem Montag im Oktober traf? Natürlich nicht.

Gleichzeitig sind die Amish besser als die meisten Amerikaner darauf vorbereitet, mit einer solchen Tragödie fertig zu werden. Die Amish sind eine Gemeinschaft, die durch starke Familienbande, Glaubensbande und kulturelle Gewohnheiten eng miteinander verbunden ist. Mitglieder in Not können sich in schwierigen Situationen auf diesen starken Rückhalt von Fürsorge durch die Gemeinschaft verlassen. Ein typischer Amish hat fünfundsiebzig Cousinen und Cousins, von denen viele in unmittelbarer Nähe wohnen. Die Mitglieder eines Gemeindedistrikts mit etwa 30 Familien leben in einem Bezirk von einem Durchmesser von eineinhalb bis zwei Kilometern. Ereignet sich ein Unglück – sei es Feuer, Überschwemmung, Krankheit oder Tod, umgeben Dutzende von Menschen die Familie in Not mit Fürsorge. Sie übernehmen vorübergehend deren Aufgaben, bringen ihnen Essen, stellen Bänke für Besucher auf und stehen ihnen mit wenig Worten oder ohne Worte mit Trost zur Seite. Sie nehmen das Gebot aus dem Neuen Testament wörtlich: »Einer trage des anderen Last, so werdet ihr das Gesetz Christi erfüllen« (Galater 6, 2). Während niemand darauf vorbereitet ist, mit einer solchen Tragödie fertig zu werden, haben Gewohnheiten, die sie seit Jahrhunderten pflegen, sie gut vorbereitet.

Als der Eselwagen näher kam, waren wir erstaunt, dass die Esel nicht vor den Scharen von Fernsehreportern und ihren lauten Generatoren scheuten. Was sie jedoch ängstigte, war ein gelber Plastikstreifen, der etwa fünf Zentimeter über dem Boden in etwa 20 Zentimeter Breite die elektrischen Leitungen schützte, die von einem englischen Haus ausgingen und zu einigen der Medienwagen führten. Die Esel blieben stehen und weigerten sich, über den gelben Streifen zu gehen. Der Fahrer versuchte erst einmal von seinem Sitz auf dem Wagen, die Esel dazu zu bringen, über den Streifen zu gehen. Schließlich stieg er ab, ging zu ihnen und zog an ihrem Zaumzeug. Sie bockten immer noch. Nach einigen weiteren Minuten, in denen der Besitzer sie sanft drängte und ihnen ein paar sanfte Klapse gab, stiegen die Tiere behutsam über die gelbe Linie. Trotz des plötzlichen Erscheinens von elektrischen Leitungen und Satellitenschüsseln spielte sich das Beschauen der Toten in der trauernden Gemeinschaft in Nickel Mines nach Plan ab.

Die Unglücksnachricht von dem Geschehen in einer Schule breitete sich am Montag, dem 2. Oktober 2006, von 10.30 Uhr an aus. Eine entsetzte, schluchzende Lehrerin rannte mit einem alarmierenden Bericht in ein nahe gelegenes Amish-Farmhaus: In der Schule befinde sich ein Mann mit einem Gewehr. Der Farmer rief den Notruf von seinem Telefon aus an und meldete, dass Kinder in einer Schule als Geiseln genommen worden wären. Die Nachricht verbreitete sich blitzschnell. »Die Nachrichtenübermittlung bei den Amish ist schneller als das Internet«, sagte ein Mann der Amish, der noch nie eine E-Mail verschickt hat. Einige Nachbarn versammelten sich gleich bei dem Farmhaus, andere gingen zu der Schule und schauten, ob sie helfen konnten. Um 11.26 Uhr morgens berichteten die örtlichen Fernsehstationen von mehrfachen Schüssen in einer Amish-Schule. Die Schreckensnachricht wurde bald über Fox News und CNN ausgestrahlt.

Amish rannten zu ihren Telefonhäuschen und gaben die Nachricht weiter. »In der West Nickel Mines School ist etwas passiert. Es sind Kinder erschossen worden. Ein Nachbar ist übergeschnappt. Sie werden von Hubschraubern in Krankenhäuser gebracht.« Amish in Ohio, Indiana, Wisconsin und in vielen anderen der 370 Gemeinschaften der Amish in 27 Staaten und der kanadischen Provinz Ontario wurden telefonisch benachrichtigt. Ein Amish-Unternehmer in Indiana bekam von seinem Finanzberater in Chicago einen Anruf über die Schießerei auf sein Handy. Ein pakistanischer Kunde in New York rief seinen Amish-Händler für Pferdegeschirre in Lancaster an und berichtete ihm von dem Geschehen. Die Nachricht von Schüssen, sterbenden Kindern und anderen schlimmen Dingen südlich von Paradise verbreitete sich in Amish-Gemeinschaften in Nordamerika in Windeseile, obwohl die wenigsten in ihren Wohnungen Telefon haben.

Der Schrecken von Schießereien an Orten wie Columbine hatte Lancaster County erreicht. Für viele Amerikaner, die in Angst vor Gewehren, Gewalttätigkeit und Terror lebten, war es eine beruhigende Vorstellung gewesen, dass es irgendwo einen sicheren Ort gab – einen Ort, wo Kinder ohne Angst vor Gewehren, Messer und Raufbolden lachen und ihr ABC lernen konnten. Passierte so etwas in einer kleinen Amish-Schule, die von einer friedlichen ländlichen Gemeinschaft unterhalten wurde, dann konnte es überall passieren. In vieler Hinsicht war der letzte sichere Ort in Amerikas kollektiver Vorstellung plötzlich verloren gegangen.

2
Die Schießerei

»Dies war unser 11. September.«

Ein Amish-Führer

Der wolkenlose Himmel am Montag, dem 2. Oktober 2006, erinnerte einige Bewohner von Nickel Mines an den blauen Himmel vom 11. September 2001. Der Schock und das Trauma der Tragödie ließ ebenfalls solche Vergleiche aufkommen: »Ich werde nie vergessen, wo ich war, was ich tat und wer mir als Erster von den Schüssen berichtet hat«, sagte ein Amish-Vater.

Der Herbst ist für die Amish von Lancaster County eine Zeit des Feierns, denn in dieser Zeit des Jahres finden an Dienstagen und Donnerstagen Dutzende von Hochzeiten statt. Anfang Oktober zählen die Kinder die Tage, bis ihre Geschwister, Cousinen oder Cousins heiraten. Hochzeiten sind bei den Amish glückliche Ereignisse. Sie beginnen am frühen Morgen und dauern bis zum späten Abend, und es können sich drei- bis vierhundert Freunde im Haus der Braut versammeln. Es ist nichts Ungewöhnliches für einen Amish, dass er in einer einzigen Herbstsaison bis zu einem halben Dutzend Einladungen zu einer Hochzeit bekommt. Wer am gleichen Tag zu mehreren Hochzeiten eingeladen ist, geht von einem Fest zum anderen.

Die Herbsternte in Nickel Mines war fast eingebracht. Der Tabak färbte sich schon in den Trockenschuppen braun, und der letzte Schnitt Alfalfa (blaue Luzerne) sollte bald als Winterfutter gebündelt werden.

Geschnittener grüner Mais, der in ca. 20 Meter hohe Silos geblasen worden war, fermentierte als Rinderfutter zu süßlich riechender Silage. Von Pferden gezogene Mais-Pflück-Anlagen, die mit Benzin-Motoren betrieben wurden, würden bald gelbe Maiskolben schälen und sie in Wagen fallen lassen, die sie in die Lagerhallen in der Nähe der Viehställe der Amish bringen würden.

Die Jagdsaison stand vor der Tür. Ende November pflegen viele Amish-Männer in Lastwagen, die von Engländern gefahren werden zu den Jagdhütten in Nord-Pennsylvania zu fahren. Jeder von ihnen hofft, an seinem Lieblingsjagdplatz in den Bergen ein Reh mit weißem Schwanz schießen zu können. Einige unentwegte Jäger gehen auf der Suche nach einer Trophäe mit weißem Schwanz nach Maryland oder Westvirginia. Söhne warten, wenn sie zwölf Jahre alt werden, sehnlich auf das erste Mal, wenn sie sich mit ihrem Vater auf den Weg in die Wälder machen dürfen.

Die Amish von Nickel Mines, die Stände auf Bauernmärkten in Delaware, Maryland und New Jersey betreiben, waren dabei, Vorräte an Fleisch, Käse und anderen Lebensmitteln für die Feiertagssaison anzulegen. Die frische Luft und der klare Oktoberhimmel kündigt gewöhnlich eine Zeit des Feierns und der Fülle bei den Amish von Nickel Mines an. In diesem Herbst sollte jedoch alles anders kommen.

Etwa um 3 Uhr am Montagmorgen parkte der 32-jährige Charles Carl Roberts IV seinen 18-rädrigen Milchwagen auf dem Parkplatz des Auktionshauses von Nickel Mines. Er sprang in seinen kleinen Pick-up und fuhr etwa 2,5 Kilometer zu seinem Haus in Georgetown, um vor dem Sonnenaufgang noch ein wenig zu schlafen. Sein Arbeitstag hatte am Tag vorher um 6 Uhr abends begonnen, als er mit seinem Milchtank die Runde bei den örtlichen Farmen der Amish und der Engländer machte. Als er die Milch aus den Edelstahltanks der einzelnen Farmen in seinen Truck gefüllt hatte, brachte er die Fracht von rund 225 Tonnen zu einer Milchverarbeitungsanlage, fuhr zurück zum Auktionshaus und ging dann nach Hause zum Schlafen.

Der Job als Fahrer passte zu Roberts introvertierter Persönlichkeit, denn er konnte dabei die meiste Zeit des Tages allein arbeiten. Er redete nur dann, wenn ihn jemand ansprach, und gab in der Regel kurze Antworten. Er hatte als Schreiner gearbeitet, ehe er von seinem Schwiegervater in den Fahrerbetrieb eingearbeitet worden war. Hin und wieder wurde er wegen Kleinigkeiten wütend. Ein Farmer sorgte immer dafür, dass seine Kinder nicht im Milchhaus waren, wenn Robert die Milch abpumpte, weil Robert viel fluchte und offensichtlich frustriert war. Andere waren der Ansicht, dass sich unter der schüchternen Oberfläche eine zutiefst deprimierte Seele verborgen hätte. Kollegen von der Milchverarbeitungsanlage war jedoch aufgefallen, dass er in der letzten Septemberwoche freundlicher und entspannter war, als hätte sich etwas in ihm beruhigt.

Am Montagmorgen um 7.30 Uhr waren 26 Kinder zwischen sechs und sechzehn Jahren von verschiedenen Häusern auf dem Weg zur West Nickel Mines School. Einige gingen auf der Straße, andere wählten ihre Lieblingsabkürzung über die Felder und trugen ihre roten und blauen Lunchpakete und ihre farbenfrohen kleinen Kühltaschen. Auf dem Weg schwatzten sie und zogen sich gegenseitig auf. Die Kinder, die zu früh gekommen waren, spielten noch kurz auf dem Schulhof, bis die Schulglocke sie nach drinnen rief.

Emma, die zwanzig Jahre alte Lehrerin mit zweijähriger Erfahrung kannte alle ihre Schüler und Schülerinnen und deren Eltern ziemlich gut. Sie wohnte weniger als drei Kilometer von der Schule entfernt, und ihre Schüler und Schülerinnen wohnten in Fußgängerdistanz. Es gibt im Leben der Amish oft informelle Besuche von Eltern und Lehrern in der Schule und zu Hause. An diesem Tag waren vier besondere Gäste gekommen – Emmas Mutter, ihre Schwester und zwei Schwägerinnen.

Eine der jungen Frauen war im achten Monat schwanger, die andere hatte zwei kleine Kinder im Schlepptau. In den kleinen, familienorientierten Schulen der Amish ist es nichts Ungewöhnliches, dass man unangemeldet Gäste mitbringt.

Die Wände der Schulzimmer sind in der Regel voll mit farbigen Kunstwerken der Schüler, Musterbeispielen für die Hausaufgaben, zu Haus hergestellten Plakaten und Unterrichtsthemen, die von der Lehrerin vorbereitet sind, bedeckt. Die West Nickel Mines School war keine Ausnahme. Schülerzeichnungen und kurze Sätze mit Weisheiten der Amish schmückten das Klassenzimmer. Ein Satz auf der Tafel lautete: »Besucher verschönern unseren Tag wie Seifenblasen.« Darunter das Zeichen – ein Teddybär, der Seifenblasen macht. In jeder Blase stand der Name eines Besuchers der Schule. Ein Spruch findet sich in vielen Amish-Schulen: *J O Y – Jesus first, others next, yourself last (Jesus zuerst – dann die anderen – du selbst zuletzt)*

Emma rief die Kinder zur Ordnung und hieß ihre besonderen Gäste willkommen. Sie begann den Tag damit, dass sie einen Bibeltext auf Deutsch las, weil sie später einigen der Klassen Deutschunterricht geben wollte. In den Schulen der Amish wird bei den Lektionen, den Bibellesungen und beim Vaterunser gewöhnlich Englisch gesprochen. An diesem Tag jedoch sprachen die Schüler bei der Bibellesung und dem Gebet auf Deutsch. Emma las aus der Apostelgeschichte 4. Der Verfasser Lukas beschreibt darin die frühe Kirche in Jerusalem: »Die Menge der Gläubigen aber war ein Herz und eine Seele, auch nicht einer sagte von seinen Gütern, dass sie sein wären, sondern es war ihnen alles gemeinsam. Und mit großer Kraft bezeugten die Apostel die Auferstehung des Herrn Jesus, und große Gnade war bei ihnen allen.« (Apostelgeschichte 4, 32–33).

Nach der Lesung standen die Kinder auf und beteten das Vaterunser auf Deutsch. Es fiel ihnen leicht, weil sie es, ehe sie fünf Jahre alt waren, auf Englisch und Deutsch auswendig gelernt hatten. Eins der deutschen Lieder »Bedenke Mensch

das Ende« warnt vor dem letzten Gericht, wenn »jeder empfangen wird nach dem, was er getan hat«. Diese Worte werden
manchmal bei Beerdigungen der Amish gesprochen. Die Kinder sangen sie in der Melodie des christlichen Evangeliumslie-
des »Binde uns zusammen mit Liebe«.

»Bedenke, Mensch! das Ende,
bedenke deinen Tod.
Der Tod kommt oft behände;
Der heute frisch und rot,
Kann morgen und geschwinder hinweg gestorben sein.
Drum bilde dir, o Sünder!«
Ein täglich Sterben ein. [1]

Dann sangen die Kinder das Kirchenlied aus dem 17. Jahrhundert »In der stillen Einsamkeit« mit der Melodie »Jesus liebt
mich«.

Schließlich, ehe sie sich ihren Lektionen zuwandten, sangen
die Schüler das Lied »Multiply«, ein Lied des Evangeliumssän-
gers Dotie Rambo, das beschreibt, wie ein barfüßiger Junge
Jesus sein Brot und seinen Fisch schenkte, damit er sie für andere vermehre.

Emma begann dann mit dem Unterricht. Wie viele andere
Lehrer der Amish nahm sie dabei zwei Klassen zusammen. Sie
ließ die Erst- und die Zweitklässler Auswendiggelerntes an die
Tafel schreiben und arbeitete dann mit den Dritt- und Viert-
klässlern und so weiter. Während sie die einzelnen Gruppen
unterrichtete, machten die anderen Schüler ihre Hausaufgaben, schauten noch einmal an, was sie im Unterricht durchge-
nommen hatten oder arbeiteten selbstständig. Die älteren Jungen, die nur darauf warteten, bei dem schönen Wetter Softball
spielen zu können, zählten die Minuten bis zur Pause.

Unten in der Straße in Georgetown frühstückte Roberts
nach ein paar Stunden Schlaf mit seiner Frau Amy und seinen

drei Kindern. Kurz nach dem Frühstück machte sich Amy mit ihrem Jüngsten, einem achtzehn Monate alten Kind auf den Weg. Sie wollte an einer Mütter-Gebetsgruppe in einer örtlichen Presbyterianischen Kirche teilnehmen. In dieser Gruppe trafen sich jede Woche Mütter und beteten für ihre Kinder, für ihre Lehrer, Sicherheit der Schule und andere Belange der örtlichen Schulen. An diesem Morgen sorgte eine junge Amish-Frau für die Vorschulkinder in der Kinderkrippe der Kirche.

Von seinem Haus an der Hauptstraße von Georgetown brachte Roberts sein sechsjähriges und sein achtjähriges Kind zur Haltestelle des Schulbusses und gab ihnen um 8.45 Uhr zum Abschied einen Kuss. Er hatte an diesem Morgen einen Termin für einen Routine-Drogentest für seine Lastwagen-Fahrerlaubnis, aber er plante anderes. Im Haus hinterließ er vor dem geplanten Selbstmord für jedes Familienmitglied einen Abschiedsbrief. Dann trug er aus seinem Verschlag das, was er für sein Vorhaben brauchte, auf die verdeckte Ladefläche eines Pick-ups, den er von dem Großvater seiner Frau, der nebenan wohnte, geliehen hatte. Roberts hatte die vergangene Woche über eine Reihe Gegenstände gekauft und sie in dem Verschlag neben seinem Haus aufbewahrt. Er brauchte noch einige Plastikstreifen mit Zipp-Verschluss, Plastikstreifen, die festgezurrt werden können und ein Bündel lose Elektrodrähte zusammenhalten. So fuhr er drei Kilometer östlich zum Valley-Werkzeugladen, dessen Besitzer Amish sind.

Mit den Plastikbändern hatte er alles, was er auf eine Liste in ein Notizbuch gekritzelt hatte, das in seinem Tanklaster lag: ein 9-Millimeter-Handgewehr, ein 12-Kaliber-Gewehr, ein 30-06-Gewehr, eine Elektroschockwaffe und sechshundert Schuss Munition. Darüber hinaus lagen in seinem Pick-up eine Tube Schmiermittel, ein Hammer, Nägel, Schraubenschlüssel, Brillen, Ohrstöpsel, Batterien, eine Taschenlampe, eine Kerze, Klebeband, zwei Holzbretter 60 mal 180 und zwei Holzbretter 60 mal 120 Zentimeter und Kleidung zum Wechseln – alles

Dinge, die er brauchen würde, um sich für eine längere Zeit im Schulraum zu verbarrikadieren.

Alles lief nach Plan. Er kam sogar ein wenig zu früh in Nickel Mines an. Die Kinder hatten noch ihre Morgenpause und spielten Softball. In den wenigen noch verbleibenden Minuten holte er sich am Automaten neben dem Auktionshaus ein Mineralwasser und beobachtete das Ballspiel im Schulhof aus etwa 300 Meter Entfernung. Ein Vertrauensmann der Schule, der im Lastwagen seines englischen Fahrers saß, winkte den Kindern zu, als er an dem Ballspielplatz vorbeifuhr. Ein paar Augenblicke später sah er Roberts an dem Verkaufsautomaten, ohne sich dabei etwas zu denken.

Als Emma etwa 10.15 Uhr die Kinder zurück zum Unterricht gerufen hatte, fuhr Roberts mit seinem Lastwagen die White Oak Straße zum Schulhaus und dann rückwärts durch das offene Tor des weißen Bretterzauns bis zu dem kleinen Vorbau am Haupteingang. Ein englischer Nachbar, der gerade ein paar Werkzeuge in dem Leihzentrum der Amish geholt hatte, musste auf der Straße warten, als Roberts mit seinem Lastwagen rückwärts in den Schulhof fuhr.

Als Emma den Lärm hörte, ging sie zur Eingangstür, die, weil es ein warmer Tag war, offen stand. Als einige Kinder sich herumdrehten, um den Besucher im Vorbau zu sehen, erkannten sie ihn als den Lastwagenfahrer, der von ihren Farmen Milch abholte. Er hatte einen rostigen Metallgegenstand in der Hand und fragte: »Hat jemand schon einmal so etwas auf der Straße gesehen?« Ob sie ihm wohl helfen könnten, nachzuschauen. Er schaute Emma nicht in die Augen, aber sie antwortete: »Ja klar, wir versuchen es.«

Roberts ging zu seinem Lastwagen zurück und kam bald mit einer halbautomatischen Pistole zurück. Als er das Schulhaus betrat, schwenkte er seine Waffe und befahl allen, sich vorn im Raum mit dem Gesicht nach unten auf den Boden zu legen. Als Emma die Pistole sah, flohen sie und ihre Mutter durch die

Seitentür und rannten fast 500 Meter über die Felder, um Hilfe zu holen, wusste sie doch, dass noch andere Erwachsene im Schulhaus waren. Sie kamen zu einer nahe gelegenen Amish-Farm und baten bestürzt um Hilfe. Um 10.35 Uhr morgens erhielt der Operator des Notrufes einen Anruf von einer Farm: »In der Schule ist ein Kerl mit einem Gewehr.«

Roberts in der Schule war aufgeregt. Er war erstaunt, als er merkte, dass noch andere Erwachsene im Schulhaus waren, und dass die Lehrerin weggerannt war, um Hilfe zu holen. Er schickte einen Jungen mit dem Auftrag weg, sie zurückzuholen.

Roberts band die Füße und Beine einiger Mädchen mit Schnüren zusammen und band sie darüber hinaus noch aneinander. Er versprach mehrmals, sie nicht zu verletzen, wenn sie gehorchen würden. Die Kinder, die so erzogen waren, dass sie Vertrauen hatten und Erwachsenen gehorchten, glaubten ihm anfangs.

Roberts zog die Jalousien der Schule herunter, um zu verbergen, was er tat, aber einer davon schnappte wieder nach oben und fiel auf den Boden. Er stieg auf eine Schulbank, um sie wieder zu befestigen. In der Zwischenzeit hörte die neunjährige Emma, deren Beine frei waren, eine Frauenstimme sagen: »Lauf schnell!« – und das tat sie. Niemand anders hat die Stimme gehört. So glauben manche Amish, es sei die Stimme eines Engels gewesen. Ein zehnjähriger Junge robbte an Roberts vorbei die Seitentür hinaus. Die schwangere Besucherin tröstete die schluchzende siebenjährige Naomi Rose, doch der Mann mit der Pistole befahl den Erwachsenen, das Haus zu verlassen. Als Nächstes befahl er den Jungen, von denen elf noch Schwestern im Schulhaus hatten, das Haus zu verlassen. Bestürzt und erschreckt versammelten sie sich in der Nähe ihrer Toilette und beteten. Roberts holte schnell das, was er noch im Lastwagen hatte, ins Haus.

Nun war er allein mit seinen Opfern. Als er die Türen zunagelte, um die Mädchen in dem dunklen Raum zu verbarrikadieren, hörte er eine von ihnen beten. »Würdest du bitte für mich beten?«, fragte er. Eines der Mädchen antwortete: »Warum betest du nicht für mich?« Dem Sinn nach antwortete er: »Ich glaube nicht an Beten.« Er sei gekommen, um sie sexuell zu gebrauchen und nicht, um für sie zu beten und sagte: »Wenn eine von euch tut, was ich will, dann verletze ich die anderen nicht.« Eines der jüngeren Mädchen, das seine Bitte nicht verstand und hoffte, die anderen vor Schaden zu bewahren, bot seine Hilfe an. Die älteren Mädchen sagten schnell auf Pennsylvaniadeutsch: »Duh's net! Duh's net!« (Tu's nicht, tu's nicht!)

In dem Augenblick, in dem die Tragödie ihren Lauf nahm, murmelte Roberts etwas von Aufgeben und ging, wie eine Beobachterin berichtete, sogar auf die Tür zu. Aus irgendeinem Grund kam er jedoch auf seinen Plan zurück und sagte den Mädchen, es tue ihm leid, aber er müsse »das tun«. Eine Beobachterin berichtete, er habe gesagt: »Ich bin wütend auf Gott und muss ein paar christliche Mädchen bestrafen, um mit ihm abzurechnen.«

Um 10.44 Uhr, genau neun Minuten nach dem Anruf bei der Notrufnummer, kamen drei Staatspolizisten zur Schule. Sie fanden die Türen und die Fenster verschlossen vor. Kurz nach ihnen kamen sieben weitere Beamte und umgaben daraufhin schnell das Schulhaus. Ein Unterhändler der Polizei versuchte mit einem Megafon an seinem Auto mit Roberts Kontakt aufzunehmen und forderte ihn mehrmals auf, seine Pistole niederzulegen.

In dieser aussichtslosen Situation rief Roberts seine Frau mit dem Handy an und sagte ihr, er käme nicht nach Hause und habe für jeden eine Botschaft hinterlassen. Er erklärte, er sei wütend auf Gott wegen des Todes ihrer erstgeborenen Tochter Elise, die vor neun Jahren zwanzig Minuten nach der Geburt gestorben war. In der Notiz an seine Frau hatte er geschrieben: »Ich bin deiner nicht würdig, du bist die perfekte Frau, du verdienst es, es viel besser zu haben. Ich habe einen solchen Hass auf mich selbst und auf Gott, und in mir herrscht eine unvorstellbare Leere. Jedes Mal, wenn wir etwas Lustiges tun, muss ich daran denken, dass Elise nicht dabei ist und mitmachen kann, und schon steigt in mir wieder Zorn auf.«

Als Roberts klar wurde, dass die Polizei da war und sein Plan, die Mädchen sexuell zu missbrauchen, fehlgeschlagen war, wurde er noch aufgeregter. Um 10.55 Uhr rief er den Notruf an und sagte: »Ich habe zehn Mädchen als Geiseln genommen. Ich verlange, dass alle das Grundstück sofort verlassen. Sonst sind sie in zwei Sekunden tot ... zwei Sekunden, verstanden?«

Roberts richtete sich dann wieder an die Mädchen: »Ich lasse euch für meine Tochter zahlen.« Marian, eine der zwei Dreizehnjährigen im Raum, ergriff schnell die Führung für die jüngeren Mädchen. Sie tat alles, was sie konnte, um sie zu schützen. Es war ihr klar, dass er sie umbringen wollte. Sie sagte: »Erschieß mich zuerst!«, und hoffte, dass sie damit die anderen retten und ihrer Pflicht den Kleinen gegenüber, die in ihrer Obhut waren, gerecht zu werden.

Etwa um 11.05 Uhr hörte die Polizei drei Gewehrschüsse, denen Pistolenschüsse folgten. Eine Gewehrsalve, die durch das Fenster im Haupteingang ging, verfehlte nur knapp einige Polizisten. Soldaten stürzten auf das Gebäude und schlugen Fenster mit Schlagstöcken und Schutzschilden ein. Roberts richtete die Pistole auf sich und fiel auf den Boden, als Soldaten durch die Fenster eindrangen. In Hinrichtungsmanier hatte er auf die Reihe Mädchen auf dem Boden geschossen. Fünf starben. Die anderen fünf, die lebensgefährlich verletzt waren, hatten überlebt, weil sie herumgerollt waren und den Kopf mit den Armen geschützt hatten.

Der Polizeibericht lautete »Massenmord«, und es dauerte nicht lange, bis der Schauplatz mit einer Hundertschaft der Staatspolizei und der Ortspolizei, zwanzig Ambulanzautos mit Besatzung und Feuerwehrautos von fünf Feuerwehrgesellschaften besetzt war. Der Bezirksuntersuchungsrichter, der am Ort des Geschehens ankam, nannte es »Blut, Scherben, Müll, Chaos.« Es war unmöglich, zehn Tragbahren in das Schulhaus zu bringen. So deckten die Soldaten die Kinder zu und trugen sie nach draußen, wo sie versuchten, das Blut zu stillen, bis die Ambulanzbesatzung sie abtransportieren konnte. Naomi Rose starb in den Armen eines Soldaten außerhalb der Schule.

Der Anblick hätte kaum surrealer sein können. Die friedliche Wiese, die das Schulhaus umgab, sah wie ein Schlachtfeld aus. Fünf Rettungshubschrauber landeten, während vier Polizeihubschrauber und ein Flugzeug den Luftraum sicherten. Als die Medien auf dem Schauplatz ankamen, flogen gerade elf Hubschrauber und eine größere Anzahl von Flugzeugen umher, bis die Polizei für den Luftraum über der Schule ein Flugverbot verhängte.

Um 11.21 Uhr, elf Minuten, nachdem die Soldaten den Massenmord gemeldet hatten, hob ein Rettungshubschrauber mit dem ersten Kind ab. Er flog zum Penn State Hershey Medical Center in Hershey, Pennsylvania. Amish-Farmer in North Lancaster County, die bereits von den Schüssen gehört hatten, sahen den Hubschrauber, der eines ihrer Kinder trug, über ihre Farmen fliegen. Andere Hubschrauber flogen zu Krankenhäusern in Lancaster in Philadelphia und Reading. Ein Kind wurde zum Christiana Hospital in Newark, Delaware, geflogen.

Eltern, die von der Familie und Nachbarn umgeben waren, standen in der Nähe und beobachteten das Horrorszenario, ohne zu wissen, in welchem Zustand sich ihre Töchter befanden. Inzwischen hatten sich ungefähr hundert Familienmitglieder und Freunde auf einer Amish-Farm in der Nähe versammelt. Es war die Farm, zu der die Lehrerin und ihre Mutter gerannt waren, um Hilfe zu holen. Sie trösteten sich gegenseitig und warteten auf Nachrichten. Einige Stunden lang blieb unklar, wer tot war und wer überlebt hatte. Die Kinder hatten nichts bei sich, womit sie identifiziert werden konnten. Sie trugen alle ähnliche Kleidung, und bei den vielen Kopfverletzungen war es nicht klar, wer in welches Krankenhaus gekommen war. Fotos, die in den Krankenhäusern gemacht wurden, wurden per E-Mail zu einem mobilen Kommandozentrum geschickt, sodass die Eltern erfahren konnten, wie es um ihre Kinder stand und wo sie waren.

Außer Naomi Rose waren zwei weitere Kinder im Schulhaus gestorben: die dreizehnjährige Marian, die angeboten hatte, sich zuerst erschießen zu lassen, und die zwölfjährige Anna Mae. Bezeichnend für das Durcheinander dieses Tages war, dass Anna Maes Vater zum Christiana Hospital in Delaware gefahren wurde, weil er erwartete, sie dort zu sehen, aber ein Kind aus einer anderen Amish-Familie vorfand. Erst um 20.30 Uhr erfuhr Anna Maes Mutter, dass sie im Schulhaus gestorben war, und kam zu dem Schluss. »Jetzt wissen wir, wo sie ist (im Himmel).«

Eine Familie verlor zwei Töchter. Die achtjährige Mary Liz, die zum Christiana Hospital gebracht worden war, starb kurz vor Mitternacht in den Armen ihrer Mutter. Ihre Eltern wurden dann elf Kilometer nach Nordwesten zum Hershey Medical Center gefahren. Dort starb Lena, die Schwester von Mary Liz ebenfalls in den Armen ihrer Mutter.

Sechzehn Stunden nach dem Amoklauf waren fünf Mädchen »sicher in den Armen Jesu«, wie es Amish-Eltern immer wieder sagten. Fünf lebensgefährlich Verletzte kämpften um ihr Leben. Eine Amish-Frau in Iowa sprach für Hunderte Amish: »Mein Geist kam immer wieder auf das Lied ›Sicher in Jesu Armen, sicher an Jesu Brust, ruhend in seiner Liebe, da find ich Himmelslust‹ zurück.«[2] Die fünf Mädchen waren den Märtyrern des Amish-Glaubens des 16. Jahrhunderts gefolgt. Die alten Märtyrergeschichten sind in dem tausendseitigen Buch *Der blutige Schauplatz oder Märtyrerspiegel der Taufgesinnten oder wehrlosen Christen* als *Märtyrerspiegel* festgehalten. Prediger der Amish zitieren in ihren Predigten oft aus diesem Buch. Sie wurden für ihren Glauben zum Tod auf dem Scheiterhaufen verurteilt, geköpft und gefoltert. Die Märtyrer starben, weil sie in der Zeit der Reformation als Ketzer betrachtet wurden. Nahezu fünfhundert Jahre später erlitten die fünf Mädchen in Nickel Mines einen schnelleren Tod, wenn auch nicht unmittelbar für ihren Glauben. Doch in den Augen vieler Amish waren sie Märtyrerinnen. »Sie waren bereit zu sterben, und das macht sie zu Märtyrerinnen«, sagte eine Amish-Mutter. »Die Älteste sagte: ›Erschieße mich zuerst.‹«

Vielleicht waren es die Berichte über Märtyrer aus der Geschichte des Glaubens ihres Volkes, die dem ältesten Mädchen an diesem schrecklichen Tag so viel Mut verliehen. Die Geschichten und Lieder des Glaubens, die sie gelernt hatte, werden gewiss noch an Generationen nach ihr weitergegeben. Bei den überlebenden Amish von Nickel Mines, wird das Lied, das sie und ihre Klassenkameraden an jenem Morgen gesungen hatten, in den vor ihnen liegenden Jahren eine traurige und tief greifende Resonanz finden.

»Bedenke, Mensch, das Ende,
bedenke deinen Tod
Der Tod kommt oft so plötzlich,
Wer heute voll von Leben,
Geht morgen schon dahin.«

3
Die Nachwehen

»In dieser Woche waren wir alle
Amish.«

Ein Amish aus Nickel Mines

Die Nachricht von dem Massaker in Nickel Mines verbreitete sich schnell über die Nation und um die Welt. Die kaltblütige Gewalt war nicht nur in ihrem Ausmaß grausam. Das Verbrechen hatte Menschen und einen Ort getroffen, von denen viele die Vorstellung hatten, sie seien solchem Terror gegenüber immun.

Als die Satellitenschüsseln die Geschichte um die Welt schickten, wurden auch Menschen, die wenig oder nichts von den Amish wussten, von Traurigkeit erfasst. Auf einigen Amish-Farmermärkten in der Gegend von Baltimore bis Washington brachten Außenstehende Blumen, knieten vor Lebensmittelständen von Amish nieder und beteten. An verschiedenen Ständen stellten Menschen, die nicht zu den Amish gehörten, Sammelbüchsen auf. »Die Menschen wussten nicht, was sie uns sagen sollten«, erinnerte sich ein Amish, der auf dem Ritenhouse Square in Philadelphia einen Farmermarkt betreibt. »Es gab traurige Augen und Tränen. Sie fragten: ›Was können wir tun?‹«

Es wurde tatsächlich viel getan. Trauerbegleiter von der Lancaster County Emergency Management Agency kamen am frühen Montagnachmittag nur einige Stunden nach der Schießerei zum Bart Township Feuerwehrhaus. Sie blieben die ganze Woche und halfen den Amish und den Engländern, Terror und Schmerz zu verarbeiten. Andere Fachleute für seelische Gesundheit boten einige Wochen später Beratung an und dienten jedem, der es brauchte, wie zum Beispiel auch Kindern, die von panischem Schrecken ergriffen waren. »Sie haben wunderbare Arbeit geleistet«, sagte ein Amish-Feuerwehrmann. »Sie sagten uns, es werde nichts mehr so sein wie es war und wir müssten ein neues ›Normal‹ finden.« Er wiederholte den Satz immer wieder, als wir uns unterhielten: »Ein neues Normal, ein neues Normal.« Der Ausdruck half ihm eindeutig, in der schweren Zeit danach wieder eine Orientierung zu finden.

Das Bart Township Feuerwehrhaus wurde bald zum Kommandozentrum für die Polizei, für Feuerwehrleute, Notfall-Medizin-Techniker und Hunderte von Freiwilligen, die sich im Dorf Georgetown zusammenfanden. 69 Feuerwehrgesellschaften aus anderen Gegenden leisteten die Woche hindurch Hilfe. Feuerwehrpersonal half zusammen mit der Polizei beim Ansturm der Übertragungswagen und koordinierte die vier Amish-Bestattungsprozessionen, die einige Tage nach der Schießerei durch Georgetown führten. Freiwillige der Feuerwehr und Nachbarn boten beim Feuerwehrhaus Tausende von Mahlzeiten an. Sie versorgten fast die ganze Woche lang täglich etwa 500 Menschen mit Essen. Die Geschäfte am Ort versorgten die hungrigen Freiwilligen mit Nahrungsmitteln und Getränken.

Im Postamt von Bart Township kamen Tausende von Karten, Briefen, Schecks und Geschenken aus der ganzen Welt an. Manche Briefe kamen mit der einfachen Anschrift an: »Amish-Familien von Nickel Mines, USA«. Vier Wochen lang kamen Freiwillige und sortierten die Briefe in große Plastikwannen. Auf jeder Wanne befand sich ein Aufkleber mit dem Namen einer bestimmten Amish-Familie, »die Familie Roberts« oder »die Amish«. Eine Amish-Familie erhielt etwa 2500 Briefe. Mitte November kam weniger Post und die freiwilligen Helfer trafen sich nur noch dreimal in der Woche. Ein ganzes Büro des Feuerwehrhauses war voll mit Teddybären – mehr, als die überlebenden Kinder je brauchen würden. Die übrigen Teddybären und anderes Spielzeug fanden ihren Weg zu Kindern in anderen Amish-Schulen.

Die Fürsorge, die ihre englischen Nachbarn zeigten, beeindruckte die Amish zutiefst. »Ich finde keine Worte dafür, was die Menschen für unsere Gemeinschaft tun«, schrieb ein Berichterstatter in *Die Botschaft*[1]. »Die Polizei versuchte, die Reporter fernzuhalten. Feuerwehrgesellschaften und Ambulanzhelfer aus der ganzen Umgebung waren da. Fast alle Straßen hier herum waren nahezu die ganze vergangene Woche gesperrt, um Touristen und Nachrichtenleute fernzuhalten.« Er fuhr fort: »Man kann es nicht mit Worten ausdrücken, was die Engländer für unsere Leute tun. Wir bekommen Postkarten und Briefe aus der ganzen Welt. Viele Menschen versammelten sich am Feuerwehrhaus. Es waren Nachbarn darunter, aber auch vollkommen Fremde.«

Außenstehende, die sich fragten, ob die Tragödie einen Keil zwischen die Amish und die Engländer treiben würde, brauchten nur ins Feuerwehrhaus zu schauen: Amish und Staatspolizeibeamte arbeiteten nebeneinander. Amish und Frauen, die nicht zu den Amish gehörten, bereiteten Mahlzeiten gemeinsam zu und verteilten sie gemeinsam. Ein Ergebnis war, dass die kulturellen Schranken zwischen Amish und Engländern infolge des Amoklaufs niedriger wurden. Alle – sowohl die Amish als auch die Engländer – waren sich einig darüber, dass der Vorfall sie einander näher gebracht hatte. »In dieser Woche waren wir alle Amish«, sagte eine Mutter der Amish.

Die Amish erhielten auch Unterstützung von weiter her. Einige Trauerberater von außerhalb stiegen spontan in ein Flugzeug, das nach Pennsylvania flog, und hofften, den Trauerfamilien helfen zu können. Einwohner von Philadelphia boten Amish-Familien Unterkünfte an, sodass sie in der Nähe ihrer Kinder, die im Hospital lagen, bleiben konnten. Ein Hersteller von Spielplatzzubehör sagte die kostenlose Ausstattung des Spielplatzes für eine neue Amish-Schule zu. Einige Außenstehende, die bemerkenswertes Feingefühl zeigten, fragten, ob ihre Geschenke passend seien. Studenten und Lehrer einer Grundschule in Florida, die einen Karton mit Schulmaterial für die überlebenden Kinder zusammenstellten, fragten, ob sie einen Globus, Kreide und Malbücher dazupacken dürften oder ob diese Gegenstände anstößig seien. Ihre Geschenke passten in der Tat vollkommen in die Kultur der Amish.

Ein Teil des Wohlwollens kam als Reaktion auf frühere Taten der Gnade. Als der Hurrikan Katrina 2005 die Golfküste verwüstet hatte, gingen fünfzig Zimmerleute der Amish nach Picayune in Mississippi und reparierten die Dächer der Häuser, die vom Hurrikan beschädigt waren. Als die Einwohner von Picayune von den Schüssen in der Schule hörten, wollten sie das Gute, das sie erfahren hatten, erwidern. Obwohl sie noch mit den Folgen des Hurrikans zu kämpfen hatten, schickten sie der Amish-Gemeinschaft einen Scheck in Höhe von 11 000 Dollar. Einige Zeichen der Fürsorge hatten noch tiefere Wurzeln. Nach den zerstörerischen Fluten des Hurrikans Agnes 1972 halfen Amish, den Schlamm und das Chaos in den verwüsteten Gegenden von Zentral-Pennsylvania zu beseitigen. 34 Jahre später riefen Menschen einiger dieser Gemeinden an und fragten, was sie tun könnten, um die Freundlichkeit von damals zu erwidern.

Hunderte von Telefongesprächen gingen im Feuerwehrgebäude von Bart Township von Menschen ein, die fragten, wie sie helfen und wohin sie Geld schicken könnten. Die Filiale der Coatesville Savings Bank schuf schnell zwei Hilfsfonds: den Kinder-Fonds von Nickel Mines und den Fond für die Familie Roberts. Andere Banken und Wohltätigkeitsorganisationen schufen ebenfalls Hilfsfonds. Ein Beispiel für die vielen Spendensammlungsaktivitäten auf Gemeindeebene nach der Tragödie: 3000 Motorradfahrer kamen bei einer Fahrt, die sie »Weil wir uns kümmern« nannten, nach Lancaster County und sammelten 34 000 Dollar für die Familien der Opfer.

Bei der Lawine von Geschenken, die stündlich an Umfang zunahm, wurde bald deutlich, dass Koordination notwendig war. Zwei Tage nach dem Amoklauf trafen sich sechzehn Amish und Engländer im Bart Township Feuerwehrhaus und entwickelten eine Lösung. In wenigen Stunden hatten sie das Nickel Mines Haftungskomitee gebildet. Sie bestimmten neun Personen – sieben Amish und zwei Engländer – die darin Dienst tun sollten. Die Führer wählten zwei Amish-Männer, die den Vorsitz und den stellvertretenden Vorsitz übernehmen sollten, und baten Herman Bontrager, einen ansässigen mennonitischen Führer, die Rolle des Komiteesprechers zu übernehmen.

»Wir bitten nicht um Hilfe, aber wir werden sie bekommen«, erklärte das Haftungskomitee am Anfang. Die seit langer Zeit bestehende Tradition, dass Amish sich in Zeiten der Not gegenseitig helfen, hat zur Folge, dass sie sich nicht besonders auf die Hilfe von Menschen, die nicht zu den Amish gehören, und Hilfsorganisationen verlassen. Deshalb lehnen sie kommerzielle Versicherungen ab und nehmen – von ein paar Ausnahmen abgesehen, nicht am Sozialversicherungssystem teil. In diesem Fall hat die Schießerei von Nickel Mines die Tradition ausgehebelt. »Die ganze Nation trauert«, sagte einer der Führer der Amish. »Auch ihnen ist geholfen, wenn wir sie geben lassen.« So kam das Komitee überein, Spenden von außen anzunehmen. Diejenigen, die geben wollten, mussten so nicht auf den »Segen des Gebens« verzichten.

Das Haftungskomitee von Nickel Mines gab einige Tage später eine Erklärung heraus, in der es der Ortsgemeinde für ihren vielseitigen Ausdruck von Liebe dankte. »Jeder Akt der Freundlichkeit, die Gebete und jede Gabe«, schrieb das Komitee, »tröstet uns und gibt uns die Gewissheit, dass unser Geist heilen wird, auch wenn der schmerzhafte Verlust uns immer begleiten wird.« Nach dem Dank an die Standardliste der Helfer – Polizei, Rettungsdienst, Kirche und Gruppen der

Gemeinde – dehnte das Komitee seinen Dank auf eine weitere Gruppe aus – und das dürfte manch einen zum Staunen gebracht haben – auf die Nachrichtenmedien. »Die Medien haben der Welt geholfen, sich mit Werten auseinanderzusetzen, die uns so viel bedeuten – Vergebung, Gewaltverzicht, gegenseitige Fürsorge, Einfachheit«, schrieb das Komitee. Und sie haben viele »Taten der Freundlichkeit« getan, während sie ihrer Reporteraufgabe nachgingen. Schließlich berichtete das Komitee, dass finanzielle Hilfen für medizinische Hilfe und Hilfe durch Beratung, Transport, Rehabilitation und Invaliditätsfürsorge und andere Bedürfnisse, die sich aus dem Geschehenen ergeben würden, verwendet würden. Innerhalb einiger Monate nach der Tragödie erhielt das Komitee Spenden aus aller Welt in Höhe von vier Millionen Dollar.

Die Freigiebigkeit von Nachbarn und mitfühlenden Fremden in aller Welt ließ bei den Amish ein tiefes Gefühl der Dankbarkeit entstehen. Die Schlagzeile der Titelseite eines Amish-Wochenblattes lautete: »Danke«. Der Leitartikel begann mit einem besonderen Dank an den Polizeikommissar Jeffrey Miller für seine Arbeit während der Krise. In dem Artikel wurde auch einer großen Zahl Professionellen und Freiwilligen Dank ausgesprochen »für ihr schnelles Handeln, für den Schutz unserer Privatsphäre in den Tagen der Sorgen und Trauer ... und die vielen selbstlos aufgewendeten Stunden, die sie freiwillig geopfert haben, um in der Gemeinde Recht und Ordnung aufrechtzuerhalten.« Der Leitartikel schloss mit Dank »an die ganze Gemeinde – Engländern wie Amish – für alles, was getan wurde, um diese Last zu tragen. Und gleichwohl allen Menschen aus allen Nationen auf dem ganzen Erdball, für alle Spenden, die uns geschickt wurden, und für alle Gebete, die für uns gesprochen wurden.«

Die Eltern eines der Mädchen brachten in einem Brief an die Zeitungen ebenfalls ihre Dankbarkeit zum Ausdruck: »Wir werden nie das Gefühl des Schutzes und der Sicherheit vergessen, die uns die Staatspolizei auf dem Weg zum Beerdigungsgottesdienst unserer Tochter gab ... Es gibt vieles andere, wofür wir dankbar sein können, und sogar in unserer Sorge zählen wir das, was für uns segensreich ist. Und wir danken der ganzen Nation für die Unterstützung im Gebet.«

Manche Amish gaben zu, dass sie das Potential an Güte von Menschen von außen unterschätzt hatten. Ein Amish-Vater gab in einem Brief an den *Philadelphia Inquirer* zu: »Unsere Wahrnehmung von ›weltlich‹ und ›Außenstehenden‹ ist herausgefordert und verändert worden. Es hat sich wieder einmal bestätigt, dass es viel Gutes in der Welt gibt.« In seinem Brief heißt es weiter: »Es ist beruhigend zu wissen, dass wir trotz unterschiedlicher Identität uns als Brüder und Schwestern mit den gleichen Hoffnungen, Ängsten, Wünschen und Gefühlen in schwierigen Zeiten die Hand geben.«

Selbstverständlich fuhren die Schreiber fort, indem sie die vorrangige Bedeutung ihrer eigenen Kirche betonten. »Wir sind dankbar, dass wir eine Gemeinde und Kirche haben, die teilnimmt, wo es christliche Gemeinschaft unter einem allmächtigen, liebenden und sorgenden Heiland und Gott gibt«, schrieb der Herausgeber einer Amish-Zeitung. Die Amish-Familien, die unmittelbar von der Schießerei betroffen waren, konnten sich am meisten auf Gemeindemitglieder stützen. Im Vergleich zu anderen von Kummer geplagten Menschen erhielten sie außerordentlich viel Hilfe. Die Engländer spendeten Spielplatzausstattung, Teddybären und Geld, die Amish dagegen boten weniger Spektakuläres an: Mahlzeiten, stille Worte der Anteilnahme und manchmal einfach nur das Geschenk, präsent zu sein. Am 3. und 4. Oktober strömten Hunderte von Familienmitgliedern und Freunden zu den Häusern der Trauerfamilien. Die Besucher reagierten auf den unsäglichen Kummer dieser Familien mit tief empfundenen Gesten der Unterstützung – waren sie doch durch Familienbande miteinander verbunden.

53

Trotz der tragischen Umstände entsprachen die Totenfeiern den typischen Gewohnheiten der Amish. Nach einem Todesfall in einer Amish-Gemeinde bringt ein englischer Bestattungsunternehmer den Toten in ein Bestattungsinstitut, balsamiert ihn ein und bringt ihn dann nach Hause zurück, wo die Familienmitglieder ihn für die Bestattung einkleiden. Junge Mädchen werden gewöhnlich in ein weißes Gewand gekleidet, tragen eine weiße Kopfbedeckung und liegen in einem einfachen Holzsarg. Die Särge der Mädchen blieben offen – und das entsprach der Gewohnheit der Amish, die aufrichtig und frei mit dem Tod umgehen. Sie sollten diejenigen, die an den Särgen vorbeigingen, daran erinnern, dass der Terror im Schulhaus nur wenige Tage zurücklag.

Wenn ein Todesfall bekannt wird, übernehmen die Mitglieder der jeweiligen örtlichen Gemeinde die Aufgaben, die dabei für die Trauerfamilie anfallen und machen es ihr möglich, die vielen Freunde und Verwandten zu empfangen, die vor der Bestattung auf einen Besuch kommen. Mary, eine junge Mutter, erklärte: »Oft drücken Besucher bei einem Trauerbesuch dem Trauernden nur die Hand, ohne etwas zu sagen. Ich sage oft: ›Wir werden viel an dich denken.‹ Ich sage nicht: ›Ich bete für dich‹, denn das würde zu stolz klingen.« Ein Prediger sagte das Gleiche: »Wenn Sie Trauerbesuche bei den Eltern machen, geht es nur um Ihre Anwesenheit. Verharren Sie einige Augenblicke in Stille und gehen Sie dann wieder.«

In der Amish-Siedlung von Lancaster kann jeder Trauerbesuche machen, aber an der Beerdigung dürfen nur die teilnehmen, die eine Einladung erhalten. Ein Freund oder Verwandter gibt im Namen der Trauerfamilie die Einladungen mündlich weiter. Die Trauerfeier wird meist in einer Scheune oder in einer großen Werkstatt oder einem großen Laden gehalten, denn es nehmen viele Menschen daran teil – oft sind es dreihundert oder mehr. Zuerst findet eine kleine, private Trauerfeier im Trauerhaus statt und ihr folgt eine große, formelle Trauerfeier.

Die Trauerfeiern für die fünf Mädchen fanden drei und vier Tage nach der Schießerei statt. Die Trauerfeiern für Naomi Rose, Marian und die beiden Schwestern Mary Liz und Lena wurden am 5. Oktober gehalten, die Trauerfeier für Anna Mae am Freitag, dem 6. Oktober. Wie bei den anderen Amish-Gemeindetreffen wird bei den Trauerfeiern gewöhnlich Pennsylvaniadeutsch gesprochen. Aus Höflichkeit gegenüber englischen Freunden, Besuchern aus Chicago und Polizeibeamten, die an den Feiern teilnahmen, fand eine Trauerfeier in Deutsch und Englisch statt.

Neben Predigten, die die Bedeutung betonen, wie wichtig es ist, sich dem Willen Gottes zu unterwerfen, gehören Lesungen dazu, aber keine Kirchenlieder. Das Lied, das bei der Beerdigung der siebenjährigen Naomi Rose gelesen wurde, lautete: »Ich war ein kleines Kindlein.« Der Text unterstreicht die ungewisse Natur des irdischen Lebens und die Glaubensgewissheit des zukünftigen Lebens.

Ich war ein kleines Kindlein,
Gebor'n auf dieser Welt;
Aber mein Sterbensstündlein
Hat mir Gott bald gestellt.
Ich weiß gar nichts zu sagen
Was Welt ist und ihr Tun;
Ich habe in meinen Tagen
Nur Not gebracht davon.

Mein allerliebster Vater,
Der mich zur Welt gezeugt,
Und mein herzliebste Mutter,
Die mich selbst hat gesäugt,
Die folgen mir zum Grabe,
Mit Seufzen inniglich,
Doch ich war Gottes Gabe,

Die er nun nimmt zu sich.
Er nimmt mich auf in Gnaden
Zum Erben in sein Reich,
Der Tod kann mir nicht schaden,
Ich bin den Engeln gleich;
Mein Leib wird wieder leben
In Ruh und ew'ger Freud,
Und mit der Seele schweben
In großer Herrlichkeit. [2]

Auf jeden der vier Trauerfeiern folgte eine Prozession von drei Dutzend Pferdewagen, die sich durch das Dorf Georgetown zum Bart Amish Friedhof schlängelten. Jede Prozession wurde von zwei berittenen Staatspolizisten und einem von Pferden gezogenen Leichenwagen, auf dem der einfache Holzsarg stand, angeführt. Als die Prozession am Bart Township Feuerwehrhaus vorbeizog, standen Feuerwehrleute an der Straße und zogen ihren Helm. Ein Verwandter des Mörders, der zusah, wie die Prozession an seinem Haus vorbeizog, erinnerte sich später: »Nachbarn, Menschen und Familien umarmten einander. Es gab so viel Gnade und Mitgefühl.«

Als alle Trauerzüge schließlich auf dem Friedhof angekommen waren, trugen die Träger den Sarg zum offenen Grab. Nach einer kurzen Andacht, bei der ein Kirchenlied gelesen und ein Gebet gesprochen wurde, wurden die Körper in den Boden gesenkt. Die beiden Schwestern Mary Liz und Lena, die, wie ihr Großvater sagte, sich »sehr nahegestanden« und »gern miteinander gespielt hatten«, wurden in getrennten Särgen im gleichen Grab beerdigt.

Es berührte die Amish tief, dass die Staatspolizei berittene Beamte stellte, die der Prozession vorangingen und folgten. Nach der Ankunft auf dem Friedhof versperrten vier Beamte den Eingang und warfen ein wachsames Auge auf mögliche Eindringlinge, die die Ungestörtheit des feierlichen Momentes hätten beeinträchtigen können. »Es war eine demütigende Erfahrung, diese berittenen Polizisten zu sehen. Mir kamen einfach die Tränen«, sagte ein Amish-Geschäftsmann.

Am Samstag versammelten sich die Familie und die Freunde von Charles Carl Roberts IV zu seiner Beerdigung. Roberts Leiche wurde von einem privaten Dienst über ein örtliches Bestattungsunternehmen zum Friedhof der Georgetown United Methodist Church gebracht. Dieser war nur knapp 300 Meter von seinem Haus entfernt. Dort bekam er seine letzte Ruhestätte neben dem rosa herzförmigen Grabstein seiner kleinen Tochter Elise, deren Tod vor neun Jahren ihn so gequält hatte.

Als die Mädchen und ihr Mörder begraben waren, tauchten wieder die Fragen über den Grund für Roberts Zornesausbruch auf. »Wir alle fragen immer wieder warum«, sagte Roberts Schwiegervater. »Jeder hatte ein gutes Wort für Charlie übrig, aber er ist einfach durchgedreht.« Die brutale Gewalt passte nicht zu dem, was er über Roberts Fürsorge für seine Kinder wusste. So weit es ihm bekannt war, hegte der Todesschütze keine Abneigung gegenüber den Amish. Das einzige, was sich über ihn sagen ließ, war seine intensive Reserviertheit. »Er war sehr still. Er stand gewöhnlich hier auf dem Fahrweg und warf den Ball nach dem Hund, sagte aber nichts, nicht einmal zu mir. Wollte man sich mit ihm unterhalten, musste man mit dem Gespräch beginnen.«

Eine mögliche Erklärung für seinen Ausbruch kam vom Mörder selbst. Als Roberts vom Schulhaus aus seine Frau anrief, sagte er, die Erinnerung daran, dass er vor zwanzig Jahren zwei Familienmitglieder sexuell belästigt habe, plage ihn. Diese Erklärung reichte jedoch wie alle anderen nicht aus, um die Raserei zu erklären. Die Familienmitglieder, von denen er sprach, konnten sich überdies nicht an einen Missbrauch erinnern.

Eine Woche nach der Schießerei nahmen die Schulklassen der überlebenden Kinder ihren Unterricht in einer nahe gelegenen Garage auf dem Anwesen eines Amish wieder auf.

Eltern, Freunde und die überlebenden Jungen fuhren in gemieteten Lastwagen zu dem alten Schulhaus und holten die dort verbliebenen Bücher und Schulsachen. Mitarbeiter des Rettungsdienstes hatten schon das Blut und das zerbrochene Glas, das den Boden übersät hatte, beseitigt. Als die Jungen das Gebäude betraten, gingen sie zu der Vorderseite, knieten da nieder, wo die Mädchen zusammengebunden worden waren und bohrten ihre Finger in die Geschosslöcher im Boden. Sie gingen dann zu ihrer Schulbank und holten ihre Schulsachen heraus. Die Eltern durchsuchten die Schulbänke ihrer Töchter und holten Kunstwerke, Stifte und alle Erinnerungsstücke, die sie finden konnten, heraus. Die Wandtafel wurde abgeschraubt und samt der mit Kreide geschriebenen Lektionen, die noch lesbar waren, in einen wartenden Lastwagen geladen.

Einer der Eltern bat einen Amish-Bischof, ehe sie die Schule verließen, ein Gebet zu sprechen. »Er wünschte uns Gottes reichsten Segen und sprach darüber, wie der Herr in allem wirkt. Wieder flossen Tränen, aber jetzt waren es Tränen des Friedens«, erinnerte sich ein Amish-Zeuge. Der Bischof dankte den Jungen dafür, dass sie so mutig waren, zum Schulhaus zurück zu ihren Schulbänken zu gehen. Dann betete er das Vaterunser. »Es war ein solch heiliger Moment, solch ein heiliger Platz«, sagte eine Amish. »Ich konnte geradezu Gottes Kraft spüren. Es wurde viel geweint, und es war sehr, sehr traurig. Andererseits gab es Frieden, Frieden. Gottes Gegenwart war so real, dass ich sie fast berühren konnte.«

Die Jungen versammelten sich, als sie sich darauf vorbereiteten wegzugehen, um das Seil der Schulglocke. Sie brannten darauf, sie um genau 10.45 Uhr zu ziehen, wenn die Glocken der Kirchen von Lancaster County gewöhnlich läuteten. Sie wollten damit anzeigen, dass die erste Woche nach der Tragödie vorüber war. Ein Staatspolizist, der das Schulhaus bewachte, nickte zum exakten Zeitpunkt. Die Glocke erklang nur einmal und blieb dann still, weil so viele Hände gleichzeitig daran zogen. Ein paar Jungen flitzten auf das Dach und läuteten sie dort weiter.

Die Rückkehr zur Schule war eine heilende Erfahrung, aber sie konnte nichts daran ändern, dass die Dinge nie wieder so sein würden wie vorher. Die Jungen begannen, ehe sie ihren alten Schulhof verließen, die Lage des Ballspielfeldes, den sie an der Behelfsschule unten an der Straße schaffen wollten, zu planen. Die West Nickel Mines School hatte zwei Ballspielfelder, sodass alle Kinder gleichzeitig spielen konnten. Jetzt ging den Jungen auf, dass sie nur ein Feld brauchten, weil zehn ihrer Klassenkameradinnen fehlten.

Eine Person, die nicht fehlte, war ihre Lehrerin. Als die Schüler sich in ihrem provisorischen Klassenzimmer versammelten, war Emma da, begrüßte sie und nahm ihre Unterrichtsverpflichtungen wieder auf. Es sei am besten für sie und ihre Schüler und Schülerinnen, wenn sie da sei und ihnen helfen würde, ihr »neues Normal« zu finden.

In den Tagen der Schießerei hatte sich bei den Medien die Information verbreitet, die Amish würden das alte Schulgebäude abreißen. »Warum sollten sie das tun?«, fragte ein Reporter. »Ist das Teil eines religiösen Reinigungsrituals?« Die einfache Antwort war: »Nein«. Die Amish haben keine Reinigungsrituale. Sie wollten einfach nicht, dass ihre Kinder Tag für Tag, Jahr für Jahr an jene Stunde erinnert wurden, als fünf von ihren Gefährtinnen, während sie in einem Raum saßen, getötet und fünf ernsthaft verletzt wurden. Die Amish blickten auch mit Sorge auf die Möglichkeit, dass Tausende von Touristen zur White Oak Road kommen könnten und den historisch gewordenen Platz sehen wollten. »Wir wollen weitermachen«, sagte ein Amish-Farmer. »Die Gemeinde will nicht die öffentliche Aufmerksamkeit und all die Touristen, die nach Nickel Mines kommen würden, bliebe die Schule stehen.« Kurz gesagt, der gesunde Menschenverstand diktierte den Abriss.

Am 12. Oktober um 4.45 Uhr morgens, zehn Tage nach der Schießerei, griffen die Zähne eines riesigen Baggers in das Schulhaus. Nach fünfzehn Minuten lag es in Trümmern. Die Abrisskolonne hoffte, durch die Arbeit am frühen Morgen könne sie die Blitzlichter der Medien vermeiden. Einige Fotografen und eine Handvoll Amish kamen trotzdem, um Zeuge der Zerstörung dieses besonderen Schauplatzes des Todes zu sein.

An einem Freitagabend einige Wochen nach der Schießerei versammelten sich Staatspolizisten und Amish-Familien im Bart Township Feuerwehrhaus. Die Versammlung wurde von drei der überlebenden Mädchen geprägt, die kurz vorher aus dem Krankenhaus heimgekehrt waren. Die Mädchen erkannten die berittenen Polizisten, die sie gerettet hatten und eilten zu ihnen, um mit ihnen zu reden. »Es war sehr bewegend. Es war etwas, das man kaum in Worte fassen kann – es war, als würden die Staatspolizisten ihr Herz ausschütten, und die Amish taten das Gleiche«, sagte der Vater einer der Überlebenden. »Es war für beide Seiten gut. Für die Mädchen war es so tröstlich.«

Die Amish hatten für die Polizei nur Worte des Lobes. »Die Polizei war großartig«, sagte ein Amish-Ladenangestellter und fügte hinzu: »Ich werde ihnen das nächste Mal, wenn ich sie sehe, zuwinken.« Es zeigte sich, dass viele Amish in Lancaster County die gleiche Entscheidung getroffen hatten. Typisch zurückhaltend, wie Amish Außenstehenden gegenüber sind, begannen einige von ihnen, die Hand zum Gruß zu erheben, wenn sie auf der Straße an Polizisten vorbeigingen. Als Mitglieder »eines anderen Königreiches« hatten die Amish neuen Respekt für die Repräsentanten des Staates gewonnen, die ihre Gemeinschaft bewacht hatten und ihnen nach ihrem eigenen 11. September Raum zum Trauern gegeben hatten.

Die Reporter fragten sich weiter, ob die Schießerei Veränderungen in die Amish-Schulen bringen würde, insbesondere, was die Sicherheit betrifft. Die Amish fragten sich das Gleiche.

60

Am 10. Oktober, acht Tage nach der Schießerei, versammelten sich Führer der Amish in einem Amish-Haus und diskutierten Fragen der Sicherheit, die viele Menschen – Amish wie Engländer – eine Woche lang gestellt hatten. Sollten elektronisch gesteuerte Alarmanlagen installiert werden? Und wie wäre es mit Handys, in denen die Notrufnummer einprogrammiert wäre?

Die Führer kamen zu dem Schluss, dass elektronische Formen des Schutzes keine Schießerei in der Zukunft verhindern würde. Sie könnten – so sagte ein Kirchenältester – sogar »unser Vertrauen in Gott schwächen, und wir könnten so Seinen Segen auf unsere Schulen verlieren«. Mechanische Verbesserungen wie Panikbarrieren fanden mehr Sympathie als elektronische. Panikbarrieren sind Schlösser an den Schulhaustüren, die bewirken, dass Menschen das Haus verlassen können, dass aber niemand unbefugt hereinkommen kann. Aber diese Vorschläge waren einfach nur Vorschläge. Schlussendlich würde jede der kleinen Schulen im ganzen Land entscheiden müssen, welche Sicherheitsvorkehrungen sie installieren würden, wenn überhaupt etwas unternommen wurde. Jede Schule würde die heikle Linie zwischen Vertrauen auf Gott oder menschlichen Vorrichtungen ziehen müssen.

Mitte November war ein Bauplatz für die neue Schule, die zu Beginn des Jahres 2007 gebaut werden sollte, gewählt worden. Auf dem alten Schulhof wuchs frisches Gras und verband ihn mit der Weide nebenan. Die überlebenden Mädchen waren nach Hause zurückgekehrt. Drei von ihnen gingen schon wieder zur Schule. Ein weiteres Mädchen, das ständige Hilfe brauchte, war nach Hause zurückgekehrt und das fünfte Mädchen, das noch im Kinderkrankenhaus in Philadelphia war, hoffte, an Weihnachten nach Hause kommen zu können. Sie brachte viele in der Amish-Gemeinschaft zum Schmunzeln, als bekannt wurde, dass sie eine Krankenschwester gebeten hatte, sie als Geschenk für ihre Eltern in ein Geschenkpaket zu packen.

Und es gab eine neue Naomi Rose. Die 22-jährige schwangere Besucherin, die, ehe ihr befohlen wurde, das Schulhaus zu verlassen, die verzweifelte Naomi Rose getröstet hatte, gab ihrer Tochter, die acht Tage später geboren wurde, diesen Namen.

Für die Amish in Nickel Mines ging das Leben weiter. Obwohl die Überlebenden sowohl körperlich wie emotional tiefe Narben davontrugen, waren sie entschieden darauf ausgerichtet, als Gemeinschaft weiterzukommen, füreinander zu sorgen und ihren Glauben in die Tat umzusetzen. Mit Gottes Hilfe waren sie dabei, »ein neues Normal« zu leben.

4
Die Überraschung

>>Du meinst, einige Menschen haben
wirklich gedacht, wir kommen zusammen und planen Vergebung?<<

Eine Großmutter der Amish

Die Schießerei im Schulhaus im ruhigen Amish-Land hat die
Welt schockiert. Mit einer Geschwindigkeit, die die Welt ebenfalls zum Staunen brachte, haben die Amish von Nickel Mines
dem Mörder vergeben und seiner Familie Gnade angeboten.

Während Außenstehende nach der Schießerei noch mit Mitleid für die Amish-Gemeinschaft reagierten, verrichteten die
Amish selbst eine andere Art von Arbeit. Sanft, fast unmerk-
lich und ruhig begannen sie mit der schwierigen Arbeit der
Vergebung.

Den Amish war schnell klar, dass die Witwe und die Kinder von Roberts ebenfalls Opfer der Schießerei waren – Opfer,
die nicht nur einen Ehemann und Vater, sondern auch ihre
Privatsphäre verloren hatten. Die Familie Roberts hatte im Gegensatz zu den Opfern der Amish die Schmach zu tragen, dass
einer ihrer Angehörigen unschuldigen Kindern und ihren Familien solchen Schmerz zugefügt hatte. Wenige Stunden nach
der Schießerei reichten einige Amish der Familie des Mörders
schon ihre Hand.

Amos, ein Prediger der Amish in einem nahe gelegenen Kir-
chendistrikt beschrieb es uns folgendermaßen: »Nun, drei von
uns standen am Montagabend um das Feuerwehrhaus herum.
Wir haben einfach überlegt, wir sollten zu Amy, der Witwe von
Roberts gehen und ihr etwas sagen. So gingen wir zu ihrem
Haus, aber es war niemand dort. Daraufhin gingen wir zum
Haus ihres Vaters. Dort trafen wir sie, ihre Kinder und ihre El-

63

tern allein an. So haben wir einfach etwa zehn Minuten mit ihnen gesprochen und unsere Betrübnis zum Ausdruck gebracht und ihnen gesagt, dass wir ihnen nichts anlasten.«

Am gleichen Abend ging ein Amish, der einige Kilometer weiter entfernt wohnte, zum Vater des Mörders, einem pensionierten Polizisten, der Taxi-Dienste für ortsansässige Amish anbot. Dwight Lefever, ein Sprecher der Familie Roberts, sagte den Medien später, ein Amish aus der Nachbarschaft sei zur Familie gekommen, um sie zu trösten. »Er stand eine Stunde lang da und hielt diesen Mann (Herrn Roberts) in den Armen und sagte: ›Wir vergeben dir.‹« In den nächsten Tagen bekamen die Eltern von Roberts viel Besuch und viele Anrufe von anderen Amish, die ebenfalls Vergebung und freundliche Anteilnahme zum Ausdruck brachten.

Am Tag nach der Schießerei besuchte Amys Großvater eine der Amish-Trauerfamilien. Für sie hatte der Todesschütze Milch transportiert. »Ich kannte den Vater und den Großvater der Kinder, die getötet wurden. Wir sind in der Küche zusammengekommen, haben uns gegenseitig die Hand gedrückt und uns in die Arme genommen«, erinnerte sich Roberts Verwandter. »Sie sagten, es gäbe keinen Groll. In all dem gab es Vergebung. Es war schwer, da zuzuhören, und schwer, es zu glauben.« Er beschrieb, was in den darauffolgenden Tagen geschah und sagte: »Viele Amish sind bei Amys Haus stehen geblieben, haben ihr Vergebung angeboten, ihr Beileid ausgesprochen und ihr Geschenke gebracht. Ich kann sie von meinem Fenster aus sehen, wenn sie zu ihrem Haus kommen.«

Andere Amish in der Nickel Mines Gemeinschaft haben ihre Hingabe an Vergebung in unterschiedlicher Weise zum Ausdruck gebracht. Am Mittwochmorgen um 5.30 Uhr, zwei Tage nach dem Amoklauf ging der Großvater der zwei getöteten Schwestern, der nicht schlafen konnte, zum Schulhaus und dachte an seinen Verlust. Vor etwas mehr als 42 Stunden hatte er seine Tochter völlig übermüdet zu zwei verschiedenen Krankenhäusern gebracht und dort die jungen Mädchen in den Armen ihrer Mutter sterben sehen. Plötzlich brachten ihn die TV-Kameras in das blendende Licht ihrer Scheinwerfer, und ein Reporter ging auf ihn zu.

»Sind Sie zornig auf die Familie des Todesschützen«, fragten sie.

»Nein.«

»Haben Sie ihnen schon vergeben!«

»In meinem Herzen, ja.«

»Wie ist das möglich?«

»Durch Gottes Hilfe.«

Später an jenem Morgen sprach eine Amish-Frau von Georgetown, die als Silhouette in der Morgenschau von CBS auftrat, über Vergebung gegenüber dem Mörder. »Wir müssen vergeben«, sagte sie. »Wir haben ihm vergeben, damit Gott uns vergibt.«

Eine andere Geschichte, die in den Medien der Nation weite Verbreitung fand, betraf den Großvater eines anderen Opfers. Als er den verstümmelten Körper seiner Enkelin sah, wie sie in ihrem Elternhaus in einem Sarg lag, sagte er zu den jüngeren Kindern, die ihn umgaben: »Wir sollten nicht böse über den Mann denken, der das getan hat.« Dieser Geist der Gnade wurde von einem Amish-Handwerker in Georgetown gespiegelt, der Verwandte in dem Schulhaus hatte. Er sagte der Associated Press: »Ich hoffe, dass sie (Roberts Witwe und ihre Kinder) hier in der Gegend bleiben. Sie haben viele Freunde und viel Unterstützung.«

Die Gnade der Amish war bald mehr als spontane Worte und persönliche Gesten. Die Eltern einiger der getöteten Kinder luden Mitglieder von Roberts Familie ein, an der Beerdigung ihrer Tochter teilzunehmen. Was noch erstaunlicher war – als sich am Samstag die Familie von Roberts auf dem Friedhof der Vereinigten Methodistischen Kirche von Georgetown versammelte, um den Amokschützen zu begraben, waren mehr als die Hälfte der Trauergäste Amish. Amos, ein Amish-Nachbar, der mit am Grab stand, dachte, es sei einfach das Richtige. »Einige von uns haben miteinander gesprochen und haben gedacht, wir sollten gehen«, sagte er. »Viele von uns kannten die Familie sehr gut. So haben wir uns ganz informell am Feuerwehrhaus getroffen und sind dann über den Hintereingang hinter einer langen Garage hereingekommen. Wir haben gewartet, bis wir gesehen haben, wie sie die Leiche zum Friedhof brachten. Viele von unseren Leuten sind zu Amy gegangen und haben sie und ihre Kinder gegrüßt.« Ja, sogar einige der Eltern, die ihre eigenen Kinder nur einen Tag oder zwei zuvor begraben hatten, sprachen Amy am Grab ihr Beileid aus und umarmten sie.

Der Bestattungsunternehmer erinnerte sich an den bewegenden Augenblick: »Ich hatte das Glück, dass ich auf dem Friedhof war als die Amish-Familien, deren Kinder getötet worden waren, zur Beerdigung kamen und ihre Vergebung anboten. Das werde ich nie vergessen, niemals. Ich weiß, dass ich Zeuge eines Wunders wurde.«

Ein Mitglied der Familie Roberts, das ebenfalls Zeuge des »Wunders« war, beschrieb es so: »Ungefähr 35 oder 40 Amish kamen zu der Beerdigung. Sie haben uns die Hand geschüttelt und geweint. Sie umarmten Amy und die Kinder. Es war kein Groll und keine harten Gefühle zu spüren, nur Vergebung. Es ist einfach schwer zu glauben, dass sie dazu in der Lage waren.«

Die Anwesenheit trauernder Amish bei der Beerdigung von Roberts war vielleicht der dramatischste Ausdruck ihrer Gnade, aber es war nicht der letzte. Einige Wochen nach der Schießerei fand im Bart Township Feuerwehrhaus ein Treffen von Mitgliedern der Familie Roberts – Amy, ihre Schwester, ihre Eltern und die Eltern von Charles – und den Amish-Familien, die Kinder verloren hatten, statt. Es war eine tief greifende Zeit der Trauer und der Heilung, sagte jemand, der dabei war. »Wir sind im Kreis herumgegangen und stellten uns vor«, berichtete ein Führer der Amish. »Amy weinte und weinte. Wir redeten und weinten und redeten und weinten. Sie war in meiner Nähe, und ich habe meine Hand auf ihre Schulter gelegt. Dann bin ich aufgestanden und sprach und weinte. Es war sehr bewegend und tief greifend.« Ein anderer Amish-Teilnehmer sagte: »An diesem Tag wurden viele Tränen vergossen. Es war eine höhere Macht im Raum.«

Vergebung floss auch in Form von Dollar. Als das Haftungskomitee von Nickel Mines zwei Tage nach der Schießerei zusammenkam, besprachen die Komiteemitglieder ihren Wunsch, der Familie Roberts zu helfen. Als sie nach einem Namen für das Komitee suchten, kamen sie darüber überein, auf das Wort Amish zu verzichten und stattdessen Nickel Mines zu verwenden. Ein Komiteemitglied sagte dazu: »Das ist eine Gemeindetragödie, die über uns Amish hinausgeht. Wir möchten auch der Familie Roberts die Hand reichen.« In der folgenden Diskussion sagte ein anderes Komiteemitglied: »Wer wird jetzt für sie sorgen? Es ist nicht richtig, wenn wir 1000 Dollar bekommen und sie nur 5 Dollar.« Das Komitee stellte, nachdem es mit der Familie von Roberts Kontakt aufgenommen hatte, Geldmittel für die Witwe des Mörders zusammen.

Zusätzlich zur Hilfe für die Familie Roberts durch das Haftungskomitee gaben Amish persönlich Geld für die Familie, indem sie Geld für deren Familienstiftung einzahlten, die von der Coatesville Savings Bank gegründet wurde. Dutzende von Amish gaben Geld für die Stiftung, wie bekannt wurde. Ein Engländer erinnerte sich daran, dass, als er in der Bank einen Beitrag eingezahlt hatte und weggehen wollte, zwei Amish hinter ihm standen, die ebenfalls Geld spenden wollten.

Diese konkreten Taten der Gnade erreichten nicht nur bei der Familie der Witwe ihr Ziel. »Es ist schwer, anzunehmen, was geschehen ist«, sagte eine Verwandte von Amy. »Aber die

Freundlichkeit der Amish hat uns ungemein geholfen. Es hilft uns, wirklich zu wissen, dass sie uns vergeben haben.« Ein anderer Verwandter stimmte zu und gab damit wieder, was schon viele Kommentatoren gesagt hatten: »Wenn dies einem von uns Nicht-Amish passiert wäre, dann hätte es einen Prozess nach dem anderen gegeben, aber diese Erfahrung brachte alle einander näher.«

In einer Verlautbarung, die zehn Tage nach der Schießerei veröffentlicht wurde, dankte die Familie Roberts besonders der örtlichen Amish-Gemeinde. »Euer Mitgefühl ist weit über unsere Familie, unsere Gemeinde hinausgegangen, und es verändert unsere Welt, und dafür danken wir aufrichtig.« Ein Vertreter der Eltern des Mörders sagte: »Jeder Ausdruck der Vergebung gab große Freiheit, die sie fähig macht, trotz aller Traurigkeit und Sorge mit der Heilung voranzukommen. Es gab ihnen Hoffnung für die Zukunft und befreite sie von der schweren Last.«

Eine Freundin der Witwe des Mörders sagte: »Die Vergebung und die Großzügigkeit der Amish machte einen starken Eindruck auf Amy. Sie war davon überwältigt und sehr bewegt. Viele Amish-Nachbarn besuchten sie in den Wochen nach der Schießerei. Sie kamen zur Beerdigung und sie brachten ihr Blumen und Mahlzeiten nach Hause.«

Die einfachen Taten der Gnade der Amish stellten bald die Geschichte von der Metzelei im Schulhaus in den Schatten. Am Mittwoch, zwei Tage nach der Schießerei, richteten sich die Fragen der Medien bei Anrufen nicht mehr auf Amish-Schulen, sondern auf Fragen über die Vergebung der Amish. Wie konnten sie so schnell vergeben? Haben ihre Führer ihnen befohlen, das zu tun? Oder war alles nur ein Trick, um die Gemeinschaft in der Öffentlichkeit gut dastehen zu lassen?

Als die Medien auf diese Fragen Antworten sammelten, wurde die Vergebung der Amish der Schwerpunkt in Hunderten von Geschichten in den Nachrichten, die um die Welt gingen.

Von der *Washington Post* über *USA Today,* von den NBC Abendnachrichten zu *Larry King Live,* vom *Christian Science Monitor* zum *Christian Broadcasting Network,* von der *Khaleej Times* bis zum Australischen Fernsehen – überall gab es Journalisten, die eine Geschichte brachten, wie sie bisher unbekannt war.

Den anfänglichen Nachrichten folgten bald zahlreiche Kommentare und Leitartikel, die über die Tugend der Vergebung reflektierten und sie als emotional ungesund bezeichneten oder fragten, was geschehen wäre, wenn die Vereinigten Staaten auf die Terroranschläge vom 11. September mit Vergebung reagiert hätten. Gewöhnliche Menschen beteiligten sich an der Diskussion, und Tausende von Leserbriefen reflektierten über diese erstaunliche Darbietung von Gnade und fragten sich, ob sie ein Modell zur Nachahmung für andere sei. (Einige dieser Reaktionen werden wir im folgenden Kapitel untersuchen.)

In diesen Briefen und Geschichten, die die Medien veröffentlichten, fehlten jedoch Berichte darüber, was die Amish konkret taten und damit ihre Gnade zum Ausdruck brachten, wie wir es dargestellt haben. Bei der Zurückhaltung der Amish, mit den Medien zu sprechen, ist es kaum erstaunlich, dass Informationen fehlten. In diesem Fall kann das Schweigen nicht auf die Tatsache reduziert werden, dass die Amish den Medien gegenüber mit dem, was sie tun, nicht prahlen. In diesem Fall sprachen sie nicht über die Taten der Vergebung, weil Vergebung gewähren für sie etwas ganz Natürliches, Spontanes und Gewöhnliches ist. Vergebung zu verweigern, »ist keine Option«, sagte Bischof Eli, ein Schweißer. »Es ist einfach ein normaler Teil unseres Lebens.«

Wie haben die Amish entschieden, so schnell zu vergeben? Diese Frage hat einige Amish, die wir interviewten, zum Lachen gebracht. »Ihr meint, manche Leute haben wirklich gedacht, wir seien zusammengekommen, um Vergebung zu planen?«, fragte die lachende Katie, eine 75 Jahre alte Großmutter bei der Arbeit in ihrer Küche. »Es ist genau das, was wir als Menschen, die sich nicht wehren, tun. Das kam spontan, automatisch. Es war nichts Neues.« Jeder Amish, mit dem wir sprachen, stimmte darin überein: Vergebung für Roberts und Gnade für seine Familie hatte als spontaner Ausdruck des Glaubens, nicht als Auftrag der Kirche begonnen.

Die Tatsache, dass die Außenwelt über die Vergebung der Amish so erstaunt war, versetzte wiederum die Amish in Erstaunen. »Warum sind alle so erstaunt?«, fragte ein Amish. »Es ist einfach die christliche Standardvergebung. Es ist, was jeder tun sollte.« Sadie, eine Buchhalterin und Mutter von drei Kindern, war ebenfalls verblüfft über die Aufmerksamkeit, die die Vergebung der Amish im ganzen Land erregt hatte. »Bevor die Medien eine so große Sache aus der Vergebung gemacht haben, war mir nicht klar, dass sie in so starkem Maße Teil unseres Lebens ist. Es war mir einfach nicht bewusst, was für eine zentrale Bedeutung sie für uns hat.«

Plötzlich hatten die Amish ein neues Problem, ein Problem, das für sie eine ebenso große Herausforderung war wie die Vergebung gegenüber dem Mörder und seiner Familie: den hohen Erwartungen der Welt draußen gerecht werden. »Die Nachrichtenreporter haben für uns mit all dem Reden über Vergebung einen hohen Standard gesetzt«, sagte uns ein Handwerker der Amish, der in der Nähe der Schule lebt. »Es ist eine neue Last, die schwer zu tragen ist«, klagte ein anderes Mitglied der Gemeinschaft. Viele Amish haben die überwältigende Aufmerksamkeit, die sie bekamen, als Gelegenheit zur Selbstbesinnung genutzt. Ein verblüffter junger Vater fragte: »Warum hungert die Welt jetzt so nach Vergebung? Das demütigt uns. Es legt uns eine große Verantwortung auf. Wir möchten nicht verherrlicht werden. Jetzt, wo das Auge der Öffentlichkeit auf uns gerichtet ist, werden wir geprüft, ob wir wirklich vergeben. Wir fragen uns: Können wir Amish wirklich sein, was die Öffentlichkeit jetzt von uns erwartet?«

Die Amish, mit denen wir sprachen, drückten immer wieder ihre Besorgnis aus, dass sie von den Medien und der beobachtenden Welt auf ein Podest gehoben würden. Für Menschen, die Demut suchen und Publizität vermeiden, verursacht die Ansammlung von Lob aus der Welt draußen tiefes Missbehagen. »Jeder weiß jetzt, wer wir sind«, sagte eine Großmutter, die in der Nähe des Dorfes Bird-in-Hand wohnt. »Das stellt die Amish-Gemeinschaft auf ›dünnes Eis‹«, fuhr sie fort. Die Menschen denken nicht nur über die Amish nach, sondern »alle haben eine so hohe Meinung von uns. Wir sind nicht genau so, wie es die Reporter sagen. Wir werden als zu gute Menschen auf einen Sockel gestellt.«

Die Besorgnis der Amish, auf einen Sockel gestellt zu werden, lässt sich teilweise darauf zurückführen, dass lange vor der Schießerei in der Schule manche Nachbarn, die nicht zu den Amish gehören, gedacht haben, die Amish würden in der Presse viel zu vorteilhaft behandelt. Manche Ortsansässige, die gelegentlich von langsamen Pferdewagen auf Schnellstraßen genervt sind, »denken, dass die Amish nichts richtig machen«. Gid, ein Prediger und Bauer, sagte: »Es verärgert sie, wenn wir in den Medien so gut dastehen, weil sie glauben, dass wir in Wirklichkeit gar nicht so gut sein können.« In den Wochen nach der Schießerei in der Schule kam es zum Beispiel vor, dass einige englische Nachbarn über unfreundliche Begegnungen mit Amish-Arbeitgebern murrten, die englische Angestellte rausgeworfen hatten.

Mehr noch als die Lobreden von Außenstehenden beunruhigte die Lancaster County Amish die Erwartungen Gottes, die ihnen klar vor Augen standen: Ihr Leben sollte Demut zeigen und Eitelkeit vermeiden. Der letzte Satz des Vaterunser, das die Amish hoch schätzen, lautet: »Denn Dein ist das Reich und die Kraft und die Herrlichkeit« (Matthäus 6, 13). Plötzlich war die »Herrlichkeit« bei ihnen. Jesu Worte, man solle den Glauben im Stillen ausüben, beunruhigte sie sehr. Sie wollten nicht mit Heuchlern in einen Topf geworden werden, die Jesus verdammte, dass sie ihr Mitlied in der Öffentlichkeit zeigten. Doch im Strudel der Medien, der ihre Gemeinschaft umspülte, war es ihnen kaum möglich, ihren Glauben im Verborgenen auszuüben.

Dieses Missbehagen brachte einige Amish dazu, in der Öffentlichkeit über die Grundlagen ihres Glaubens zu sprechen. Der Vater eines der Kinder, die getötet worden waren, meinte, Gott gebühre die Ehre, wenn alles vorbei und getan sei. Die Eltern eines anderen Mädchens, das im Schulhaus starb, schrieben einen Brief an die Lancaster Zeitung: »Nur durch unseren Glauben an Jesus Christus ist Vergebung möglich. Er ist es, dem das Lob und die Ehre gebührt, nicht uns Amish.«

In den meisten Amish-Gemeinschaften ist es nicht üblich, öffentlich über den Glauben zu sprechen. Die Amish unterstützen in der Regel keine evangelistische Arbeit und beteiligen sich auch nicht daran. Sie werden sogar von manchen evangelikalen Christen für ihren Mangel an missionarischem Eifer kritisiert. Bei den Amish steht Handeln über Worte. Sie stellen eher materielle Hilfe für Flüchtlinge und Katastrophenopfer zur Verfügung, als dass sie versuchen, andere zu ihren Vorstellungen zu bekehren. Ihrer Vorstellung nach werden beim Evangelisieren subtil Überzeugungen aufgezwungen, die auf Bekehrung des Einzelnen und nicht auf Treue in der Gemeinschaft abzielen.

Aus diesem Grund fühlen sich die Amish zu den Worten Jesu aus der Bergpredigt hingezogen: ein Licht auf dem Berg, das in die Dunkelheit scheint und durch seine Taten Zeuge der Gnade Gottes ist (Matthäus 5, 13–16). Ein Amish-Handwerker bezog sich auf dieses Bild, als er überlegte, wie Geschichten über die Vergebung der Amish ihren Weg um den Globus gemacht hatten. »Diese Vergebungsgeschichte lässt mich an Matthäus 5 und ein Licht auf einem Berge denken. ›Ihr seid das Licht der Welt. Es kann die Stadt, die auf einem Berge liegt, nicht verborgen sein.‹ (Matthäus 5, 14).«

»Manche unserer Leute denken, wir sollten mehr evangelistische Arbeit leisten oder mit einem Dienst im Gefängnis beginnen«, sagte ein Amish-Farmer, als er über die Berichterstattung über Vergebung nachdachte. »Aber diese Geschichte über Vergebung hat in der ganzen Welt mehr Zeugnis von uns gegeben, als alles, was wir je tun können.« Gid stimmte zu: »Vielleicht war das Gottes Art und Weise, wie er uns Missionsarbeit tun ließ. Vielleicht hat er die Medien benutzt, um das Evangelium zu verbreiten.« Nicht jeder Amish hat diesen eher missionsorientierten Schluss gezogen, aber es gab einige, die es taten. »Die Botschaft (von Vergebung) war wirklich ein Licht für die Welt«, sagte der Prediger Amos. »Wir sollen ein Licht für die Welt sein, aber nicht sagen: ›Schau mal, was ich tue.‹ ... Es ist wichtig, dass wir die Ehre dem geben, dem sie gehört (Gott).«

Ein Vater, der im Schulhaus eine Tochter verloren hatte, betonte immer wieder, Vergebung sei mehr als Worte. Er sagte uns am Küchentisch: »Unsere Vergebung besteht nicht aus Worten, sondern aus Taten. Es geht nicht um das, was wir gesagt, sondern das, was wir getan haben. Das war unsere Vergebung.« Am Ende von einem Fax eines anderen Amish stand ein Satz, den er von einer Hinweistafel in einer Kirche abgeschrieben hatte: »Predige das Evangelium, und verwende Worte, wenn es nötig ist.« Die Amish haben gepredigt – jedoch kaum mit Worten.

Als wenige Stunden nach dem Verbrechen Vergebung ins Haus des Mörders gelangte, kam sie nicht aus dem Nichts. Vergebung ist in das Leben der Amish eingewebt, seine festen Fäden sind aus dem Glauben an Gott, aus Geboten der Heiligen Schrift und einer Geschichte von Verfolgungen gesponnen. Die Gnade, die von den Amish ausgeübt wurde, hat die Welt fast ebenso zum Staunen gebracht wie die Morde. In mancher Hinsicht rückte diese Geschichte in den Tagen nach der Schießerei und dem sinnlosen Tod der Schülerinnen in den Vordergrund. Die Gnade der Amish und die Art und Weise, wie sie die Welt beeindruckte, hat der Tragödie nicht ihren Schrecken genommen, und sie hat auch nicht den Kummer der Hinterbliebenen ausgelöscht. Vielleicht war sie eine Antwort auf die Gebete der Amish, dass aus diesem schrecklichen Ereignis irgendwie, irgendwo etwas Gutes entsteht.

5
Die Reaktionen

»Was wäre geschehen, wenn die
Amish beim Krieg gegen den Terror
das Sagen gehabt hätten?«

Diana Buttler Bass, Kolumnistin

Es passiert nicht oft, dass Vergebung in einer Nation zum
Hauptdiskussionsthema wird. Manchmal haben eigenwillige
religiöse Führer, die für ihre Sünden Buße taten, Gespräche
über die Tugenden der Vergebung ausgelöst. Die Bekenntnisse Präsident Clintons, die seiner Affäre mit Monika Lewinsky
folgten, haben ähnliche Diskussionen in Gang gebracht. Selten
ist dieses spirituell orientierte Thema an den Esstischen und
Wasserkühlern der Nation so häufig diskutiert worden.

Die Reaktion der Amish in Nickel Mines hat – natürlich
mithilfe der Nachrichtenmedien – eine nationale Diskussion
in Gang gebracht. Zehn Tage nach der Schießerei am Montag
war die Vergebung der Amish das Hauptthema bei der Berichterstattung über den Vorfall. Die Einzelheiten des Amoklaufs
und die seltsamen Motive des Mörders waren nicht mehr ganz
so wichtig. Am Donnerstag und Freitag standen die Beerdigungen der Mädchen im Mittelpunkt. Selbst da wurde beim Thema
Heilung von den Medien darauf hingedeutet, dass die Amish
der Person vergeben hatten, deren Handeln die Beerdigungen
herbeigeführt hatte. Gleichzeitig erschienen zahlreiche Kommentare, in denen über die Vergebung der Amish nachgedacht
wurde. Eine Woche nach der Schießerei erreichte die Zahl dieser Kommentare ihren Gipfel. Bei alledem war plötzlich das
Bild der Amish in der Vorstellung der Amerikaner als technik-
feindliches, Pferdewagen fahrendes, schlicht gekleidetes Volk
wie weggewischt. Die Amish waren zu ihrem eigenen Erstau-

75

nen zu der Gemeinschaft in der Welt geworden, die am meisten Vergebung praktiziert.

Nur selten findet man eine einfache Erklärung dafür, warum eine Geschichte in den Medien Aufmerksamkeit gewinnt. Was macht ein Ereignis aktuell? Die Medien kamen nach Lancaster County, weil das Töten, ein grausames Verbrechen, durch die Umgebung, in der es stattfand, an Bedeutung gewonnen hatte: ein Schulhaus mit nur einer Klasse in einem ruhigen Dorf. Der Schock, dass ein solcher Terror in einer ländlichen Gemeinde der Amish Einzug halten konnte, war eine fesselnde Story, und die Taten der Gnade, die darauf folgten, haben das Drama noch interessanter gemacht. Vielleicht hegten die Medien die Hoffnung, sie könnten in der Tragödie etwas Rettendes bringen, etwas, dass die Hörer und Leser die Rückversicherung gab, dass es im Herzland von Amerika weiterhin die Tugend der Güte gibt. Viele Journalisten, die über das, was sie gehört und gesehen hatten, erstaunt waren, ahnten auch, dass die Geschichte auf Leser und Zuschauer Eindruck machen würde. Was auch der Grund gewesen sein mag – die Geschichte des Amoklaufs in Nickel Mines hat schnell eine nationale Diskussion über die Amish wie über Vergebung in Gang gebracht.

Lob der Vergebung der Amish

Die hervorstechendste Reaktion auf die Geschichte war Erstaunen. Immer und immer wieder brachten Kommentatoren ihr Erstaunen darüber zum Ausdruck, dass die Amish in der Lage waren, so schnell zu vergeben. Manchmal verwandelte sich die Verwunderung in Skepsis. Reporter fragten: Wollen die Amish einfach nur gut in der öffentlichen Meinung dastehen? Im Allgemeinen glaubten die Beobachter jedoch, dass die Amish Roberts und seiner Familie wirklich vergeben hatten – etwas, was sie zutiefst erstaunlich fanden. Ein Kolumnist aus Helena, Montana, fasste das, was viele Beobachter fühlten, zusammen: »Ich bin zutiefst von dem berührt, was in Nickel Mines geschieht.«

Zu dem Erstaunen kam bei der großen Mehrheit der Experten noch hinzu, dass sie begannen, die Vergebung der Amish zu loben. Immer wieder sagten sie, das sei der Anerkennung wert. »Was für wunderbare Menschen sind das«, schrieb eine Frau, die in der Nähe von Lititz, Pennsylvania, lebt. »Würden alle Menschen ihrem Beispiel von Glauben und Vergebung folgen – wie viel besser wäre dann diese Welt!« Ein Schreiber in Philadelphia pflichtete ihm bei, Amerikaner sollten sich den Amish gegenüber für das, was sie getan haben, nicht nur verpflichtet fühlen, sondern auch bemüht sein, »von ihrem Vorbild zu lernen«. Eine Kommentatorin sagte, sie wolle die Gemeinschaft der Amish nicht idealisieren, denn »sie habe sicher auch ihre Probleme«. Trotzdem wolle sie ihre Leser dazu auffordern, einen Augenblick darüber nachzudenken, wie bemerkenswert es sei, wie sie auf ganz ruhige Art menschliche Freundlichkeit unter Beweis gestellt hätten. »Wir alle sollten so sonderbar, seltsam und unkonventionell sein«, schrieb ein weiterer Beobachter.

Solche Ansichten über die Vergebung der Amish führte manche Kommentatoren, die über die Amish schrieben, zu der Frage, was es mit den Amish auf sich habe, was es ihnen möglich mache zu vergeben. Für viele war die Antwort relativ einfach: Die Amish verkörpern reinen christlichen Glauben. »Die Amish haben dem Rest der Welt gezeigt, was wahres Christentum ist«, schrieb ein Kolumnist für eine Zeitung in Fort Wayne, Indiana. Andere Beobachter schrieben über die Glaubwürdigkeit der Amish. Wieder andere fanden, die Reaktion der Amish sei Folge der Nächstenliebe, nach der alle Menschen streben sollten. »Dies gilt nicht nur für Amish«, schrieb ein Kommentator. »Hier geht es darum, dass wir unser Leben ruhigen Mutes führen sollen, der uns verstehen lässt, dass unser

Überleben nur durch Hinwendung zu anderen gelingen kann und nicht durch Zurückschlagen.«

Schließlich fanden manche Beobachter, die Reaktion der Amish in Nickel Mines habe ihnen eine Möglichkeit eröffnet, über ihr eigenes Leben und die amerikanische Gesellschaft nachzudenken. In diesen Reflektionen wurde oft ein Gefühl des Unbehagens über die moderne Kultur deutlich, von der die meisten glaubten, im Leben der Amish spiele diese keine Rolle. Viele Kommentatoren klagten über die zunehmende Verweltlichung im Land. Einer von ihnen zog einen Vergleich, über den sich streiten lässt. »Der Glaube der Amish« entspricht »dem christlichen Glauben unserer Vorväter«. Nach der Schießerei wurde in einer Zeitung in Binghamton, New York, ein Beitrag mit der Überschrift veröffentlicht: »Eine so moderne Gesellschaft macht krank.« Es wurden vier Wörter zitiert, die im zeitgenössischen amerikanischen Leben nicht mehr hoch im Kurs stehen: *Unschuld, Anstand, Ehrfurcht* und *gute Sitten.* Zum Schluss erwähnte die Kommentatorin die Amish und identifizierte *Vergebung* als fünftes Wort. Sie sprach die Hoffnung aus, es möge ein Comeback feiern. »Die Sophistiker der modernen Gesellschaft belächeln die Amish und ihre altmodische Lebensweise, aber die Art und Weise, wie sie in Nickel Mines Vergebung gezeigt haben, beweist, dass sie viel fortschrittlicher sind als wir.«

Im Gegensatz zu dem, was diese Verfasserin schrieb, machten einige wenige Menschen nach der Schießerei höhnische Bemerkungen über die Amish. Die vier Themen – Erstaunen über den Akt der Vergebung, Bewunderung für die Amish, die diese Vergebung gezeigt hatten, Achtung vor dem Leben der Amish und Klagen über das Mainstream-Leben in Amerika – waren es, über die die große Mehrheit der Kommentatoren nach der Tragödie schrieb.

Diese Themen bauten auf einer weitaus längeren Tradition auf, wie dem Leben der Amish öffentlich Tribut gezollt wurde. Die Amish hatten schon immer durch ihre fest geknüpften Gemeinschaften und ihren Widerstand moderner Technologie gegenüber Beobachter in den Bann gezogen. Mancher wird sich gefragt haben, ob die Amish etwas Gutes repräsentieren, was den Außenstehenden fehlt. Nach der Schießerei in Nickel Mines spielte diese Fragestellung eine etwas andere Rolle. Die Amish *hatten* nicht nur etwas Gutes, was anderen fehlt. In den Augen vieler Menschen *waren* die Amish gut oder zumindest besser als die große Mehrheit ihrer amerikanischen Nachbarn. Als die Herausgeber von *Beliefnet.com* sie drei Monate später zu den »am meisten inspirierenden Menschen des Jahres 2006« ernannten, bestätigte eine überwältigende Zahl ihrer Leser die Wahl: die Amish von Nickel Mines, Pennsylvania.

Die Infragestellung der Vergebung der Amish

Trotz der weitverbreiteten Bewunderung für die Vergebung der Amish bildete sich ein kleiner, aber hartnäckiger Chor von Kritikern. Eine frühe und scharfe Kritik an der Vergebung der Amish erschien am Sonntag nach dem Amoklauf. Jeff Jacoby gab in einem oft nachgedruckten Editorial mit dem Titel »Unverdiente Vergebung« zwar zu, das Bestreben der Amish, der Aufforderung Jesu zu folgen, Böses mit Gutem zu vergelten, sei zwar tief ergreifend. Er beharrte aber trotzdem auf der Meinung, Hass sei nicht immer falsch und Vergebung sei nicht immer verdient. Jacoby fragte seine Leser: »Wie viele von uns würden gern in einer Gesellschaft leben, in der niemand wütend wird, wenn Kinder ermordet werden?« Das Problem, sagte er, sei nicht die Vergebung per se. »Freiwillig denen vergeben, die dich verletzt haben, ist schön und lobenswert.« Das Problem in diesem Fall sei, dass die Personen, die

Vergebung gewährten, einer Person vergaben, der *andere* verletzt hatte. »Ich kann nicht sehen, wie die Welt dadurch zu einem besseren Ort werden kann, dass jemand, der anderen Schreckliches zufügt, freiwillig vergeben bekommt.«

Jacoby berief sich auf die Bibel, die gleiche Autorität, die die Amish oft zitieren. »Lieben hat seine Zeit, hassen hat seine Zeit; Streit hat seine Zeit, Friede hat seine Zeit« (Prediger 3). Aus Psalm 97, 3 zog er den Schluss: »Die Ihr den Herrn liebet, hasset das Arge.«

Jacoby war nicht der einzige, der die Vergebung der Amish kritisierte. »Warum ignorieren die Amish die Wirklichkeit?«, lautete die Headline im *Britain's Observer* in einem Artikel von Cristina Odone. Sie nannte die Reaktion der Gemeinschaft der Amish auf den Mörder ihrer Töchter »beunruhigend« und klagte: »Sie haben auf das Massaker an ihren unschuldigen Töchtern damit geantwortet, dass sie sagten: ›Der Herr hat's gegeben, der Herr hat's genommen.‹« In vieler Hinsicht war sie weniger besorgt über die Vergebung, als über das, was sie »Fatalismus, der den Amish eigen sei«, nannte. In ihrer Vorstellung bedeutete das Annehmen der Amish von allem, was ihnen geschieht, verbunden mit ihrer Hingabe an Pazifismus, »dass sie ein hoffnungsloses Universum bewohnen, wo sinnlose Massaker akzeptiert werden. Nicht einmal das liebenswerte altmodische Pferd und der Pferdewagen können das wettmachen«.

Diese Kritiken – auch wenn es vergleichsweise wenige waren – standen im scharfen Gegensatz zu dem Beifall, der in den Tagen nach der Schießerei auf die Amish gehäuft wurde. Darüber hinaus griffen sie Themen auf, die manche Kritiker der Amish geäußert hatten, ehe die Journalisten des *Boston Globe* und des *Observer* etwas von Nickel Mines gehört hatten. In einem Gedicht von 1996 erzählte Denise Duhamed vom Tod eines Amish-Jungen durch einen betrunkenen Fahrer und die Reaktion seiner Familie auf diese Tragödie. »Meine Amish-

Nachbarn vergeben«, schrieb Duhamed, die ihre Sichtweise darlegte. »Ich ziehe es vor, alles zu sehen«, schrieb sie. »Ich ziehe einen guten Kampf und wehklagendes Trauern vor.« Sie möge es nicht wie die Puppen der Amish in den Geschenkläden, »die ihre Ruhe haben wollen«. Duhameds Schlussfolgerung war: Die Amish gehen wie seelenlose Puppen mit ihrer Trauer um und haben ihren emotionalen Schmerz in den Tagen nach der Schießerei in Nickel Mines unterdrückt. Ein Blogger von *USA TODAY* äußerte sich ähnlich: »Bei diesem extremen Ereignis muss Zeit die Wunden heilen, damit die Emotionen sich legen können. Sie sollten nicht immer wieder unterdrückt werden. Es hat schließlich jemand nicht nur ein Fenster eingeschlagen und dann gesagt, es tue ihm leid.«

Das Fehlen angemessener Emotionen, eine fatalistische Haltung Bösem gegenüber, die Bereitschaft, dem Unbußfertigen zu vergeben, die Ausdehnung der Vergebung im Namen von anderen und die Schnelligkeit – diese Kritik an der Reaktion der Amish spiegeln Besorgnisse wieder, die einige Wissenschaftler in Bezug auf Vergebung ganz allgemein äußern. In den vergangenen Jahren ist viel über die Tugend der Vergebung geschrieben worden – sowohl als Mittel, das Opfer zu heilen, und in manchen Fällen als Pfad, die Beziehung zwischen Opfer und Täter in Ordnung zu bringen. Wir werden diese Themen weiter hinten im Buch behandeln. An dieser Stelle bemerken wir, dass abweichende Stimmen denjenigen, die die Tugend der Vergebung verfechten, unter bestimmten Umständen zu Vorsicht raten.

Zum Beispiel schrieb der Rechtswissenschaftler Jeffrie G. Murphy, er sei zwar kein »Feind der Vergebung«, er sei aber von denjenigen beunruhigt, die enthusiastisch dazu antreiben. Nach Murphy ist Vergebung oft eine legitime Antwort auf schlechte Behandlung, obwohl sie nur zulässig ist, »wenn sie jemandem gegeben wird, der sie verdient (d.h. einem Bußfertigen) und zwar in einer Weise, bei der die Selbstachtung des Opfers und der Respekt für moralische Ordnung bestehen bleibt«. Sharon Lamb, die an einem Buch von Murphy mit dem Titel *Before Forgiveness* (Vor der Vergebung) mitgearbeitet hat, hat Bedenken, was häuslichen Missbrauch von Frauen betrifft. In den meisten Fällen von Missbrauch, argumentiert Lamb, »ist die Idee, dem unbußfertigen Vergewaltiger Vergebung anzubieten, gefährlich und spielt mit den Stereotypen von der ›essentiellen Natur‹ der Frauen«.

Lamb und Murphy führen eine langjährige Diskussion über Vergebung fort, die in der Folge des Holocaust entstand. Simon Wiesenthal beschreibt in seinem Buch *Die Sonnenblume – Eine Erzählung von Schuld und Vergebung*[1], das 1969 zum ersten Mal veröffentlicht wurde, die Bitte eines SS-Offiziers um Vergebung, der im Sterben lag, als Wiesenthal Gefangener in einem Nazi-Konzentrationslager war. Der Offizier, der wegen seiner Verwicklung in die Gräueltaten gegen die Juden von seinem Gewissen geplagt wurde, kam in einem letzten Versuch, Vergebung für seine Verbrechen zu erhalten, auf Wiesenthal zu. »Ich habe das Verlangen gehabt, darüber (über meine Übeltaten) mit einem Juden zu sprechen und von ihm Vergebung zu erbitten«, sagte der Offizier. »Ohne Ihre Antwort kann ich nicht in Frieden sterben.« Wiesenthal erzählt diesen Vorfall in ergreifenden Einzelheiten und berichtet, dass er schlussendlich auf die Bitte dieses Mannes mit Schweigen geantwortet hat. »War Schweigen die richtige Antwort?«, fragt sich Wiesenthal. Er wendet sich dann an seine Leser und fragt sie: »Was hätten Sie getan? Was *hätten* Sie tun *sollen*?«

In Wiesenthals Geschichte vom Konzentrationslager war der Übeltäter reumütig, oder schien es zu sein, und setzte damit eine der Vorsichtsmaßnahmen Murphys außer Kraft, was Vergebung betrifft.[2] Der Vorfall lässt zwei andere Fragen aufkommen, die nach der Schießerei in Nickel Mines von Kritikern gestellt wurden. Erstens, ist es angemessen, jemandem für schlechte Taten, die er oder sie anderen gegenüber begangen

82

hat, zu vergeben? Zweitens, gibt es Taten, die so abscheulich sind, dass sie nicht vergeben werden sollten?

Im zweiten Teil der *Sonnenblume* bietet eine Anzahl von Befragten ein breites Spektrum von Antworten auf diese Fragen an. »Wenn ich von jemandem für irgendetwas um Vergebung gebeten würde, dann würde ich vergeben, weil Gott immer vergibt«, schreibt der katholische Priester und Erzieher Theodore Hesburgh. »Das Gleiche würde auch ich tun«, sagt der Dalai Lama, »aber ich würde die Gräueltat, die begangen worden ist, nicht vergessen.« Dennis Prager, der sich in einer Talkshow als »religiöser Jude« bezeichnet, gibt eine andere Antwort. »Menschen können niemals Mord vergeben, denn die Person, die vergeben könnte, ist für immer weg.« Der Holocaust-Überlebende Sidney Shachnow kommt zu einem noch härteren Urteil: »Ich persönlich denke, (die SS-Offiziere) sollten zur Hölle fahren und dort verrotten.«

Das Spektrum der Antworten zeigt zweierlei, was für die Gnade der Amish in der Folge der Tragödie von Nickel Mines relevant ist. Erstens ist Vergebung eine hoch geschätzte, aber umstrittene Tugend. Manche Menschen finden Vergebung im Abstrakten edel, aber sehr viel komplizierter, wenn es um reale Fakten des Lebens geht. Wem wird vergeben? Wofür? Von wem? Unter welchen Umständen? Zweitens wird Vergebung von unterschiedlichen Menschen unterschiedlich definiert. Ja, ein Teil der Herausforderung, wenn man über Vergebung spricht, besteht darin, auf die unterschiedlichen Definitionen von Menschen, worin Vergebung besteht, einzugehen. Bedeutet es, dass man den Zorn erfolgreich hinter sich lässt oder ist es einfach nur der *Versuch*, den Zorn hinter sich zu lassen? Bedeutet es positive Handlungen aufseiten des Opfers und positive *Gefühle*? Bedeutet es, dass der Übeltäter jetzt begnadigt ist und folglich nicht mehr für sein oder ihr Verbrechen zur Rechenschaft gezogen wird? Wir kehren im dritten Teil dieses Buches zu einigen dieser Fragen zurück, wenn wir die

Natur der Vergebung, wie sie in Nickel Mines zum Ausdruck gebracht wurde, genauer betrachten.

In Folge der Schießerei kam noch eine weitere Frage auf, eine Kritik, die für die Geschichte der Amish einmalig ist. Einige Beobachter, die auf die Praxis des Vermeidens in den Gemeinschaften der Amish hinwiesen, fragten, ob die Amish inkonsistent oder sogar heuchlerisch in ihrer Anwendung von Vergebung seien. Wie können die Amish als leuchtendes Beispiel für Vergebung hingestellt werden, fragten sich einige Menschen, wenn sie nicht bereit zu sein scheinen, ihren eigenen Leuten zu vergeben? Eine Online-Zeitung, die von der Erfahrung einer ehemaligen Angehörigen der Amish berichtete, schrieb einige Wochen nach der Schießerei: »Ihre Geschichte zeichnet ein ganz anderes Bild von den Amish als die Szenen in Nickel Mines.« In gewisser Hinsicht war die Beobachtung der Zeitung korrekt: Die Reaktionen der Amish abtrünnigen Mitgliedern gegenüber unterscheiden sich von ihren Reaktionen auf englische Missetäter. Ist das wirklich heuchlerisch? Auf diese Frage kommen wir in den Kapiteln 9 und 11 zurück, wenn wir Vergebung und Vermeidung in den Gemeinschaften der Amish betrachten.

Vergebung der Amish nutzen

Trotz einiger Warnlichter waren die Reaktionen auf die Gnade, die in Nickel Mines gewährt wurde, überwiegend positiv, und zwar so sehr, dass sich einige Experten hinter die Amish stellten, um für ihre eigenen Angelegenheiten Punkte zu sammeln. Bald wurden sowohl die Schüsse als auch die Reaktionen der Amish auf die Situation als Rohmaterial für Argumente genutzt, die Angelegenheiten von nationaler und sogar von internationaler Bedeutung betrafen.

Wie nach anderen Amokläufen in Schulen in den Vereinigten Staaten auch tauchten schnell wieder Argumente zur Schusswaffenkontrolle und Amerikas Kultur der Gewalt auf. »Warum hatte ein geplagter, suizidaler Erwachsener wie der, der die zehn Amish-Schulmädchen erschossen hat, so leichten Zugang zu einer halbautomatischen Pistole, einem Gewehr, 600 Schuss Munition und einer elektrischen Schreckschusspistole mit hoher Voltzahl?«, fragte ein Leitartikel der *Scrippy News*. Die Vertreter derer, die Waffenkontrolle ablehnen, sahen die Gründe für die Katastrophe an der Schule ganz woanders. »Dieses Massaker und jede Art von Schulmassker der vergangenen zehn Jahre hatten eins gemeinsam«, bemerkte Alan M. Gottlieb, der Vorsitzende des Bürgerkomitees, das für das Recht auf Waffenbesitz und das Tragen von Waffen kämpft. »Sie sind alle in sogenannten ›Schusswaffenfreien Schulzonen‹ passiert, wo Schüler und das erwachsene Schulpersonal im Grunde genommen hilflos sind«, das heißt, sie sind nicht in der Lage, Waffen zu gebrauchen, um sich zu verteidigen.

Die Argumente für und gegen Waffenkontrolle bezogen sich mehr auf die Schüsse selbst als auf die Vergebung, die in der Folge gegeben wurde. Doch die Idee von Vergebung hat auch große ideologische Fragen angeschnitten, insbesondere für Menschen, die Handlungen der ausgleichenden Gerechtigkeit sahen, die sie nicht unterstützen konnten. Das größte Angriffsziel in dieser Hinsicht war die Bush-Administration und ihr Krieg gegen den Terror. Die Reaktion der Amish auf Charles Roberts war ein »Plan«, nach dem Präsident Bush hätte nach dem 11. September handeln sollen, schrieb Doug Soderstrom auf der Website *Axis of Logic*. Wäre Präsident Bush ein Nachfolger Jesus Christus, was er für sich beansprucht, »wäre der Nation das unsägliche Zerrbild von einer ›Nation von Gläubigen‹, die von einem wahnsinnigen Drang beherrscht werde, im Namen eines alle Menschen liebenden Gottes zu töten, erspart geblieben.«

Diana Buttler Bass brachte auf der Website *Faithful America* ähnliche Ansichten zum Ausdruck. »Was wäre geschehen, wenn die Amish im Kampf gegen den Terror das Sagen gehabt hätten? Was, wenn wir am Abend des 12. September 2001 bildlich gesprochen zum Haus von Bin Laden gegangen wären und ihm Vergebung angeboten hätten? Was, wenn wir die Familien der Entführer zu den Beerdigungsfeiern der Opfer vom 11.9. eingeladen hätten?« Angesichts der Tatsache, dass es dafür zu spät war, schloss Buttler Bass mit etwas, das sie als einen bescheidenen Vorschlag bezeichnete: Die Amerikaner sollten die Amish im Heimatschutzministerium die Leitung übernehmen lassen. »Schließlich ist es weitaus besser, aktiv Vergebung zu üben, als in ständiger Angst zu leben.«

Andere Kommentatoren hätten die nationale Sicherheit nicht so leicht in die Hände der Amish gegeben, aber sie waren trotzdem der Meinung, dass die Amish von Nickel Mines bessere Noten verdienten als die Politiker in Washington beim Krisenmanagement. »Man hat Achtung vor Menschen, die zu ihren Worten stehen«, schrieb George Diaz vom *Orlando Sentimel.* »Während die Amish ihrem Glauben verpflichtet sind, ist die republikanische Führerschaft im Kongress der Rettung ihres Allerwertesten verpflichtet.« Von da ging Diaz dazu über, dem Sprecher des Hauses Dennis Hastert und anderen für die Behandlung des Skandals im von Republikanern geführten Abgeordnetenhaus das Fell über die Ohren zu ziehen. Diaz schrieb gerade einige Wochen vor den Zwischenwahlen und zitierte dabei einen Amish, der in einem Interview mit CNN sagte: »In Vergebung liegt Heilung.« Diaz respektierte die einfache Behauptung, fügte aber hinzu, es »wäre schön, wenn jemand (in Washington) die Verantwortung für all den internen Schwindel übernehmen würde. Dann, und nur dann, kann Vergebung und Heilung wirklich beginnen«.

Die religiöse Rechte wurde ebenfalls Ziel dieser von den Amish inspirierten Überlegungen – und das Gleiche traf für die religiöse Linke zu. »Die sogenannte christliche Rechte sollte sich den Lebensstil der Amish genau anschauen, damit sie lernt, was an ihrer Vorgehensweise in Glauben und Politik falsch ist«, schrieb Stephen Crockett vom Democratic Talk Radio. Anders als James Dobson und seinesgleichen, »sind die Amish nicht bestrebt, ihre Werte anderen mit Gesetzen und Gewalt aufzuzwingen« und »Hass hat bei ihnen weder Macht noch Legitimation«. David Virtue, der für *The Voice for Global Orthodox Anglicanism* schrieb, zog aus den Nachwehen von Nickel Mines eine andere Lehre. Er berief sich auf den Heldenmut der Amish-Schulmädchen und den Mut derer, die Vergebung anboten, und beobachtete, ihre Reaktion sei aus ihrem »rohen nackten Glauben« heraus und nicht aus dem »pathetischen liberalen Evangelium«, das von der amerikanischen Hierarchie der Episkopalen Kirche vorgebracht wird, erfolgt. Er berief sich auf den liberalen Geistlichen John Shelby Spong und fragte seine Leser, ob sie für die theologischen Glaubenssätze, die von Spong vertreten würden, in der Weise »geradestehen und sterben« würden, wie die Amish-Mädchen für ihren Glauben.

Es ist vielleicht überzogen zu sagen, dass die Amish-Schulmädchen bei der Verteidigung ihres Glaubens gestorben sind, auch wenn sie und die überlebenden Mitglieder ihrer Gemeinschaft in ihren Reaktionen auf Roberts und seine Familie deutlich ihren Glauben unter Beweis stellten. So erstaunt es nicht, dass die durchgängigste und weitreichendste Diskussion nach der Schießerei sich nicht auf Politik, sondern auf die Natur des christlichen Lebens konzentrierte. Selbstverständlich wurden dabei viele politische Belange wie Waffenkontrolle, Gewalt in der Schule, Kampf gegen den Terrorismus, Todesstrafe, Strafreform und Gewalt gegen Frauen und andere diskutiert, aber die herausragendsten Fragen waren: »Was bedeutet es, ein wirklich christliches Leben zu führen? Haben die Amish einen Maßstab für andere Christen, dem sie nacheifern können, gesetzt?«

Zumindest für einige Beobachter war die Antwort auf die zweite Frage Ja. Schwester Joan Chittister, die für den *Catholic Reporter* schrieb, meinte, es sei das Christentum, das wir alle bekennen, das uns aber so, wie die Amish es praktizierten, verblüfft. Die Nickel Mines Amish, schloss Chittister, brachten die Welt des 21. Jahrhunderts zum Staunen, so wie die frühen Christen, einfach indem sie »Christen« waren, die römische Welt in Erstaunen versetzten.

Theologisch gesprochen mag das der Fall sein. Jahrhunderte lang haben christliche Theologen die zentrale Stellung der Vergebung im christlichen Glauben – nicht nur als etwas, das Jesus vorlebte, sondern auch als etwas, was er seinen Nachfolgern zu tun befahl – hervorgehoben. Trotzdem ist es wichtig, zu erkennen, dass die Amish bis heute immer ganz anders als die meisten Menschen, die sich Christen nennen, gewesen sind. Von einem soziologischen Standpunkt aus gesehen, sind sie nicht einfach Christen, sondern Amish Christen. Als Amish Christen teilen sie einen Grundstock von Glaubenssätzen mit anderen Christen, aber sie kommen mit einer einmaligen Geschichte, Kultur und Theologie zu ihrem Glauben. Um die Gnade, die in Nickel Mines geboten wurde, wirklich zu verstehen, müssen wir die Geschichte, die Spiritualität und die Kultur der Menschen, die sie gaben, verstehen.

88

Teil 2

6
Die Gewohnheit der Vergebung

»Ich vergebe ihnen, und ich möchte es
vergessen. Wir machen alle Fehler.«

Ein Opfer, das ein Amish ist

War die Gnade der Amish in Nickel Mines ein einmaliges Ereignis, eine spontane Abweichung, die sich wegen der einmaligen Umstände des Verbrechens ereignete? Der Mörder Charles Roberts IV, war ein zutiefst verwirrter Mensch. Roberts Handeln war zwar vorgeplant. Das Mitgefühl, das auf sein Verbrechen folgte, war vielleicht von der Tatsache geprägt, dass sie verstanden: Roberts war ein geisteskranker Mensch und erregte trotz Horror und Zorn Mitleid. Außerdem war Roberts nun tot. Niemand musste vor Gericht als Zeuge erscheinen, es gab keine zivilrechtlichen Ansprüche, man musste ihn nicht im Gefängnis besuchen, und es musste kein Verlangen nach Vergeltung unter Kontrolle gebracht werden.

Was wäre gewesen, hätte der Mörder nicht nur überlebt, sondern wäre dazu noch trotzig oder nicht reumütig gewesen? Hätten die Amish einer solchen Person vergeben? Was wäre gewesen, wenn der Gesetzesbrecher vor Gericht gestellt worden wäre? Hätten die Amish alle Belange für Gerechtigkeit und Bestrafung zur Seite geschoben? Was wäre geschehen, wären die Medien nicht nach der Tragödie nach Nickel Mines gekommen? Haben die Amish aus Gründen der Public Relation Vergebung angeboten? Alle diese Fragen deuten auf eine größere Frage hin: Wie typisch war die Vergebung, die die Öffentlichkeit im Oktober 2006 überraschte? Wir kannten einige Geschichten, die ansatzweise diese Fragen beantworteten, doch wir suchten nach mehr. Wir sprachen mit Amish, lasen Bücher und Erinnerungen, die von Amish verfasst waren, studierten Erfahrungsberichte und sahen uns in Archiven und Zeitungsberichten um. Wir fanden Dutzende von Berichten, die uns eine bessere Übersicht über die Hintergründe der Vergebung der Amish boten, Geschichten, die uns dabei halfen aufzuklären, ob die Reaktion in Nickel Mines typisch war.

Gewohnheiten von Täufern

Unser Handeln ist selten zufällig. Wir alle nehmen Handlungsmuster und Gewohnheiten in unser Denken auf, die das formen, was wir zu einem gegebenen Zeitpunkt tun. Wenn wir die Gewohnheiten von Gruppen betrachten, dann nennen wir solche Muster *Kultur*. Eine Art, Kultur zu *verstehen*, ist, dass man sie mit einem musikalischen Repertoire vergleicht. Ein Repertoire ist ein Satz von Musikstücken, die ein Musiker durch häufiges Üben besonders gut beherrscht. Es spiegelt den Hintergrund und die Ausbildung des Künstlers wieder und dient ihm in einer Situation, in der er keine Zeit hat, etwas Neues zu lernen. Wenn ein Musiker kurzfristig gebeten wird, »irgendetwas zu spielen«, oder ein Chor herausfindet, dass sein Manager plötzlich für die kommende Woche ein Konzert geplant hat, dann greifen diese Künstler auf ihr Repertoire zurück – das Material, das sie fast instinktiv spielen können. Das heißt nicht, dass Musiker keine neuen Stücke lernen können. Oft tun sie es. Selbst dann bildet ein Repertoire den Kern, um den herum neues Material hinzugefügt wird.

Kultur ist der Begriff, den wir für das Repertoire von Glaubenssätzen und Verhaltensweisen einer Gruppe benutzen. Sie umfasst Annahmen und Verhalten, das tief verwurzelt ist und so oft praktiziert wird, dass die Menschen sich dessen nicht einmal bewusst sind. Kultur spiegelt die Geschichte und die Lehren des Volkes wieder, und sie wird besonders in Zeiten mit Belastungen bedeutsam, die umgehende Reaktion notwendig machen – nämlich dann, wenn keine Zeit oder keine emotionale Energie vorhanden ist, alle denkbaren Handlungsweisen zu durchdenken. Kulturen verändern sich im Lauf der Zeit wie ein musikalisches Repertoire, aber sie ändern sich in einer Weise, die vorhandene Muster erweitern.

Die Amish sind weit davon entfernt statisch zu sein. Trotzdem geht ihre Kultur auf Wertvorstellungen und Praktiken zurück, die vor Hunderten von Jahren entstanden – mitten in den Ereignissen im turbulenten 16. Jahrhundert. Aus dieser Ära religiöser Turbulenz, in der Reformatoren wie Martin Luther und Johann Calvin wirkten und die mächtige mittelalterliche Kirche der Korruption anklagten, rief eine kleine, aber mutige Gruppe nach mehr als nur nach Reformen der Kirche. Diese Radikalen bestanden auf einem neuen Konzept von Kirche als freiwilliger Versammlung von Menschen, die den Lehren Jesu folgen. Sie brachten diese Hingabe mit der Taufe als Erwachsene symbolisch zum Ausdruck. In den Augen der Kirche und der Regierungsgewalt stellte diese Taufe eine *zweite* Taufe dar, denn sie alle waren als Kinder in die Kirche hineingetauft worden. So bekamen diese Radikalen den herabsetzenden Schimpfnamen »Anabaptisten«, was »Wiedertäufer« bedeutet, und wurden als Häretiker verdammt.

Sowohl Katholiken als auch die Mainstream-Reformatoren wollten eine vom Staat unterstützte Kirche. Das forderte die Täufer heraus. Sie bestanden darauf, nur zu versuchen, das zu leben, was Jesus befohlen hatte, und sie stützten sich dabei auf eine unkomplizierte und oft wörtliche Auslegung der Bibel. Sie verzichteten auf Selbstverteidigung, das Ablegen von Eiden und die Teilnahme an militärischen Handlungen. Sie fühlten sich verantwortlich, sich gegenseitig zu helfen, ein christliches Leben zu führen, und griffen manchmal darauf zurück, Mitglieder aus ihrer Gemeinschaft zu exkommunizieren. Dies war wie eine Schocktherapie, die den Unbußfertigen dazu bringen sollte, sich zu bessern. Die Täufer wendeten jedoch keine Gewalt an, und sie forderten Regierungsbeamte auch nicht dazu auf, jemandem ihren religiösen Glauben aufzuzwingen oder ihn dabei zu unterstützen. Ja, sie glaubten, dass die treue Kirche nicht von der Unterstützung des Staates abhängig oder seinen Sanktionen unterworfen sein sollte. Für sie waren Verbindungen zum Staat ein sicheres Zeichen dafür, dass die Kirche ihre ursprüngliche Hingabe an Gott aufs Spiel gesetzt hatte.

Ideen dieser Art zogen sowohl den Zorn katholischer wie protestantischer Kirchenführer wie den von Staatsbeamten auf sich. Sie sahen ihre Autorität unterminiert, setzten sie doch auf religiöse Ängste, um die Bürger bei der Stange zu halten. Die Täufer wurden von allen Seiten verurteilt. Es folgte Gefängnishaft, und manche wurden sogar für ihren Glauben hingerichtet. Die Bewegung der Täufer war zwar nie groß, aber 40 bis 50 Prozent der westeuropäischen Christen, die im 16. Jahrhundert um ihres Glaubens willen hingerichtet worden sind, kamen aus ihrer Mitte. Märtyrer sind natürlich in jeder Bewegung eine Minderheit, und den meisten Täufern drohte nie die Todesstrafe. Grausamer Tod war jedoch Teil der Geschichte der Täufer von den Anfängen an, als sie ihr kulturelles Repertoire schufen. Um 1540 führte der Ruf eines niederdeutschen-holländischen Führers, Menno Simons, dazu, dass der Name *Mennoniten* der Name für die Täufer wurde, die ihm nachfolgten. Im Jahre 1693 entwickelten sich wegen Meinungsverschiedenheiten unter den Täufern die Amish. Ein leidenschaftlicher Konvertit namens Jakob Ammann hatte die Befürchtung, die Täufer in der Schweiz und Ostfrankreich seien zu sehr auf soziale Anerkennung aus. Das Aufkommen religiöser Toleranz, das manche Täufer als einen Hauch frischer Luft begrüßten, sah Ammann als gefährliche Versuchung, weltliche Anerkennung zu erlangen. Unter Ammanns Führerschaft bildeten sich Amish Gemeinden. Sie hatten das erklärte Ziel, sich von der Gesellschaft in ihrer Umgebung, die sie für korrupt hielten, zu unterscheiden.

94

In einer Generation begannen sowohl Mennoniten als auch Amish nach Nordamerika auszuwandern. Viele siedelten in den gleichen Gemeinden und erkannten sich gegenseitig als Täufer an, auch wenn sie unterschiedliche Traditionen pflegten. Die Mennoniten beteiligten sich mit einigen Ausnahmen bereitwilliger in einem größeren gesellschaftlichen Rahmen als die Amish. Im 21. Jahrhundert sind viele Mennoniten darauf aus, das Täufertum mit höherer Bildung, beruflichem Streben und urbanem Leben in Einklang zu bringen. Die Amish dagegen pflegen ihre Gewohnheiten in ländlichen Gebieten, die sie als »Lebensstil der Alten Ordnung« bezeichnen.

Zu den Gewohnheiten der Täufer, die die Kultur der Alten Ordnung der Amish untermauern, gehört ihre Reaktion auf Gewalt, Verbrechen und unverdientes Leiden. Das sind nicht die einzigen Situationen, in denen Amish Vergebung praktizieren. Es gibt Situationen von Stress, Schmerz und Trauer, für die das Repertoire an Werten der Amish bestimmte Verhaltensmuster geschaffen hat. Diese Werte schließen eine Bereitschaft ein, Tragödien in Gottes Hand zu legen und keine göttliche Erklärung für Ungerechtigkeit zu verlangen. Dazu gehört auch das Verlangen, Jesus nachzuahmen, der die liebte, die ihn verletzten und der sich weigerte, sich zu verteidigen. Die Amish sagen, die Polizei und die juristischen Gewalten der anderen Kulturen verdienen Respekt, ja sogar Wertschätzung. Als Institutionen »der Welt« sind sie den Amish aber im Grunde fremd, und sie nehmen sie nicht in Anspruch, um Vergeltung zu suchen.

Wir prüfen diese und andere Sitten der Amish noch gründlicher in den Kapiteln 7, 8 und 9, wo wir die Wurzeln, die Spiritualität und die Praktiken der Vergebung der Amish erläutern. Zunächst aber wenden wir uns einer Auswahl von Geschichten zu, die die Gewohnheiten der Amish angesichts von Verbrechen veranschaulichen sollen – Geschichten, die Teil eines größeren Repertoires von Glauben sind, der hinter der Reaktion der Amish auf die Gewalt von Nickel Mines stand. Diese Geschichten, die von Schmerz und Gnade erfüllt sind, machen verständlich, dass die Reaktion der Amish auf die Schießerei, so bemerkenswert sie auch war, keine Ausnahme war.

Vergebung als erste Reaktion

Eine Amish-Mutter im nördlichen Lancaster County konnte anscheinend ziemlich schnell vergeben, als ihr fünfjähriger Sohn 1992 von einem Auto verletzt wurde. Der Junge fuhr auf seinem Roller über die Straße, die ihr Haus und ihre Scheune voneinander trennte. Seine Verletzungen waren so schwer, dass er nicht bis zum nächsten Tag überlebte. Als der Untersuchungspolizist den Fahrer des Wagens in den Polizeiwagen setzte, um ihn zu einem Alkoholtest zu bringen, ging die Mutter des verletzten Kindes auf den Streifenwagen zu und sprach mit dem Polizisten. Während sich ihre kleine Tochter an ihrem Kleid festhielt, sagte die Mutter: »Bitte, sorgt für den Jungen.« Der Polizist, der der Meinung war, sie meine ihren schwer verletzten Sohn, antwortete: »Die Leute von der Ambulanz und der Arzt werden ihr Bestes tun. Der Rest liegt bei Gott.« Die Mutter deutete auf den Verdächtigen hinten im Polizeiwagen: »Ich meine den Fahrer. Wir vergeben ihm.«

In diesem Fall wurde die Vergebung schnell – noch da, wo der Unfall geschehen war, vor dem Alkoholtest des Fahrers und vor dem Tod des Opfers – gegeben. Drei Jahre später hat die Mutter ihre Vergebung dem Fahrer gegenüber in einem kleinen Buch mit dem Titel *Gute Nacht, mein Sohn* bestätigt. Die Vergebung hat ihr nicht den Schmerz genommen. Er nagte noch immer am Herz der Eltern. Sie konnten den Tod ihres Sohnes nicht ohne inneren Kampf annehmen. Die Mutter nahm jedoch beim Nachsinnen über die Vergebung einige Jahre später die Worte, die sie am Unglücksort gesagt hatte, nicht zurück.

Eine weitere Geschichte beleuchtet die Schnelligkeit, mit der eine Amish-Familie nach einer Tragödie dieses Geschenk der Gnade gab. Ende 1991 hatten Aaron und Sarah Stoltzfus einen glücklichen Tag miteinander verbracht. Sie hatten am vorhergehenden Dienstag geheiratet und waren auf der Hochzeitsreise. Sie hielten sich an die Sitte der Amish, die Hochzeitsreise nicht wie ihre englischen Nachbarn in der Karibik zu verbringen, sondern einige Wochen lang entfernte Verwandte zu besuchen. In dieser Zeit erhielten sie Geschenke, freuten sich über die Unterbrechung ihres Arbeitsalltages und lernen die neuen Verwandten besser kennen. Nun waren sie fünf Tage nach ihrer Hochzeit am Sonntagnachmittag auf dem Heimweg von ihren ersten Flitterwochenbesuchen.

Am gleichen Tag kam der siebzehnjährige Joel Kime von der Kirche nach Hause, aß schnell etwas zu Mittag und brach mit seinem Bruder und zwei Freunden zu einem Fußballspiel auf. Er fuhr den alten AMC Concord Kombi der Familie. Er wollte zeigen, was er konnte und fuhr 100 Stundenkilometer, als er auf einem Hügel auf der engen Landstraße ankam und sah, wie einige hundert Meter vor ihm ein Pferdewagen fuhr. Unbekümmert entschied er, »diese Typen zu überholen, weil er das für unglaublich cool hielt«. Sein Übermut endete in einem Drama, als das Pferd die Trennlinie nach links überschritt. Bei der hohen Geschwindigkeit hatte er übersehen, dass der Pferdewagen das Signal zum Abbiegen gegeben hatte. Die frisch vermählte Sarah starb noch am gleichen Abend im Krankenhaus.

Nach dem, was Kime berichtete, hat die Vergebung der Amish diese Tragödie in vielerlei Hinsicht verwandelt. Am Montagabend, dem Tag nach dem Unfall, fuhren Kimes Eltern mit ihrem Sohn zum Haus der Stoltzfus. Bis dahin war er noch nie in einem Haus der Amish gewesen und hatte Angst. Zu seinem Erstaunen umarmte die Großmutter von Aaron ihn und brachte ihre Vergebung zum Ausdruck. Aarons Vater tat das Gleiche. Auch Sarahs Eltern, Melvin und Barbara, umarmten ihn und sagten: »Wir vergeben dir, wir wissen, es war für Sarah Gottes Zeit zu sterben.« Kime sagte: Das war unglaublich, ganz und gar, absolut erstaunlich. Sie haben meine Familie zum Essen eingeladen ... Ich kann die Erleichterung, die mich durchflutet hat, kaum in Worte fassen.«

In einem Hinterzimmer des Farmhauses traf Kime Aaron an, den erschütterten Ehemann, der auf seine tote Braut in dem hölzernen Sarg starrte. »Wie seine Eltern kam er mit offenen Armen auf mich zu.« Kime erinnert sich: »Ich sagte: ›Wie kann ich das je wiedergutmachen?‹ Er hat mir einfach vergeben. Wir umarmten einander, als die Freiheit der Vergebung über mich kam und mich durchdrang.«

Etwas später aßen Kime und seine Familie mit Sarahs Eltern in ihrem Haus. Auch Aaron und einige Mitglieder seiner Familie waren dabei. »Sie haben nicht ein einziges Mal versucht, uns ein schlechtes Gewissen zu machen. Ich habe einen Stapel von mindestens fünfzig Karten aufgehoben, die ich von verschiedenen Amish im ganzen Land bekam. Sie haben mich beständig ermutigt und mich auf Gott verwiesen.«

Bei seinem Gerichtstermin traten wieder Zeichen der Gnade der Amish zutage. »Viele Amish schrieben dem Richter einen Brief und baten um Gnade für mich. Sie baten, dass ich von all dem, für das ich angeklagt war, freigesprochen würde.« Nach der Rechtslage war es dem Richter nicht möglich, Kime freizusprechen. Er kam aber, weil er minderjährig war, um das Gefängnis herum.

Die Beziehung zwischen Kimes Familie und der Familie Stoltzfus besteht weiter. Sie kommen etwa einmal im Jahr in einem ihrer Häuser zusammen. In Kimes Worten: »Es ist mir klar geworden, dass meine Beziehung zu Aaron und dem Rest der Familie Stoltzfus zu einer respektvollen, normalen Beziehung geworden ist. Sie haben mir vergeben, und sie sind nie von dieser Entscheidung abgerückt. Fünf Jahre nach dem

Unglück habe ich sie zu meiner Hochzeit eingeladen, und sie kamen zur Zeremonie und dem Empfang und brachten mir Geschenke.« Als Kime und seine Frau später in Übersee als Missionare arbeiteten, hat die Familie Stoltzfus sie finanziell unterstützt.»Vergebung, so lehrten sie mich, ist kein einmaliges Ereignis«, schloss Kime.

Vergebung im Blitzlicht der Medien

Andere Tragödien und die Reaktionen, die ihnen folgten, sind viel stärker in die Öffentlichkeit gelangt. Der Mord an Paul Coblentz, einem 25-jährigen Amish-Bauern am 19. August 1957, hat die nationalen Medien stark auf die Amish-Siedlung Mount Hope in Ohio gelenkt. Um 10.50 Uhr drangen zwei junge Männer, die auf der Suche nach Bargeld waren, in das bäuerliche Anwesen von Paul und Dora Coblentz ein. Sie beraubten das junge Paar um 9 Dollar und begannen, Dora anzugreifen, die versuchte, ihre siebzehn Monate alte Tochter zu schützen. Cleo Peters, einer der beiden Eindringlinge, schoss zweimal aus nächster Nähe auf Paul. Die Räuber flohen, zuerst in einem gestohlenen Lastwagen und dann in einem gestohlenen PKW. Ein landesweiter Fahndungsdienst spürte die beiden schließlich in Illinois auf, wo sie einen Bezirkspolizisten erschossen, ehe sie sich der Polizei ergaben. Bei dem Gerichtsverfahren, das dem Mord folgte, war das ländliche Ohio voll mit Reportern und Fotografen. Der Fall wurde sogar als Feature in einer Zeitschrift für Verbrechen veröffentlicht.

1957 hatte man das Thema »Amish« noch nicht für den Tourismus entdeckt. Nur wenige Amerikaner wussten überhaupt etwas von den Amish und schon gar nichts über ihre Kultur und ihren Glauben. So bemühten sich die Journalisten, die in das ländliche Holmes County kamen, die Geschichte für ihre Leser zu interpretieren. Sie waren besonders über die Tatsache erstaunt, dass die Amish »keinen Hass gegen die Flüchtigen« hegten und dass »von keinem Mitglied der Familie des Toten der Wunsch nach Rache und Vergeltung zum Ausdruck gebracht wurde«.

Die Reporter richteten einen Großteil ihrer Aufmerksamkeit auf den Vater von Coblentz, Moses. Er sprach vor und während dem Gerichtsverfahren freimütig mit ihnen. Moses schien den Kummer, der typisch für alle Eltern in dieser Lage ist, zum Ausdruck zu bringen, als er sich laut fragte: »Wie soll es mit mir weitergehen? Alle anderen weg. Ich muss allein über meinen Verlust nachdenken.« Aber er versetzte die Beobachter in Erstaunen, weil er ins Gefängnis ging und den Mörder seines Sohnes, Cleo Peters, besuchte. Moses berichtete, dieses Treffen sei für ihn sehr schwer gewesen, aber am Ende habe er es geschafft, Peters zu sagen: »Ich hoffe, Gott kann dir vergeben.«

Der Staat war weniger großzügig, und das schnell herbeigeführte Gerichtsverfahren endete mit einem Todesurteil. An diesem Punkt begannen die Amish von Ohio und anderswo Briefe an den Gouverneur von Ohio zu schreiben und um Gnade für Peters zu bitten. Ein Amish von Ontario ermahnte die Leser der Amish-Zeitung *The Budget*: »Werden wir als Amish schuldlos in der Angelegenheit sein, wenn wir keine schriftliche Bitte an die Autoritäten richten und darin bitten, dass sein Leben geschont wird?« Als sich die Briefe auf dem Schreibtisch des Gouverneurs häuften, hob er sieben Stunden vor der geplanten Hinrichtung das Todesurteil für Peters auf.

Die Amish glaubten, Verbrechen sollten Folgen haben. Sie hatten nicht interveniert, um den Staat dazu zu bringen, Gerechtigkeit walten zu lassen – die Witwe, Dora Coblentz, hatte sogar in dem Verfahren ausgesagt –, aber sie schreckten davor zurück, ein Todesurteil in ihrem Namen ausführen zu lassen. Moses Coblentz und andere Amish, die der Familie nahestehen, berichteten, sie bedauerten Peters, den die Zeit, als er in der Luftwaffe diente, zum Trinken und zu Verbrechen geführt hatte. Als die Eltern von Cleo Peters für das Gerichtsverfahren nach Ohio kamen, luden einige Amish-Familien das Paar zum Essen ein und begegneten ihnen als »Mit-Opfer« der Taten ihres Sohnes.

In einem anderen Fall zwei Jahrzehnte später, der große Aufmerksamkeit bei den Medien erregte und sogar einen Artikel im *Rolling Stone* zur Folge hatte, waren die Verbrecher ihren Amish-Opfern gut bekannt. Vier Teenager von Berne, Indiana, die nicht zu den Amish gehörten, belästigten an einem warmen Spätsommerabend einige Amish aus der Gegend – etwas, was sie häufig taten. Sie saßen hinten auf einem Pick-up und warfen Steine und Stücke von Ziegeln in die Fenster von Amish und auf vorbeifahrende Pferdewagen.

An diesem Morgen trafen ihre Geschosse einen Pferdewagen, auf dem Levi und Rebecca Schwartz und ihre sieben Kinder saßen. Ein Ziegelstück flog auf Rebeccas Arm, was die Mutter dazu veranlasste, ihre siebenmonatige Tochter Adeline fester zu halten, die eingepackt auf ihrem Schoß saß.

Dieser Angriff war besonders nervenaufreibend, weil es schon dunkel war. So beeilte sich die Familie Schwartz, nach Hause zu kommen. Als sie bei ihrer bescheidenen Farm angekommen waren, gab Rebecca das Baby Adeline einer älteren Tochter und half den jüngeren Kindern, aus dem Pferdewagen auszusteigen und ins Haus zu kommen. Als sie beim Laternenlicht ihre Mäntel auszogen, entdeckte die Familie, dass Adeline tot war. Das Stück Ziegel, das in den Pferdewagen geworfen worden war, hatte das Kind am Hinterkopf getroffen und das Kind, wie es spätere Untersuchungen ergaben, sofort lautlos getötet.

Innerhalb einer Stunde hatte die Polizei die vier Missetäter, die zwischen achtzehn und neunzehn Jahren alt waren, verhaftet. »Die Burschen wurden schnell danach erwischt«, schrieb Adelines Großmutter mütterlicherseits in der Zeitung *The Budget* in der darauffolgenden Woche. »Einige waren unsere

Nachbarn.« Keiner der Teenager war bislang mit dem Gesetz in Konflikt geraten, und ihr Handeln an jenem Abend war schwer zu verstehen. Die Großmutter konnte in dem Bericht, der von Traurigkeit über den Tod der Enkelin erfüllt war, das Handeln der jungen Männer an diesem Abend nur als »töricht« bezeichnen.

Auf den Vorfall, von dem in der ganzen Nation berichtet wurde, folgten Hunderte von Briefen, in denen Mitgefühl für die Familie Schwartz zum Ausdruck gebracht wurde, und in denen harte Strafen für die Angeklagten gefordert wurden. Die Familie Schwartz reagierte anders – sie verzichtete freimütig auf Vergeltung. Das äußerte sich auch in der Art und Weise, wie sie mit anderen über die Missetäter sprach. Levi Schwartz sagte einem Journalisten: »Als ich die Burschen sah, die das getan hatten, wollte ich im Guten mit ihnen reden. Ich würde niemals im Zorn mit ihnen reden, und ich möchte auch nicht, dass sie Angst vor mir haben. Manchmal verspüre ich Zorn, aber ich möchte dieses Gefühl niemandem gegenüber haben. Mit Zorn lebt es sich schlecht.« Bei der Gerichtsverhandlung im darauffolgenden Sommer erhielten die Täter hohe Strafen, aber die Gefängnisstrafen wurden auf Bewährung ausgesetzt, teilweise deshalb, weil die Amish den Richter um Gnade gebeten hatten. »Wir glauben«, begann ein Brief, der von der Familie Schwartz gutgeheißen wurde und von ihrem Bischof vorgelegt wurde, »die vier Burschen haben seit dem Verbrechen heftig gelitten. Sie haben für das, was sie getan haben, mehr als bezahlt. Würde man die Angeklagten ins Gefängnis sperren, dann würde das keinem guten Zweck dienen. Deshalb bitten wir um Milde«.

Konsequenzen, aber keine Rache

Die Amish verstehen, dass böse Taten Konsequenzen haben müssen, die oft vom Staat bestimmt werden. Es ist ihnen jedoch sehr daran gelegen, nicht zuzulassen, dass der weltliche Prozess sie dazu bringt, Vergeltung zu suchen. Öffentliche Statements von Vergebung dienen auch dazu, zu zeigen, dass sich die Reaktion der geschädigten Amish von einem auf Rache ausgerichteten juristischen Prozess unterscheidet. Das gilt besonders dann, wenn die Amish in dem Prozess als Zeugen auftreten und mit der Polizei kooperieren. Dies war der Fall, als der 24-jährige Michael J. Vieth aus Monroe County, Wisconsin, gegen aus der Gegend stammende Amish Randale machte. Obwohl die Ärzte Vieth als »ernstlich verwirrt« bezeichneten, verteidigte er seine Taten damit, er hege schon lange einen heftigen Groll. Vor langer Zeit hatte ein Pferdewagen sein Auto von der Straße abgedrängt. Seither hatte er nach einer Möglichkeit gesucht, »mit ihnen abzurechnen«.

Als Vieth im November 1995 in einer örtlichen Bar einige Nachmittagsbiere getrunken hatte, entschied er sich, zu einer Schule der Amish zu fahren und seine Wut zu entladen. Er zielte mit seinem Gewehr aus seinem offenen Autofenster auf einen Pferdewagen, der gerade die Schule verlassen hatte. Als die Kugeln das Pferd verletzten, bäumte es sich auf und schützte den Amish-Jugendlichen im Pferdewagen vor Verletzungen. Vieth floh erst einmal, kam aber später, nachdem die Schule vorüber war, wieder. Er fuchtelte mit einem Gewehr herum und entführte ein fünfzehn Jahre altes Mädchen, das gerade ihre Amish-Bildung nach der achten Klasse abgeschlossen hatte und jetzt als Hilfskraft in der Schule arbeitete. Er fuhr mit ihr an einen geheimen Ort und vergewaltigte sie.

Das junge Mädchen kooperierte mit der Polizei und gab eine Beschreibung des Verbrechers ab. Nach drei Tagen Suche bekam die Polizei einen Tipp und fand bald in dem Haus, wo er mit seiner Mutter lebte, Beweise für sein Verbrechen.

Es war die erste bewaffnete Entführung in der Geschichte von Monroe County, und sie war auch aus anderen Gründen ungewöhnlich. Die Familien von Opfern sexueller Gewalt »kochen gewöhnlich vor Wut auf den Vergewaltiger«, sagte der Bezirksstaatsanwalt. »Aber hier war das nicht der Fall.« Stattdessen erlebte der Bezirksstaatsanwalt einen Akt der Vergebung. Ein Amish-Bischof sagte ihm: »Wir vergeben dem jungen Mann. ... Ich hoffe, er kann sein Leben ändern.« »Was wäre gut daran, wenn wir erführen, warum er das getan hat?«, fragte ein anderer Amish. »Kann man normalerweise herausfinden, warum Gott dies oder das geschickt hat? Nicht wirklich.« »Es ist nicht unsere Sache zu richten. Gott ist der Große«, sagte ein anderer Amish.

Der Distriktanwalt überzeugte den Richter, Vieth eine sechzigjährige Strafe zu geben und gab zu, dass er von der Bereitschaft der Amish zu vergeben beeindruckt war. Er betrachtete es aber auch als Wunschdenken – oder als nicht mit seiner Rolle als Instrument der öffentlichen Justiz vereinbar. »Es ist einfach nicht so«, sagte er, »dass Gott für jeden sorgt, wenn etwas Tragisches passiert, wenn Böses getan wurde und ihr hofft, es mit Gebet zu bereinigen.« Als der Vater des Mädchens über die Tragödie nachsann, sagte er: »Das hat unseren Glauben auf die Probe gestellt, aber es hat ihn nicht erschüttert.« Er gab trotzdem zu, welche Schwierigkeiten er gehabt hatte, mit seinen Gefühlen klarzukommen, als er über das nachdachte, was seiner Tochter geschehen war »Das ist etwas, woran wir arbeiten müssen.«

Etwa um die gleiche Zeit brachte eine andere Reaktion der Amish in nicht allzu großer Entfernung die Anwälte und Richter zum Staunen. Mahlon Lambright, ein Amish-Zimmermann aus der Nähe von Mondory, Wisconsin, wies die 212 418 Dollar zurück, die ihm von einer Versicherungsgesellschaft gezahlt werden sollte, die einen Engländer vertrat. Dessen Lastwagen hatte Lambrights Pferdewagen zerstört und seine Frau Mary getötet. Die Medien berichteten, Lambright habe einen Richter gebeten, eine Petition gegen eine ungerechtfertigte Auszahlung eines Versicherungsbetrages einzureichen, weil seine Familie die finanzielle Hilfe, die sie benötigte, von der Amish Gemeinde bekam. Ein anderer Amish, der über diesen Fall mit der Presse sprach, betonte noch einen weiteren Grund, warum Lambright einen finanziellen Ausgleich ablehnte. »Es zeigt sich, dass er nicht Rache sucht, sonst hätte er das Geld angenommen. Unsere Bibel sagt, das sei nicht unsere Sache.« In beiden Fällen hatten Amish an dem juristischen Prozess teilgenommen, sich aber vom Ergebnis distanziert und als Reaktion auf das, was sie erlebt hatten, Vergebung angeboten.

Vergebung, Furcht und Mitleid

Die Geschichten, die wir aufgeblättert haben, erwecken nicht den Eindruck, als könne man nach Gewaltverbrechen leicht vergeben. Manche Berichte haben offen das Thema Vergebung aufgegriffen, mit Berichten über anhaltende Furcht und den Kampf, den Zorn loszulassen. Eine solche Geschichte war der Mord an Naomi Huyard, die erste Amish, die in der Geschichte von Lancaster County ermordet wurde. Am Abend des 27. November 1982 wurde die 54-jährige Naomi Huyard auf besonders grausame und mit sexueller Gewalt verbundene Art von zwei jungen Männern ermordet. Sie waren darauf aus, die Morde nachzuahmen, die von Charles Manson bzw. der Manson Family verübt worden waren. Einer der Mörder war ein Nachbar des Opfers.

Wie viele andere Haushalte der Amish in Lancaster County hatten die Huyards Platz in einer Tiefkühltruhe im Haus eines Nicht-Amish Nachbarn gemietet. Naomi wollte dort einige tiefgekühlte Lebensmittel holen. Dabei wurde sie von dem Sohn der Hauseigentümer im Teenageralter und einem Komplizen angegriffen. Der Mörder hatte bei den weiblichen Mitgliedern der Familie Huyard, die in der Nähe wohnte, abschreckende Angst geweckt. Schon seit Monaten konnten sie kaum schlafen. Einige von ihnen wollten nicht allein nach draußen gehen. Eine Verwandte erinnerte sich später daran, dass sie in dem anfänglichen Sturm von Aktivitäten und emotionaler Benommenheit nach dem Mord »keine Zeit hatten, uns wirklich darauf zu konzentrieren, den Versuch zu machen, dem Mörder zu vergeben. Für uns war alles noch so verwirrend«. Darüber hinaus erinnerte sich diese Verwandte: »Viele Menschen hatten Angst, dass wir als Amish bereit sein würden zu vergeben und uns nichts daran gelegen sei, dass der Mörder eingesperrt werden würde.« Solche Befürchtungen »waren falsch«, schrieb sie, »denn wir waren darüber sehr in Sorge und wollten bestimmt, dass er ins Gefängnis kam und ihm der Prozess gemacht wurde.«

Der Ablauf des Mordes und das Gerichtsverfahren, bei dem langsam Einzelheiten von den letzten Minuten von Naomi Huyard ans Licht kamen, vertiefte die Pein für die Mitglieder der Familie. Eine Nichte schrieb zwei Jahre nach den Ereignissen und gab freimütig zu, dass es sie große Überwindung kostete, den Mördern zu vergeben. Die Amish-Familie kämpfte auch mit dem Problem, wie sie mit den Nachbarn umgehen sollte. Unmittelbar nach dem Mord trafen sie sich und weinten zusammen, und die Amish »sagten ihnen, es sei nicht ihre Schuld.« Als die Eltern aber später begannen, auf der Unschuld ihres Sohnes zu beharren, trotz überwältigender Beweise und der letztendlichen Überzeugung des Gerichts vom Gegenteil, wurden die Huyards wütend und enttäuscht und brachen den Kontakt ab.

Naomis Nichte gab zu, dass es schwer war, dem Mörder aus der Nachbarschaft zu vergeben, »weil er Naomi kannte«. »Aber ein Christ muss selbst dem grausamsten Mördern vergeben. Ich erinnerte mich daran, wie Jesus für diejenigen betete, die ihn kreuzigten. ›Vater vergib ihnen, denn sie wissen nicht, was sie tun.‹« Ihr Bericht, den sie zehn Jahre nach dem Mord veröffentlichte, enthält dennoch ein Nebeneinander von gegensätzlichen Gefühlen. Einerseits beendet sie ihre Geschichte mit einem Aufruf, »alle Christen sollten für sie (die überführten Mörder) beten.« Andererseits hat die Vergewaltigung ihrer Tante sie so stark durcheinander gebracht, dass es für sie nicht einfach war, ihren Zorn auf die Mörder zu überwinden. Sie glaubte, »dass beide Mörder ›krank‹ waren«, aber sie hatte kein Verständnis für Versuche, Sympathien zu erschleichen und Alibis zu basteln.

In anderen Fällen hat die Tatsache, dass der Angreifer ein Fremder war, vielleicht geholfen, Vergebung leichter zu machen. Dies machte es möglich, die Übeltäter voll Mitleid als gestört, aber trotzdem als Mitmenschen zu betrachten. Das war zumindest in der Reaktion auf einen Unfall mit Fahrerflucht in Seymour, Missouri, im Januar 2000 der Fall. Ein mit Holz beladener Lastwagen, der versuchte, auf einer wenig befahrenen Landstraße einen Pferdewagen der Amish zu überholen, fuhr in den Pferdewagen und tötete Leah Graber, die Mutter von dreizehn Kindern. Einige Tage nach Grabers Tod bot ihre Familie dem Lastwagenfahrer in einem Gespräch von Angesicht zu Angesicht Vergebung an. Sie sprachen über Freundschaft und Verbesserungen zur Sicherheit auf den örtlichen Straßen. »Wir halten nichts davon, Anklage zu erheben oder vor Gericht zu ziehen«, sagte ein Sprecher der Amish. »Wir wollen uns stattdessen hinsetzen, Freunde sein und versuchen zu verhindern, dass dies noch einmal geschieht. Das ist der einzige Weg, wie man etwas lösen kann.« Darüber hinaus vermerkte er: »Es ist nicht unsere Art und Weise (vor Gericht zu gehen), wir glauben, es ist einfach ein Unfall, der geschehen ist. Er war vielleicht ein Teil von Gottes Plan für Leah.«

Ähnliche Ansichten werden als Reaktion auf eine Serie von gewaltsamen Raubüberfällen im Sommer 1996, die sich in der Nähe von Nappancee, Indiana, ereigneten, geäußert. Dabei pöbelten einige mit dem Auto fahrende Verbrecher mindestens zwölf Fahrradfahrer der Amish an, stießen sie von ihren Fahrrädern und raubten sie aus. Zuerst meldeten die Opfer die Vorfälle nicht der Polizei. Joe Miller, der verletzt wurde und dem 280 Dollar geklaut wurden, sagte: »Ich vergebe ihnen, und ich möchte es gern vergessen. Wir alle machen Fehler. Wenn wir vergeben, wird uns vergeben.«

Als einem der Opfer klar wurde, dass die Raubüberfälle im Vorbeifahren nicht endeten, informierte er die Polizei. Diese nahm daraufhin fünf Individuen fest, und alle wurden schuldig gesprochen. Earl Sabough, einer der Amish-Fahrradfahrer, der einen Vorfall gemeldet hatte, besuchte die 21-jährige Fahrerin eines der Autos. Er sagte ihr, er habe ihr vergeben und trage ihr nichts nach. Sie brach, wie in den Medien berichtet wurde, unter ihrer eigenen Scham und überwältigt von diesem Akt der Gnade weinend zusammen. Ein Komitee, bestehend aus Führern und Opfern der Amish, bat den Staatsanwalt, den Verbrechern bei der Urteilsverkündung zu übermitteln, dass sie ihnen vergeben hätten. Auch viele andere Amish aus der Gemeinschaft sagten den Reportern, sie hätten den Missetätern vergeben. Der Staatsanwalt wusste folglich im Voraus, dass die Opfer ihre Vergebung erklären würden. So bereitete er für die Angeklagten im Strafverfahren ein Dokument vor, mit dem er sie aufforderte, Entschuldigungsbriefe zu schreiben.

Das Repertoire in Georgetown zum Einsatz bringen

Acht Tage vor der Schießerei in der West Nickel Mines School war die Amish-Gemeinschaft in der Nähe von Georgetown von einer anderen Tragödie heimgesucht worden. Am

24. September verließ der zwölfjährige Emanuel King um 5.30 Uhr morgens wie jeden Tag sein Zuhause, um einer Amish-Familie in der Nachbarschaft beim Melken der Kühe zu helfen. Er fuhr auf seinem Roller den etwa eineinhalb Kilometer langen Feldweg der Farm seiner Eltern entlang und bog dann rechts auf die Georgetown Road ein. Als er um eine leichte Kurve fuhr, überfuhr ein entgegenkommender Pick-up die Mittellinie, warf Emanuel auf die andere Seite der Straße, prallte gegen einen Zaunpfahl und fuhr dann schnell davon. Ein Nachbar, der den Zusammenstoß hörte, kam heraus, um nachzusehen, was geschehen war und entdeckte den leblosen Körper von Emanuel, der von dem Aufprall zur Seite geworfen worden war.

Am nächsten Tag ging ein Nachrichtenreporter, der über den Unfall mit Fahrerflucht berichten wollte, zum Haus von Emanuel. Einige Familienmitglieder waren so verstört, dass sie nicht reden konnten. Andere waren bereit zu sprechen, aber sie sagten nicht das, was der Journalist erwartet hatte. »Ja, es gab Tränen und Traurigkeit«, berichtete der Reporter. »Aber da war noch etwas anderes«, ein barmherziger Geist der Frau gegenüber, die von der Polizei als Fahrerin identifiziert wurde und sich später als die Täterin herausstellte. Die von Trauer erfasste Mutter von Emanuel wollte der Frau trotzdem eine Botschaft übermitteln. »Sie soll hierherkommen. Wir möchten sie gern sehen«, sagte sie dem Reporter. »Wir tragen ihr nichts nach. Wir möchten ihr gern sagen, dass sie sich nicht schlecht fühlen soll. Wir denken einfach, Emanuels Zeit war abgelaufen. So sollten wir sein.« Eine der Tanten des Jungen fügte mit tränenerfüllten Augen hinzu: »Sagen Sie (der Verdächtigen), unsere Gedanken und unsere Gebete sind bei ihr.«

Als die Fahrerin die Schlagzeile in der Zeitung las: »Der Tod eines Jungen, die Vergebung einer Familie«, tat sie etwas Erstaunliches: Sie ging zu der Familie King, um die Worte der Vergebung zu empfangen. Ein Amish-Nachbar berichtete: »Als die Fahrerin las, dass wir ihr vergeben, und wir wünschten, sie würde hierherkommen, damit wir ihr vergeben können, kam sie am Montagabend gleich hierher.« Die Fahrerin kam für die Beweisaufnahme in den darauffolgenden Wochen »dreimal oder noch öfter wieder«, erklärte Emanuels Vater. »Später kaufte sie sogar an dem Tag, an dem Emanuels dreizehnter Geburtstag gewesen wäre, einen neuen Roller für die Kinder.«

In dieser Zeit intensiver Trauer konnte sich die Familie King auf ein Repertoire von Gnade, Vergebung und Vertrauen auf die göttliche Vorsehung stützen, um den Ereignissen, die sonst sinnlos erschienen wären, einen Sinn zu geben. In vielen anderen Situationen hätten sie den Ruf nach Vergeltung geweckt. Wie wir sehen werden, ist keine dieser Gewohnheiten einfach oder unkompliziert. Doch die Gewohnheiten der Amish scheinen so tief in ihrem Leben verwurzelt zu sein, dass Emanuels Verwandte unwillkürlich so reagierten, wie es für Außenstehende unverständlich war. Sieben Tage später, als fünf weitere Amish-Kinder in dieser Ecke von Lancaster County auf schreckliche Weise starben, kam das Repertoire wieder zum Einsatz – diesmal so, dass die ganze Welt es sah.

7
Die Wurzeln der Vergebung

»Wenn wir nicht vergeben, dann wird uns nicht vergeben.«

Ein Amish-Zimmermann

Wir begannen, uns zu den Wurzeln der Vergebung der Amish vorzuarbeiten. Dazu baten wir die Mitglieder der Gemeinschaft, sie zu beschreiben. Ein Wagenhersteller reagierte auf unsere Nachfrage mit einem erstaunten Blick. »Ist das nicht einfach der Standard christlicher Vergebung?« Ein 28-jähriger Handwerker antwortete auf die gleiche Frage: »Die Vergebung der Amish ist einfach christliche Vergebung.« Aber nach einem Augenblick des Nachdenkens fragte er erstaunt: »Unterscheidet sie sich von christlicher Vergebung?« Der Gedanke war ihm offensichtlich zuvor noch nicht gekommen. Das traf auch für uns zu.

Viele religiöse Traditionen betrachten Vergebung als Tugend, aber das Christentum hat ihr einen besonders hohen Rang verliehen. Diese Wertschätzung hat ihre Wurzeln zweifellos in dem Verständnis der Christenheit, dass Gott derjenige ist, der Böses aufnimmt und sündigen Menschen bereitwillig vergibt. Jesus hat Gott nicht nur gebeten, denen zu vergeben, die ihn an das Kreuz hängten (Lukas 23, 14). »Denn Gott war in Christus und versöhnte die Welt mit sich selber und rechnete ihnen ihre Sünden nicht zu und hat unter uns aufgerichtet das Wort von der Versöhnung« (2. Korinther 5, 19). Im ganzen Neuen Testament werden Christen aufgefordert, dem Beispiel Christi zu folgen und denen, die ihnen Böses tun, Gnade zu geben. Überlasst die Rache Gott, ermahnt Paulus die Kirche in Rom. »Lass dich nicht vom Bösen überwinden, sondern überwinde das Böse mit Gutem« (Römer 12, 21).

Die Wichtigkeit der Vergebung in der christlichen Tradition, wenn sie mit der Tatsache gekoppelt ist, dass so viele Amerikaner sich als Christen bezeichnen, wirft eine interessante Frage auf: Ist das ausgeprägte öffentliche Interesse an der Gnade der Amish darauf zurückzuführen, dass sich ihre Vergebung von anderen Vorstellungen von Vergebung unterscheidet, oder ist dies auf die Bereitschaft der Gemeinschaft der Amish zurückzuführen, das zu praktizieren, was andere predigen? Ist es wirklich nur der Unterschied zwischen Ideal und Praxis, oder sind die Grundgedanken der Vergebung der Amish einmalig?

Das ist die Frage, der wir nachgegangen sind. Wir vermuteten, dass die Vorstellungen der Amish zur Vergebung auf die protestantische Reformation zurückgehen, als Hunderte ihrer Vorfahren für ihren Glauben starben. Als wir die Amish nach den Wurzeln ihrer Vergebung fragten, verwiesen sie auf Geschichten der Bibel und nicht auf die Märtyrer des 16. Jahrhunderts. Sie richteten den Blick auf das Neue Testament, besonders auf das Matthäus-, Markus- und Lukasevangelium. In diesen Texten des Neuen Testamentes, die voll sind mit Geschichten über Jesus und die Gleichnissen, die er erzählte, finden die Amish starke und unvermeidliche Gründe zu vergeben. Bei der Beschäftigung mit den Texten entdeckten wir bald, dass es bei den Gründen sowohl Parallelen als auch Abweichungen von der Art und Weise gibt, wie andere theologische Traditionen Vergebung verstehen.

Die Amish und die Jüngerschaft

Viele Wissenschaftler haben die Täufertradition, auf die die Amish zurückgehen, als Jüngertradition beschrieben. Von ihren Anfängen im 16. Jahrhundert an haben die Täufer »die Nachfolge Jesu« als wesentliches Kennzeichen des christlichen

Lebens betont. Natürlich schätzen auch andere christliche Traditionen das Leben und das Vorbild Jesu, aber sie finden den Wesensgehalt des christlichen Glaubens in etwas anderem als in der Jüngerschaft. Die Katholiken zum Beispiel geben der Eucharistie (dem Abendmahl) den Vorrang, die Anhänger der Pfingstbewegung dem Wirken des Heiligen Geistes. Für Täufer ist die wichtigste Art und Weise, ihrem Glauben Ausdruck zu verleihen, die Nachfolge – ja, die Nachahmung – Jesu.

Es erstaunt also nicht, dass die Gemeinschaft der Amish ihre Aufmerksamkeit auf die Worte und Taten Jesu, wie sie in den Evangelien berichtet werden, richten. Das Neue Testament hat in den biblischen Texten, die Prediger in ihren Predigten verwenden, Vorrang. Amish-Prediger greifen zwar in ihren Predigten auf Geschichten im Alten Testament zurück, aber alle biblischen Texte, die in Gemeindetreffen der Amish gelesen werden, kommen aus dem Neuen Testament. Im Lektionar[1] der Amish mit 60 Kapiteln sind 40 von 69 Kapiteln aus den vier Evangelien, allein 19 aus dem Matthäusevangelium. Während der ersten zwölf Wochen eines jeden Kalenderjahres lenkt das Lektionar der Amish die Aufmerksamkeit jedes Mitglieds auf Matthäus 1–12, mit der Bergpredigt (Matthäus 5–7), eine Passage, die in der Theologie der Amish viel Aufmerksamkeit erhält.

Betonen die Amish die Jüngerschaft so stark, weil sie ihr Hauptaugenmerk auf die Evangelien richten, oder entspringt das Interesse an den Evangelien ihrer Hingabe an das Jünger-Sein – eine typische Frage, ähnlich der Frage nach dem Huhn und dem Ei, die man nicht beantworten kann. In den Augen der Täufer im Allgemeinen und der Amish im Besonderen gebührt Jesus nicht nur Anbetung, sondern auch Nachahmung. Ein früher Täufer hat es so ausgedrückt: »Wer immer sich rühmt, Christ zu sein, der muss so wandeln, wie Christus gewandelt ist.« Die Amish geben gewöhnlich zu, dass es nicht immer leicht ist, diesen spirituellen Weg zu gehen, aber aus ihrer Sicht ist die Nachfolge Jesu der Weg, der zum ewigen Leben führt. Der *Ausbund*, das Gesangbuch der Amish, enthält Dutzende von Texten aus dem 16. Jahrhundert und gibt diese Worte als Ermutigung: »Wer jetzt im Leben Christus folgt, muss jetzt den Schimpf und den Hader der Welt gering achten und jeden Tag sein Kreuz tragen, denn das allein führt zum Thron. Christus allein ist der Weg.«

Das Matthäusevangelium lesen und Vergebung praktizieren

Die Amish, die wir interviewt haben, sprachen immer wieder von der Nachfolge Jesu. Ihre Aufmerksamkeit gilt seinen Lehren, wie sie besonders im Matthäusevangelium zu finden sind. Ein Bischof erklärte, die Bergpredigt in den Kapiteln 5–7 des Matthäusevangeliums gehöre zu den wichtigsten Texten der Heiligen Schrift. Ein Prediger, mit dem wir in seiner Werkstatt, in der er Schränke zimmert, sprachen, sagte sinngemäß das Gleiche wie der Bischof: »Über Vergebung und Liebe zu unseren Feinden findet man alles bei Matthäus 5.« Für diese Führer ist Vergebung in den Lehren Jesu verwurzelt. Die Predigten, Lesungen und die Liturgie ihrer Gemeinden sind voll davon.

Selbst Amish, die allgemeiner über Vergebung als biblisches Thema sprachen, erwähnten die Bergpredigt. Als wir mit Amos, einem jungen Prediger, der ein Malergeschäft führt, sprachen, sagte er: »Wenn Sie in das Neue Testament schauen, dann ist Vergebung überall. Wenn Sie das Neue Testament öffnen, ist es das Erste, was man darin findet. Es ist genau das, um das es in der Bibel geht: Vergebung. Sie sagt, wir sollen unser Kreuz auf uns nehmen und Jesus nachfolgen. Was auch geschieht, wir müssen ihm folgen.« Dann richtete er sein Augenmerk direkt auf die Evangelien. »Schauen Sie bei Matthäus,

114

Lukas und Johannes nach. Bei allen geht es um Vergebung. Man braucht im Neuen Testament nicht lange suchen, man findet sie dort überall. Schauen Sie sich die Bergpredigt an. Sie ist von Vergebung erfüllt.«

Die Lehren Jesu über Vergebung kann man tatsächlich in vielen Teilen des Matthäusevangeliums finden. Ein Amish-Schreiner nannte Matthäus 18, 21–22 als Grundlage für das Verständnis von Vergebung. In diesem kurzen Abschnitt fragt der Apostel Petrus Jesus, ob es genügt, wenn man jemandem, der einem etwas Böses getan hat – »an mir sündigt« – sieben-mal vergeben soll. Jesus antwortet darauf *sieben Mal siebzig Male* entspräche eher dem Ziel. »Sieben Mal siebzig bedeutet, dass wir 490 Tragödien haben könnten (Schießereien in der Schule). Trotzdem müssten wir vergeben.« Viele andere zi-tierten ebenfalls diesen Vers als Grund für die Vergebung der Amish.

Das Grundprinzip für die Vergebung der Amish hat nicht nur das Matthäusevangelium zur Grundlage. Einige Amish erwähnten die Steinigung des Stephanus, des ersten christli-chen Märtyrers, von dessen Hinrichtung in Apostelgeschichte 7, 54–60 berichtet wird. »Er schrie laut: Herr, rechne ihnen diese Sünde nicht an« – ein Zeugnis, das ein Amish geschickt zusammenfasste: »*Das* ist Vergebung.« Ein Amish-Großvater verwies auf eine andere Geschichte im Johannesevangelium. »Als Jesus von einer Frau sprach, die von den Pharisäern beim Ehebruch ertappt worden war, fragte er, wer den ersten Stein auf sie werfen könne. Keiner tat es« (Johannes 8, 3–11). Ein anderes Vorbild für Vergebung, das viele Amish zitierten, war Jesu Gebet am Kreuz: »Vater vergib ihnen, denn sie wissen nicht, was sie tun« (Lukas 23, 34). Vielleicht ist es auf die Mär-tyrergeschichte der Amish zurückzuführen, dass dieses Bild der Vergebung angesichts von Folter und Tod in der Denkwei-se der Amish eine so große Rolle spielt.

Bei einigen unserer Kontakte mit den Amish wurde auch der Ratschlag des Apostels Paulus wiederholt: »Und ertrage einer den andern und vergebt euch gegeneinander, wenn jemand Klage hat gegen den anderen: Wie der Herr euch vergeben hat, so vergebt auch ihr« (Kol. 3, 13). »Wenn ich an Vergebung denke«, sagte Mary, eine 35-jährige Schneiderin, »dann ist der erste Vers, der mir einfällt: ›Seid aber untereinander freundlich und herzlich und vergebt einer dem anderen, wie auch Gott euch vergeben hat in Christus‹ (Epheser 4, 32).« Einige Amish verwiesen auch auf Geschichten aus dem Alten Testament, wo zum Beispiel Esau seinem Bruder Jakob vergibt (1. Moses 33, 1–17) und Hoseas seiner Frau Gomer, die Hure gewesen war, Gnade gewährt (Hosea 1–3).

Das Matthäusevangelium blieb jedoch bei den Überlegungen der Amish, die wir interviewt haben, zentral. Ja, die Geschichte, die in den Erklärungen der Amish die größte Rolle spielte, ist die Vergebung, die in Matthäus 18, 23–35 beschrieben ist – das Gleichnis Jesu von dem Knecht, der nicht vergeben wollte. Dieses Gleichnis kennen die Amish gut, weil ihre Prediger es jedes Jahr beim Abendmahls-Gemeindetreffen zwei Wochen vor Frühlings- und Herbstbeginn lesen und darüber predigen. Für die Amish sind die zwei Wochen zwischen diesem Gemeindetreffen und dem Abendmahl am Abendmahlssonntag eine Zeit ernsthafter spiritueller Reflektion. In dieser Zeit der Seelen-Erforschung wird weniger Wert auf die Beziehung des Einzelnen zu Gott als auf die Beziehung zu anderen Menschen als Schlüssel für ein rechtschaffenes Leben gelegt.

Das Gleichnis folgt unmittelbar auf die Frage von Petrus an Jesus, wie oft er denen vergeben soll, die gegen ihn sündigen. Jesus antwortete: »siebzig mal siebzig Male«. Dann erzählt er eine Geschichte von einem König und seinem Knecht, der ihm eine große Summe Geld schuldete. Als der verschuldete Knecht den König bat, ihm die Schuld zu erlassen, stimmte dieser großzügig zu. Unmittelbar darauf packte der Knecht einen Mitknecht am Kragen, der bei ihm mit einer kleinen Summe in der Kreide stand. Als dieser Mann versprach, die Schuld zu begleichen, aber um Geduld bat, weigerte sich der Knecht, dem gerade seine eigene Schuld erlassen worden war, die Gnade, die er empfangen hatte, weiterzugeben und sorgte dafür, dass sein Mitknecht ins Gefängnis kam. Als der König davon erfuhr, brach er das früher gegebene Versprechen, dem Knecht mit hohen Schulden zu erlassen, verdammte ihn und »überantwortete ihn den Peinigern«. Jesus beendete dieses Gleichnis mit einer gezielten theologischen Nutzanwendung: »So wird auch mein himmlischer Vater an euch tun, wenn ihr einander nicht von Herzen vergebt, ein jeder seinem Bruder« (Matthäus 18, 35). Die Geschichte dient dazu, jeden Mann und jede Frau der Amish daran zu erinnern, dass nur ein vergebendes Herz bereit ist, am Abendmahl teilzunehmen.

Das Vaterunser

Einen noch höheren Stellenwert als das Gleichnis vom ungetreuen Knecht hat bei den Amish das Vaterunser. Laut Matthäus 6, 9–13 wurde es während der Bergpredigt von Jesus zum ersten Mal gesprochen, und ist seitdem das wichtigste Gebet der christlichen Tradition. Wenn das Matthäusevangelium das Wurzelsystem für die Vergebung der Amish ist, dann ist das Vaterunser die Pfahlwurzel:
»Unser Vater im Himmel, geheiligt werde Dein Name. Dein Reich komme. Dein Wille geschehe im Himmel so auf Erden. Unser tägliches Brot gib uns heute. Und vergib uns unsere Schuld, wie wir vergeben unsern Schuldigern. Und führe uns nicht in Versuchung, sondern erlöse uns von dem Bösen. Denn Dein ist das Reich und die Kraft und die Herrlichkeit in Ewigkeit. Amen!«

Die Bedeutung dieses Gebetes erfuhren wir zum ersten Mal, als wir mit Gid, einem Prediger, der seinen Unterhalt als Farmer verdient, Pizza und Eiscreme aßen. Gid lud uns und einige entfernte Familienmitglieder zum Abendessen ein – wenn wir mit Pizza zum Mitnehmen zufrieden seien, sodass seine Frau Sadie nach einem langen Arbeitstag nicht mehr zu kochen brauche. Wir boten an, dafür zu bezahlen und fuhren Gid zu der Pizzabäckerei, wo wir von einer Kellnerin begrüßt wurden, die ihn als regelmäßigen Kunden kannte. Auf dem Heimweg kauften wir Mineralwasser und Eiscreme in einem Nachbarschaftsladen.

Wir sprachen über Vergebung, als wir um einen Metalltisch in der Mitte von Gid und Sadies Wohnzimmer saßen. Wir erwarteten, er würde Geschichten aus der Bibel oder über die Märtyrer der Täufer, die ihren Henkern vergaben, erzählen, aber Gid begann an anderer Stelle. »Das Vaterunser spielt in unserer Vergebung eine große Rolle. Wenn wir nicht vergeben können, wird uns nicht vergeben.« Wir mussten einen Augenblick nachdenken, um die Verbindung herzustellen, aber bald erinnerten wir uns an den bedeutungsvollen Satz. Viele Christen können ihn auswendig: »Und vergib uns unsere Schuld, wie wir vergeben unsern Schuldigern.«

Gid fuhr fort und betonte die hohe Bedeutung dieses Gebetes im Gemeindeleben der Amish: »Das Vaterunser wird bei jedem Gemeindetreffen gebetet. Es gibt bei uns keine Gemeindetreffen, keine Trauung, keine Beerdigung oder Ordination ohne das Vaterunser. Zu unseren Morgengebeten (mit unserer Familie) gehört ebenfalls das Vaterunser, und es wird bei unseren Abendgebeten von unserem Vater gebetet.«

»Es ist das Erste, was du als Kind lernst«, fuhr Gid fort. »Eltern lehren Kinder, es aufzusagen. Schon vierjährige Vorschüler lernen das Vaterunser auf Deutsch auswendig. Das Vaterunser gehört zu den ersten Dingen, die Kinder nach kleinen Gebeten, die Engel mögen über ihrem Bett wachen und das englische Gebet: ›Abends, wenn ich schlafen geh‹ lernen. In unserer Familie haben sie das Vaterunser gelernt, sobald sie diese kleinen Gebete gelernt hatten. Morgens in der Schule stehen die Schüler auf und beten das Vaterunser.«

Auch Mary bestätigte die Wichtigkeit dieses Gebetes im Leben der Amish-Kinder. »Das Vaterunser war das erste, was ich mit fünf Jahren lernte«, erzählte sie uns. »Ich konnte es auf Deutsch sagen, und auch unsere Kinder können das. Ich bekam von meiner Tante eine Belohnung dafür, dass ich das Vaterunser gelernt hatte. Meine Kinder haben es gelernt, als sie vier und fünf Jahre alt waren. Mein Mann spricht es, wenn er die Kinder zu Bett bringt, und sie konnten es aufsagen, ehe sie in die Schule kamen.«

Eine weitere Frau sprach von der Bedeutung des Vaterunsers im Leben der Erwachsenen. »Das Vaterunser ist ständig in unserer Erinnerung«, sagte eine siebzigjährige Großmutter. »Wir denken nicht nur am Abend daran.« Sie berichtete dann von einer Unterhaltung mit einem Außenstehenden, den sie bei einer Amish-Hochzeit kennengelernt hatte. Er erzählte ihr, bei englischen Hochzeiten werde das Vaterunser nur selten gebetet. »Als ich das hörte, war das für mich ein richtiger Augenöffner.«

Als wir weiter nach den Wurzeln der Vergebung der Amish suchten, fanden wir das Vaterunser fast überall, wo wir hinschauten – in jedem Interview, das wir führten, in Amish-Büchern, -Zeitungen und -Magazinen. Warum aber hat das Vaterunser bei den Amish so viel Gewicht? Zugegeben, sie verwenden es bei jedem Gemeindetreffen, und ihre Kinder lernen es früh im Leben, aber das ist auch in anderen christlichen Traditionen der Fall. Was gibt diesem Gebet im Leben und in der Kultur der Amish eine solche Autorität?

Wir glauben, dass im gemeinschaftlichen Leben der Amish die Antwort liegt. Für die Amish ist die Autorität der Gemeinschaft wichtiger als die Freiheit des Einzelnen. Ein unterschiedliches Verständnis des Selbst ist der tiefste Keil zwischen dem Leben der Amish und der Mainstream Kultur der USA. »Individualismus«, sagte ein vierzigjähriger Vater, »ist die große Trennlinie zwischen uns und den Außenstehenden.«

Die amerikanische Kultur tendiert dazu, individuelle Rechte, Freiheiten, Vorlieben und Kreativität zu betonen. Von frühester Kindheit an werden Kinder ermutigt, sich durch persönliche Arbeiten und kreative Ausdrucksweisen hervorzutun. Später im Leben lenken die Erwachsenen die Aufmerksamkeit auf das Erreichte: »Schau, was ich geschafft habe.« Diese auf das Individuum konzentrierten Werte haben eine Gesellschaft geschaffen, die durch viel Innovation, atemberaubende Kreativität und ein bemerkenswertes Spektrum von Möglichkeiten geprägt ist. Aber gleichzeitig klagen manche Kritiker darüber, dass diese Werte zu einer »Kultur des Narzissmus«, einer Kultur der Selbstliebe, beigetragen haben. Der Psychologe Kenneth J. Gergen argumentiert sogar in seinem Buch, dass viele moderne Menschen praktisch von ihren persönlichen Wünschen besessen sind.

Im Gegensatz dazu ist der zentrale Wert der Kultur der Amish die Gemeinschaft. Bei der Taufe knien die Amish nieder und versprechen, Christus zu folgen, sich der Autorität der Gemeinde zu unterwerfen und der Ordnung, den ungeschriebenen Regeln der Kirche, zu gehorchen. [2] Hier sind die Schlüsselworte *Selbstverleugnung*, *Gehorsam*, *Annehmen* und *Demut* – sie alle verlangen die Unterwerfung unter die kollektive Weisheit der Gemeinschaft. Das bedeutet nicht, dass Individualität verkümmert, aber sie ist eingeschränkt. Amish müssen sich der Autorität der Gemeinde und letztlich Gott unterwerfen, statt ihren Weg allein zu gehen.

Diese Geisteshaltung durchdringt das religiöse Leben in einer Weisen, die Außenstehende verwirrend finden. Zum Beispiel wird der verbale Ausdruck des persönlichen Glaubens in der Öffentlichkeit als Stolz gewertet, als wolle man mit seinem religiösen Wissen angeben. In der Öffentlichkeit Bibelverse zu zitieren, ist ein »Zeichen für ein stolzes Herz«, und individuelle Interpretationen der Bibel und das Ablegen von einem persönlichen Zeugnis in einem Gemeindetreffen [3] gelten als Beispiel für Hochmut und werden nicht als echter Glaube gewertet. Für die Amish ist echte Spiritualität ruhig, zurückhaltend und in Demut gekleidet und wird in Taten, nicht in Worten zum Ausdruck gebracht. Die Weisheit wird von der Gemeinschaft getestet und nicht durch die Gefühle, die Beredsamkeit oder die Meinung eines Einzelnen.

In dieser Kultur der Zurückhaltung wird auch Gebet in Demut gekleidet. Die Amish wollen Gebet nicht als Mittel gebrauchen, andere zu beeindrucken, eine Praxis, vor der Jesus unmittelbar vor dem Vaterunser warnt. So formulieren einzelne Amish nicht ihre eigenen gesprochenen Gebete, wie es Gläubige vieler anderer religiöser Traditionen tun. Selbst die Prediger der Amish verfassen für die Gemeindetreffen keine eigenen Gebete. In einem typischen Gemeindetreffen, in dem es zwei Predigten und zwei Gebete gibt, ist das erste Gebet ein Gebet in Stille. Als wir einige Amish fragten, was sie beim stillen Gebet beten, antworteten sie ausnahmslos: »Das Vaterunser«. Das zweite Gebet wird von einem Prediger aus dem jahrhundertealten Gebetsbuch *Die ernsthafte Christenpflicht* gebetet, und dazu gehört immer das Vaterunser.

Wir haben schon erwähnt, dass das Vaterunser auch zu jeder Bibellesung und Gebetszeit der Familie gelesen wird, die viele Amish-Familien sowohl abends wie morgens einhalten. Dabei liest der Vater typischerweise ein Gebet aus *Die ernsthafte Christenpflicht*, während die Familie niederkniet. Viele Familien beten das Vaterunser täglich zweimal. Sie beten es auch noch auf andere Weise – zum Beispiel beten die Amish vor und nach dem Essen nicht hörbar, sondern still. »Was beten die Menschen?«, fragten wir. Ein Mann sprach für viele, als er sagte:

»Das Vaterunser. Es heißt darin ›gib uns heute unser täglich Brot‹. Folglich ist es ein Gebet für die Mahlzeiten.«

Für die Amish ist das Vaterunser also *das* Gebet. Viele Amish denken sogar an Tagen mit Gemeindetreffen mehrmals darüber nach. Ein junger Geschäftsinhaber fasste es folgendermaßen zusammen: »Wir glauben nicht, dass wir Jesu Gebet verbessern können. Warum sollten wir das tun? Wir glauben, es ist ein gut ausgewogenes Gebet. Es enthält alle Schlüsselpunkte.« Aus der Sicht der Amish würde der Versuch, das Vaterunser zu verbessern, ein stolzes Herz widerspiegeln. Dieses einfache, alte Gebet ist deshalb der Schlüssel zur Spiritualität der Amish.

Vergeben, um vergeben zu bekommen

Sagt man, das Vaterunser sei ein »gut ausgewogenes Gebet« dann wird ein weiter Bereich abgedeckt. Doch die Worte des Gebetes zum Thema Vergebung – »Vergib uns unsere Schuld, wie wir vergeben unseren Schuldigern« – klingen in den Ohren der Amish laut. Ein Ältester erklärte nachdrücklich: »Vergebung ist das *Einzige*, was Jesus im Vaterunser hervorgehoben hat. Wussten Sie, dass Jesus in den beiden Versen unmittelbar nach dem Vaterunser von Vergebung spricht? Sie sehen also, es ist wirklich zentral für das Vaterunser. Es ist wirklich stark.«

Die Grundlagen der Vergebung der Amish sind in den beiden Versen eingebettet: »Denn wenn ihr den Menschen ihre Verfehlungen vergebt, so wird euch euer himmlischer Vater auch vergeben. Wenn ihr aber den Menschen nicht vergebt, so wird euch euer Vater eure Verfehlungen auch nicht vergeben« (Matthäus 6, 14–15).

Die Amish glauben, dass ihnen nicht vergeben wird, wenn sie nicht vergeben. Dies bildet das Herzstück der Spiritualität der Amish und das Herzstück ihres Verständnisses von Erlösung: Vergebung durch Gott ist von der Bereitschaft abhängig, anderen zu vergeben. Der entscheidende Satz, der von Amish in Gesprächen, Predigten und Abhandlungen oft wiederholt wird, ist: *Will man vergeben bekommen, so muss man vergeben.*

Diese Vorstellung trat nie klarer hervor als nach dem Amoklauf von Nickel Mines. Als Antwort auf eine Flut von Anfragen darüber, wie die Amish vergeben konnten, schrieben lokale Führer in einem nicht mit Namen unterzeichneten Brief: »Es hat einige Verwirrung über die Haltung der Vergebung unserer Gemeinde gegeben, (aber) wenn wir nicht vergeben, wie können wir erwarten, dass uns vergeben wird? Nichtvergeben schadet uns mehr als demjenigen, der die schlechte Tat begangen hat.«

Schon vor der Schießerei in der Schule haben die Amish verstanden, welch enger Zusammenhang zwischen Vergebung anderen gegenüber und dem Empfangen von Gottes Vergebung besteht. In der Amish-Zeitschrift *Family Life* erzählte ein Verfasser die Geschichte von einem Teenager, der von seinen Eltern verletzt wurde, und der den Schmerz als Ausrede benutzte, um nicht Christ zu werden. Er hatte »verbalen Missbrauch von seinem Vater erlebt, und seine Mutter erwartete zu viel von ihm. Seine Eltern waren weit davon entfernt, perfekt zu sein. Sie hatten Fehler gemacht, vielleicht gravierende Fehler.« Aber der Verfasser fügte hinzu: »Wir kommen zu dem Wort ›Vergeben‹. Henry könnte den Himmel verfehlen, weil er die Bedeutung von wahrer Vergebung nicht gelernt hat.«

In seinem Kommentar zu der Geschichte sagte der Verfasser noch einige zusätzliche Worte der Erklärung: »Wenn wir das Vaterunser beten, dann bitten wir den Vater, so zu vergeben, wie wir anderen vergeben. Vergeben und vergeben bekommen sind nicht voneinander zu trennen. Der Person, die nicht vergibt, wird nicht vergeben werden. Die Person, die sich weigert, anderen zu vergeben, hat sich von Liebe und Gnade abgeschnitten. Wir müssen vergeben, annehmen und lieben, wenn wir wollen, dass Gott uns unsere täglichen Verfehlungen vergibt.«

Nach einem anderen Amish-Verfasser »gibt es vielleicht keinen weiter reichenden Faktor als Vergebung. Im Vaterunser nehmen wir eine umfassende Verantwortung auf uns – wir bitten den Herrn unter der Bedingung um Vergebung, dass wir denen vergeben, die gegen uns sündigen. Es (das Vaterunser) sollte uns täglich daran erinnern, dass wir in einem ganz realen Sinn die Kontrolle über unsere Vergebung haben. Auf diese Weise erkennen wir, warum es so vielen Menschen schlecht geht ... Sie vergeben denen nicht, die ihnen Böses getan haben, und deshalb wird ihnen nicht vergeben.«

Viele Christen sind mit der Amish-Formel der Vergebung nicht vertraut. Ja, die Annahmen der Amish über Vergebung stellen die übliche protestantische Lehre auf den Kopf. Nach allgemeinem Verständnis sollen die Menschen denen vergeben, die ihnen Böses getan haben, weil Gott Sündern vergeben hat. Aus der Sicht der Amish bekommen Menschen von Gott nur Vergebung, wenn sie anderen vergeben. Für diejenigen, die darüber erstaunt sind, dass die Vergebung der Amish sich von den Vorstellungen anderer Christen unterscheidet, ist die Reaktion der Amish einfach: Schau in die Heilige Schrift und sieh, was sie sagt. Wie Sadie meinte: »Das ist ziemlich klar, finden Sie nicht?«

Natürlich haben Christen lange über die Bedeutung der Worte diskutiert: »Vergib uns unsere Schuld, wie wir vergeben unseren Schuldigern.« Ja, manche nehmen Matthäus 6, 12 wörtlich, weil es ihnen selbst nutzt. »Vergebung hängt nie von unserer Initiative ab«, schreibt ein Bibelwissenschaftler. »Sie beginnt bei Gottes Gnade, die uns zuerst gegeben wird, wenn wir noch Sünder sind.« Und weiter: »Gott vergibt uns, wenn wir hartherzig sind und nicht vergeben, damit unsere Seele bereit wird, anderen zu vergeben.« In der Vorstellung dieses

Verfassers ist derjenige, der Gottes Gnade erlebt, in der Lage, anderen zu vergeben und die Gnade der Vergebung demütig weiterzugeben. Nach dieser Sichtweise ist es besser, Matthäus 6, 12 folgendermaßen zu lesen: »Hilf uns, anderen zu vergeben, wie Jesus uns vergibt.«

Andere Christen sagen, es sei nicht so leicht, ein wörtliches Verständnis von Matthäus 6, 12 zu umgehen. Sie zitieren die beiden Verse, die dem Gebet Jesu folgen und die von den Amish betont werden: »Denn wenn ihr den Menschen ihre Verfehlungen vergebt, wird euch euer himmlischer Vater auch vergeben. Wenn ihr aber den Menschen nicht vergebt, so wird euch euer Vater euere Verfehlungen auch nicht vergeben« (Matthäus 6, 14–15). William Barclay bemerkt in seinem Kommentar über diesen Abschnitt, dass »Jesus in der einfachstmöglichen Sprache, zum Ausdruck gebracht hat: Wenn wir uns weigern, anderen zu vergeben, wird sich Gott weigern, uns zu vergeben.« Es ist ziemlich klar, fährt Barclay fort, dass wenn wir diese Bitte mit einem nicht geheilten inneren Bruch, einem nicht geklärten Streit in unserem Leben beten, dann bitten wir Gott *nicht*, uns zu vergeben.

Das Verständnis der Amish vom Vergebungsgesuch spiegelt Barclays Interpretation wieder. Sie wissen natürlich, dass Gottes gnädiges Handeln in Jesus Christus lange da war, ehe wir geboren wurden – und lange, ehe Charles Roberts in Nickel Mines es notwendig machte. »Die Hauptvergebung fand statt, als Jesus sein Leben für unsere Sünden gab«, schrieb ein Korrespondent der Amish-Zeitung *Die Botschaft* kurz nach dem Amoklauf. Gleichzeitig sehen Amish Gottes Vergebung Menschen gegenüber sowohl in der Gegenwart wie in der Zukunft als Angebot der Gnade, das man nur dann bekommen kann, wenn man anderen Gnade erweist. Die Verbindung zwischen göttlicher und menschlicher Vergebung wird auch in dem Gleichnis Jesu von dem ungerechten Knecht, das weiter vorn in diesem Kapitel erzählt wurde, deutlich. In diesem Gleichnis kommt die Vergebung durch den König zuerst – vor dem Handeln des Knechtes. Wenn auch die Gnade des Königs *anfänglich* nicht von dem Handeln des Knechtes abhängig war, so trifft das für die weitere Gewährung der Gnade zu. Als der Knecht nicht bereit war, dem anderen Knecht Gnade zu gewähren, zog der König seine Gnade zurück.

Diese Geschichte klärt die Sicht der Amish, dass die Aufrechterhaltung der Vergebung Gottes von der Bereitschaft zu vergeben abhängt. Auch wenn sie sich des gnädigen Handelns Gottes in der Vergangenheit gewahr sind – sei es in der Welt, in ihren Gemeinden und in ihrem Leben – so ist ihnen klar, dass sie weiterhin Gottes Gnade brauchen. Sie antizipieren nicht nur den Gerichtstag, wenn Gott die Treuen belohnen und die Untreuen bestrafen wird, sie glauben auch, dass diese Handlungen darauf Einfluss haben, wie sie gerichtet werden. Für die Amish ist das Gewähren von Gnade für den »Schuldiger« eine Handlung, die Gott von denen verlangt, die göttliche Vergebung suchen.

Vor der Schießerei hätten Amish herzlich darin übereingestimmt, dass Vergebung in das Gewebe ihres Glaubens eingewebt ist. Aber vielen war nicht klar, wie eng sie verwoben war, bis die Berichterstattung über Vergebung sie aus ihren tieferen Überlegungen herausholte.

8
Die Spiritualität der Vergebung

»Wir brauchen Tag für Tag
Vergebung, weil wir schwach sind.«

Ein Märtyrer der Täufer, 1572

Zwei Wochen nach der Schießerei in Nickel Mines besuchten wir eine Amish-Familie, die fünf Meilen von der Schule entfernt wohnt. Sie hörte die Sirenen trotz der Entfernung und sah die Hubschrauber, wie sie am Tag der Schießerei über sie hinwegflogen. Die Mutter weinte jetzt nach zwei Wochen offen, als sie sich an die schmerzhaften Verluste vom 2. Oktober erinnerte. Wie so viele in der eng verbundenen Amish-Gemeinde hat Mary Freunde und Verwandte in der Nähe von Nickel Mines. »Ich kann mir die Trauer, die sie empfinden, kaum vorstellen«, vertraute sie uns an. Sie hatte jedoch offensichtlich eine Vorstellung davon. Mary ist Mutter von sechs Kindern, zwei Jungen und vier Mädchen. Die Älteste, eine dreizehn Jahre alte Tochter, ging still im Esszimmer umher und räumte unser Geschirr ab, als wir beim Nachtisch weiterredeten.

»Haben Ihre Prediger Bezug auf die Märtyrer genommen«?, wollten wir wissen. In dieser Umgebung musste der Begriff »Märtyrer« nicht erklärt werden. Nach 1520 haben weltliche und religiöse Obrigkeiten Täufer verfolgt, drangsaliert und viele zum Tode auf dem Scheiterhaufen, dem mittelalterlichen Äquivalent des elektrischen Stuhls, verurteilt. An einem Tag wurden 250 Täufer geköpft oder auf dem Scheiterhaufen verbrannt. Mary, die bei einer der Beerdigungen von Schülerinnen und beim letzten Sonntags-Gemeindetreffen dabei gewesen war, nickte. »Ja, die Prediger haben seit der Schießerei oft über die Märtyrer gesprochen«, sagte sie und fügte schnell hinzu, solche Hinweise seien nicht ungewöhnlich. »Wir hören fast bei jedem Gottesdienst etwas über die Märtyrer.«

Die Märtyrer haben zwar schon vor fast fünfhundert Jahren gelebt und sind damals gestorben, aber sie sind in der Alten Ordnung präsent und liefern den Amish ein Vorbild aus Fleisch und Blut, wie sie ihr Leben gottgefällig führen können. Die Geschichten von den Märtyrern, die in Gemeindetreffen, Familienunterhaltungen und Lehrplänen von Schulen immer wieder zur Sprache kommen, lehren die Amish eine Menge – über Gottes Vorsehung, die Übel der Welt und dass es nötig ist, auch unter den schwierigsten Bedingungen, Gott treu zu sein. Bei dem Weg vom Gebet zur Alltagspraxis beziehen sie ihre Kraft aus dem Zeugnis der Märtyrer, wobei die Lehre Jesu, insbesondere das Vaterunser, die theologische Pfahlwurzel für das Verständnis der Amish von Vergebung ist. Beim Erzählen der Märtyrergeschichten umgeben sich die Amish mit historischen Rollenmodellen, da diese nicht nur ihr Leben Gott auslieferten, sondern ihre Vergebung auch denen nicht vorenthielten, die sie töten wollten. Diese Vorbilder, die in Geschichten, Liedern und Predigten Niederschlag finden, verknüpfen Vergebung mit anderen theologischen Themen wie Demut, Unterwerfung, keinen Widerstand leisten und Feindesliebe. All das untermauerte die Reaktion der Gemeinde auf die Schießerei.

Die Spiritualität der Amish

Die Theologin der Quäker Sandra Cronk beschreibt die Spiritualität der Alten Ordnung mit dem Wort *Gelassenheit*. »Die Amish«, sagt Cronk, »sehen Gott in der Welt mit der Gewalt der Gewaltlosigkeit wirken.« Während sie danach trachten, dieses paradoxe Muster nachzuahmen, »glauben die Anhänger der Alten Ordnung, sie lebten in der göttlichen Ordnung, wie sie von Christus offenbart wurde«.

Die Amish glauben, dass Unterwerfung für die Beziehung zu Gott charakteristisch sein sollte, wie es in dem Satz aus dem Vaterunser nahegelegt wird: »Dein Wille geschehe« (Matthäus 6, 10). Doch eine Spiritualität der Unterwerfung bedeutet nach Cronk nicht einfach nur eine persönliche Erfahrung. Sie findet weiter Anwendung in einer Ethik, die beinhaltet, dass man sich einander unterwirft, dass man Selbstverteidigung, das Verlangen nach Rechtfertigung oder den Wunsch nach Vergeltung ablehnt.

Gelassenheit muss nicht zwingend Fatalismus hervorbringen. Die Amish treffen in ihrem Alltagsleben Entscheidungen, schätzen Risiken ab und planen für die Zukunft. Sie sprechen zwar oft von »Gottes Plänen« hinter den Ereignissen, die tragisch oder schmerzhaft sind. Sie glauben jedoch nicht, dass Gott die Geschichte vorherbestimmt oder dass sie nur Marionetten in einem von Gott geschriebenen Drehbuch sind. Die Amish glauben, das die Menschen Wahlmöglichkeiten von letzter Bedeutung haben, die Wahl, sich Christus hinzugeben oder es nicht zu tun. Diese Entscheidung, die man als Erwachsener fällt und die durch die Taufe besiegelt wird, kennzeichnet den Eintritt eines Menschen in die Mitgliedschaft der Gemeinde. Unterwerfung unter den Willen Gottes kann auch in der hartnäckigen Weigerung zum Ausdruck gebracht werden, den Regeln der Regierung zu folgen. Dies zeigte sich zum Beispiel, als Amish-Männer den Militärdienst verweigerten oder als Amish-Eltern sich weigerten, ihre Kinder in öffentliche Highschools zu schicken.

Gelassenheit hat viele Dimensionen. Ein Aspekt spiegelt die Bereitschaft eines Einzelnen, den eigenen Willen dem Willen Gottes zu unterwerfen. Im Idealfall argumentiert ein Mensch, der von *Gelassenheit* erfüllt ist, nicht mit Gott. Die Märtyrer, die für ihren Glauben verbrannt wurden, verkörpern die tiefste Form der spirituellen Hingabe, und die Bereitschaft, die Ordnung oder die Regeln der Gemeinde und damit die kollektive

Weisheit, die sie verkörpert, zu akzeptieren. Darüber hinaus zeugt auch der Lebensstil der Demut und der Bescheidenheit von dem sanften Geist der *Gelassenheit*. Für die Amish kennzeichnet das pennsylvaniadeutsche Wort *uffgevva* (aufgeben) einen Aspekt der *Gelassenheit* – die Bereitschaft, das eigene Ich der Autorität der Gemeinde und ihren von Gott ordinierten Predigern zu unterstellen. *Uffgevva* ist das Wort, das die Amish typischerweise benutzen, wenn sie von Unterwerfung sprechen. Seine vielfältige Bedeutung umfasst das Aufgeben des eigenen Willens, die Unterwerfung unter eine Autorität (einem Elternteil oder der Gemeinde) und wird vielfach heraufbeschworen, wenn es um das Verhältnis von Frauen zu Männern geht.

Gelassenheit prägt auch die Rolle der Frauen in ihrer Gemeinde. Auf der Grundlage bestimmter Abschnitte des Neuen Testamentes und in einer Art, die anderen traditionellen Gesellschaften entspricht, sind die Amish der Meinung, dass die Männer das spirituelle Haupt des Hauses sind und dass Frauen sich der Autorität ihrer Ehemänner unterwerfen sollten. Frauen mit kleinen Kindern haben selten Vollzeitjobs außerhalb des Hauses, obwohl sie immer häufiger zum Haushaltseinkommen beitragen, indem sie zu Haus im Laden, der Werkstatt oder der Landwirtschaft mitarbeiten. Frauen dürfen zwar bei verschiedenen kirchlichen Angelegenheiten wählen, aber keine Position als Predigerin oder ein anderes offizielles Amt ausüben.

Die Arbeits- und Einflussbereiche von Frauen sind klar definiert, und die Idee der Unterwerfung wird häufig genutzt, um die Beziehung der Frauen zu den Männern zu beschreiben. Daneben wird aber *Gelassenheit* über die Geschlechtergrenzen hinweg hoch geschätzt und als wünschenswerter Zug sowohl von Männern wie von Frauen geschätzt.

Für Menschen, die daran gewöhnt sind, dass der Individualismus der westlichen Kultur hoch geschätzt wird, ist es erstaunlich, wie sie persönliche Wünsche mit *Gelassenheit* hintanstellen und demütiges Verhalten an den Tag legen. Amish üben täglich *Gelassenheit* – sie tragen die vorgeschriebene Kleidung, sie lehnen es ab, für Fotos zu posieren, sie machen sich verletzlich, indem sie mitten im schnellen Verkehr mit Pferdewagen fahren. *Gelassenheit* prägt Persönlichkeiten, die nicht aggressiv sind, die zögern, ehe sie auf Fragen antworten, und die Freude mit einem leichten Lächeln oder einem leisen Lachen und nicht mit einem lauten, ausgelassenen Lachen zum Ausdruck bringen. *Gelassenheit* hat auch mit dem Konzept zu tun, keinen Widerstand zu leisten, was auf die Hingabe an die Lehre Jesu, die sie wörtlich nehmen, zurückzuführen ist: »Ich sage Euch, dass Ihr nicht widerstreben sollt dem Übel, sondern, wenn Dich jemand auf Deine rechte Backe schlägt, dem biete die andere auch dar« (Matthäus 5, 39). Der Geist der *Gelassenheit* lehnt *Selbstverteidigung und Vergeltung* ab.

Die Spiritualität der *Gelassenheit* verfängt so sehr, wie sie gelehrt wird. Die Kinder werden in einer Welt großgezogen, die von Ritualen und Gewohnheiten durchzogen ist, die Unterwerfung zum Ausdruck bringen und die Selbstunterweisung gutheißen. Diese Welt ist auch von Menschen aus der Vergangenheit erfüllt – eine Vergangenheit, die bis in die Gegenwart reicht –, die von der Bedeutung der Unterwerfung, des Nicht-Widerstandleistens und der Vergebung Zeugnis ablegt.

Geschichten und Lieder

Die Amish sind ein Volk von Geschichtenerzählern, und die bekannteste Geschichte in Kreisen der Amish ist die von Jacob Hochstetler, einem Mann aus dem 18. Jahrhundert, der mit seiner Familie an der Grenze von Pennsylvania lebte. Eines Nachts im Jahr 1757, als der Krieg zwischen Franzosen und Indianern diesen Winkel der Welt erreichte, erwachten die Hochstetlers und merkten, dass Indianer ihre Hütte angriffen. Zwei Söhne der Hochstetlers, Christian und Joseph, griffen nach ihren Jagdgewehren, aber Jacob wollte nichts davon wissen. Er verbot ihnen, Gewalt anzuwenden. Die Familie floh stattdessen in den Keller. Die Mutter, ein Sohn und eine Tochter wurden getötet. Zwei der überlebenden Söhne wurden später Väter großer Familien, auf die ein beträchtlicher Prozentsatz der heutigen Bevölkerung der Amish ihre Herkunft zurückführen kann – ohne Zweifel einer der Gründe, warum die Geschichte so oft erzählt wird.

Die Geschichte wird auch erzählt, weil sie einen zentralen kulturellen Belang für Nichtvergeltung und Unterwerfung zum Ausdruck bringt. Ein Vater, der seine Kinder nicht schützt, mag für Außenstehende nachlässig erscheinen, aber die Amish sehen Jacob Hochstetler als Vorbild für die Treue zum Aufruf Jesu, keinen Widerstand zu leisten. Die Geschichte legt nahe, dass Jacob als liebevoller Vater, der dem Impuls seiner Söhne, ihr Leben durch Mittel der Gewalt zu verteidigen, Einhalt gebot, dem Gebot Jesu folgte. In dieser Geschichte, die in Genealogien und in Schulbüchern der Amish abgedruckt und an Esstischen erzählt wird, ist Jacob Hochstettler kein Narr. Jacob bietet im Gegensatz zu vielen Modellen der Männlichkeit ein Modell der Männlichkeit der Amish an, die den Charakter der *Gelassenheit* veranschaulicht.

Nirgends vermengen sich die Beispiele aus der Vergangenheit mit der Spiritualität der Gegenwart mehr als im Gemeindetreffen der Amish. Die Amish-Gemeindetreffen sind in Sprache und Ritualen von Selbstunterwerfung durchdrungen. Die Versammlungen am Sonntagmorgen, die drei Stunden dauern, beginnen mit dem Gesang von Liedern aus dem *Ausbund*, dem Gesangbuch aus dem 16. Jahrhundert, in dem Lieder von eingekerkerten Täufern stehen. Der Gesang von Amish ist bemerkenswert gemütlich, wenn man ihn an modernen Standards misst. Das Singen eines Liedes mit vier Strophen kann fünfzehn bis zwanzig Minuten dauern. Die Melodien, die mündlich weitergegeben werden, weil das Liederbuch keine Noten enthält, klingen im Raum, während die Mitglieder Silben ausdehnen und Noten halten. Im Geist der *Gelassenheit* spielt die Zeit keine Rolle.

Die Lieder des *Ausbunds* sprechen von der Abhängigkeit von Gott und der vergänglichen Natur des menschlichen Lebens auf der Erde. Eines der Lieder ist das Vaterunser. Dann gibt es Lieder über Märtyrer, Geschichten von biblischen Figuren, von frühen Christen oder Täufern, die so wie Christus starben – ohne Kampf – und die Gerechtigkeit in Gottes Hand legten und für die Rettung ihrer Henker beteten. Ein von Christopher Baumann geschriebenes Lied beschreibt die Folterungen durch die Hände der Obrigkeit: Baumann bekennt dabei seine vollkommene Abhängigkeit von Gott, aber sein Gebet richtet sich nicht auf göttliche Vergeltung für seine Folterungen:

> Thun mich recken und plagen,
> Reißen die Glieder mein.
> Mein Gott! Dir thu ichs klagen,
> Du wirst sehen darein.
>
> Mein Gott! Ich bitt von Herzen,
> Vergib ihn'n ihre Sünd,
> Die mir zugefügten Schmerzen. [1]

Ein anderes Lied von dem Märtyrer Georg Wagner stellt die Kreuzigung Jesu dar und weigert sich, sich selbst zu verteidigen und ist dabei ein Vorbild für andere.

> Im Sohn hat er uns gelassen,
> Ein Vorbild, merket wie,
> Dass wir auch solchermaßen
> Geduldig leiden hie. [2]

Vergebung in einem Märtyrerspiegel reflektieren

Zum Gemeindetreffen der Amish gehört es, dass man zum Gebet, zum Zuhören bei der Lesung von zwei Kapiteln aus dem Neuen Testament und dem Hören von zwei Predigten, von denen eine etwa zwanzig Minuten und die andere etwa eine Stunde dauert, hinkniet. Die Bischöfe oder Prediger, die predigen, beginnen ausnahmslos damit, dass sie ihre eigenen Unzulänglichkeiten betonen und nicht würdig seien zu sprechen. Diese Verkörperung von Demut taucht am Ende der Predigt wieder auf. Der Prediger endet, indem er sich für seine Schwachheiten entschuldigt und ruft andere Prediger auf, Fehler, die er gemacht haben könnte, zu korrigieren. Die anderen Prediger sollten es tun, aber nicht, ohne ihre eigenen Begrenzungen zu erwähnen.

Die Predigten, die ausnahmslos von Männern ohne Seminarausbildung gehalten werden, stützen sich stark auf die Nacherzählung von Geschichten aus der Bibel und der Geschichte der Täufer, die mit Beobachtungen und Lektionen, die sie aus dem Alltagsleben nehmen, vermischt sind. Es ist nichts Ungewöhnliches, wenn Predigten sich auf Geschichten aus dem *Märtyrerspiegel* beziehen, einem Buch mit 1000 Seiten mit Berichten über frühe christliche Märtyrer und Täufer aus dem 16. Jahrhundert, die für ihren Glauben starben. Die Art und Weise, wie sie gestorben sind, wird als Vorbild für Geduld genommen, auch für Amish-Zuhörer des 21. Jahrhunderts, die nicht im Kerker sitzen.

Der Märtyrerspiegel wurde 1660 von einem mennonitischen Prediger auf Niederländisch zusammengestellt und später auf Deutsch und auf Englisch übersetzt. Der *Märtyrerspiegel* ist trotz seiner dichten und oft schwierigen Prosa in Kreisen der Amish weithin bekannt und findet sich in vielen Häusern. Seine Botschaft untermauert die Besorgnis der Amish, zu viel Vertrauen in weltliche Autoritäten zu setzen.

Märtyrertraditionen gibt es nicht nur bei den Amish. Viele religiöse Gruppen und einige politische Bewegungen haben Helden geehrt, die aus edlen Gründen gestorben sind. Aber oft wurde die Erinnerung an Märtyrer genutzt, um zur Rache aufzuhetzen. Seien es im 16. Jahrhundert die Geschichten der Protestanten von den Metzeleien der Bartholomäusnacht, die den religiösen Konflikt in Frankreich anheizten und Vergeltungsmaßnahmen gegen die Katholiken rechtfertigen sollten, oder die al-Aqsa-Märtyrer-Brigade am Anfang des 21. Jahrhunderts. Ein mächtiger Impuls sorgt dafür, dass unverdiente Tode in gleicher Weise zurückgezahlt werden.

Seit Jahrhunderten werden die Amish an die Märtyrererfahrungen als Beispiele für Selbstunterwerfung, die nachgeahmt werden sollten, und nicht als Rechnung, die beglichen werden sollte, erinnert. Ja, in kürzlich veröffentlichten Überlegungen über die Märtyrerlieder der Täufer warnt ein Amish-Prediger andere der Alten Ordnung vor der Versuchung, die heutigen Katholiken für die Verfolgungen verantwortlich zu machen, unter denen die Amish oft unter Richtern zu leiden hatten, die loyal zu Rom standen. »Es hat keinen Sinn, heute irgendeine Kirche für das, was vor vier- und fünfhundert Jahren geschehen ist, anzuklagen, und der Akt, an Märtyrer zu erinnern, um Fehler bei anderen zu finden, macht die Botschaft von Demut und Vergebung zunichte, die sie uns lehren sollte. Wir sind sicher nicht dazu auf der Erde, die Glaubensinhalte anderer Menschen niederzumachen. Niemand von uns kann sicher sein, dass wir die ganze Wahrheit haben. Das, was man beweinen und bedauern muss, ist der Missbrauch von Macht, der fast immer bei Gruppen von Menschen zu finden ist, die die Oberhand haben.«

Die Selbstunterwerfung im Herz der *Gelassenheit* kultiviert die Vergebung der Amish. In einer Studienanleitung, die von einem Verlag der Old Order zum Märtyrerspiegel veröffentlicht wurde, zieht der Autor die direkte Verbindung und vertritt die Meinung, dass, »als die Verfolger sich vorbereiteten, sie zu Tode zu bringen, die Täufer wie Jesus im Gebet für ihre Verfolger sterben und ihnen vergeben wollten«. Sowohl im 16. Jahrhundert als auch heute wäre ihr Beispiel »eine mächtige Ermutigung gewesen, das eigene Leben in einem Geist der Vergebung niederzulegen«.

Vergebung ist ein immer wiederkehrendes Motiv in den Geschichten des *Märtyrerspiegels*. Hendrick Alewijns, der 1569 hingerichtet wurde, stellte eine Verbindung zwischen der Vergebung seiner eigenen Sünden durch Gott und seiner Bereitschaft, seinen Verfolgern zu vergeben, her. »Möge Gott euch all das Böse, das ihr mir angetan habt, vergeben wie ich euch vergebe und wie ich mir anbetracht meiner Sünden vergeben würde.« Als ein Bekannter einen Täufer-Händler der Obrigkeit verriet, versicherte ihm der inhaftierte Mann, er »vergebe ihm gern und von Herzen dafür, und es ist mein ernster Wunsch, dass der Herr die Gnade geben möge«. Die Schwestern Maria und Ursula von Beckum wiederholten die Worte Jesu, die er am Kreuz sprach: »Vergib ihnen, denn sie wissen nicht, was sie tun.« Und ein anderer Märtyrer, Jan Watter, bat sogar seine Henker, ihm für den Fall zu vergeben, dass er ihnen ungewollt Unrecht getan habe.

Andere, die auf die Hinrichtung warteten, schrieben an ihre Familien und gaben ihnen die Anweisung, denen zu vergeben, die sie von ihren Lieben weggerissen haben. Jan Wouters schickte seiner Frau aus der Gefängniszelle einen Brief mit der Bitte, für den zu beten und ihm zu vergeben, der ihn verhaftet hatte. Er fürchtete, sie würde in geistliche Gefahr geraten, wenn sie Vergebung verweigern würde, »weil es den Herrn hindern würde...deine Schuld zu vergeben. So flehe ich dich an, von Herzen zu vergeben. Und bete für diejenigen, die dich betrüben... denn wir brauchen täglich Vergebung, weil wir schwach sind.«

Keinen Widerstand leisten, Demut und Vergebung mischen sich in der Gelassenheit des Geistes der Alten Ordnung. »Den

Verfolgern im Augenblick des Todes vergeben war die letzte Handlung in der Nachfolge Christi in der eigenen Lebenszeit« heißt es in einer Amish-Studienanleitung. »Christus hat in seinem Leben nicht das Schwert benutzt, und auch zur Zeit seines Todes hat er sich nicht mit dem Schwert gewehrt. Er hat vielmehr seinen Feinden vergeben.« In der Vorstellung der Amish bedeutet Feinde lieben, wie Jesus es lehrte, auch ihnen zu vergeben.

Das dramatische Zeugnis von Dirk Willems

Als wir Amish zu Beispielen für Vergebung befragten, erwähnten viele von ihnen eine Geschichte von »dem Mann, der über das Eis rannte«. Wenn sich auch nicht jeder an die Einzelheiten der Geschichte erinnern konnte, kannten alle den allgemeinen Verlauf und die Moral der Amish aus diesem dramatischen Bericht aus dem *Märtyrerspiegel*: Liebe, die sich für den eigenen Feind aufopfert.

Der Mann, der über das Eis rannte, war Dirk Willems, ein niederländischer Täufer aus dem Dorf Asperen. Er wurde 1569 eingekerkert, weil er sich als Erwachsener hatte taufen lassen und verbotene religiöse Versammlungen in seinem Haus hielt. Willems, der in einem Palast, der zu einem Gefängnis gemacht worden war, gefangen gehalten wurde, entkam. Er hatte Lumpen zu einem Seil zusammengeknotet und sich daran aus einem Fenster des Schlosses herabgelassen. Aber sein Entkommen sollte nicht einfach sein. Ein Wachhabender bemerkte die Flucht des Gefangenen und verfolgte ihn mit dem Bürgermeister im Gefolge. Als sie ihm nachliefen, kam Willems zu einem zugefrorenen Teich und schaffte es, ihn sicher zu überqueren. Aber es war Frühling, und das Eis begann zu tauen und zu brechen. Der glücklose Wächter brach in das Eis ein und begann zu versinken. Aus Angst zu ertrinken schrie der Wächter nach Willems, er möge umkehren und ihn retten.

Hier machen Amish-Geschichtenerzähler oft eine Pause um die Spannung zu erhöhen. Die Zuhörer sollen Dirk Willems Wahlmöglichkeiten betrachten und sie auf dem Hintergrund ihrer eigenen ethischen Instinkte reflektieren. Hat der Einbruch des Wächters in das Eis einen Pfad zum Entkommen gegeben, ein Mittel der Vorsehung, um Willems zu retten, für den der geflohene Täufer Gott preisen würde? Sollte Willems weiterlaufen und es dem Bürgermeister überlassen, seinen Helfer aus dem eisigen Wasser zu retten? War es sinnvoll, dass Willems den Versuch machte, seinen Verfolger zu retten, weil die Oberfläche des Teiches leicht hätte unter seinem Gewicht brechen können und sie beide ertrunken wären?

Die Spannung steigt, wenn die Geschichte weitergeht. Willems blieb stehen, kehrte um und rettete das Leben seines Verfolgers. Er reichte seinem Feind im wörtlichen Sinne die Hand und zog ihn vorsichtig an Land in Sicherheit. Anders als Geschichten, die Soldaten loben, die ihr Leben für ihre Kameraden oder Eltern opfern, die Gesundheit und Wohlstand für ihre Kinder opfern, lobt diese Geschichte einen Mann, der sein Leben für seinen tödlichen Feind riskiert.

Das Ende der Geschichte bildet den Höhepunkt. Kaum hatte Willems den Wächter gerettet, nahm der Bürgermeister ihn gefangen und bestand darauf, dass er auf dem Scheiterhaufen verbrannt wurde. Die Hinrichtung schlug fehl – ein starker Wind blies die Flammen von Willems Oberkörper weg – und das machte seinen Tod noch schmerzvoller. Der *Märtyrerspiegel* berichtet, dass der Wind die Stimme von Willems bis zum nächsten Dorf trug, wo Einwohner ihm mehr als siebzigmal ausrufen hörten. »Siebzigmal!«, betont die Studienanleitung zum *Märtyrerspiegel*. »Petrus fragte Jesus, ob er demjenigen, der gegen ihn gesündigt hatte, siebenmal vergeben solle. Jesus sagte, nicht sieben mal, sondern ›siebzig mal sieben‹. Dirk vergab seinen Feinden viele Male.«

138

Diese eindrucksvolle Geschichte von Vergebung und Liebe für den Feind ist zur klassischen Märtyrergeschichte der Amish geworden, der nicht nur im Märtyrerspiegel, sondern auch in der Amish-Zeitschrift *Family Life* ein Denkmal gesetzt wird. Eine ausgeschmückte Version unter dem Titel »Dirk Willems und der Diebesfänger«, die im Lehrplan der Amish-Schulkinder steht, fordert Schüler nachdrücklich auf, sich mit dem Mann zu identifizieren, der umkehrte und demjenigen Gutes tat, der ihm Böses getan hatte.

Vergebung in Schulbüchern der Amish

Die Bibel und der *Märtyrerspiegel* sind im Leben der Amish die wichtigsten Texte. Die Kinder lernen auch die Geschichten über Vergebung aus ihren Schulbüchern. Die große Mehrheit der Schüler besucht Schulen der Amish, wo die Lehrer die Werte der Gemeinde durch Lehrpläne, die Eltern mitgeholfen haben zu gestalten, verstärken. Viele der Schulen verwenden Lesebücher des Pfades, eine Zusammenstellung von Lesebüchern, die von einem Verlag der Alten Ordnung veröffentlicht worden sind, die Titel tragen wie *Zusammen leben* und *Wahre Werte suchen. Unser Erbe*, der letzte Band in der Reihe, wird im achten Schuljahr, dem Abschlussjahr der Schulbildung der Amish, gelesen.

Die Titelseite von *Unser Erbe* zeigt eine Zeichnung mit Ketten und Fesseln, ein Bild für die Einkerkerung und ein Hinweis auf das Märtyrertum. Dutzende von Geschichten, die nach Themen geordnet sind wie »Der Weg der Liebe«, und »Menschen, die gedient haben«, lehren ausdrücklich Liebe ohne Widerstand und ermutigen zur Praxis der Vergebung. Die Geschichte »Peter Millers Vergeltung« erzählt zum Beispiel die Geschichte von einem Christen namens Peter Miller, der in der Zeit der Amerikanischen Revolution lebte und keinen Widerstand leistete. »Miller und seine Freunde konnten aus Gewissensgründen nicht am Krieg teilnehmen, und sie konnten auch nicht Partei für eine Seite ergreifen«, erklärt die Geschichte. »Sie waren fest davon überzeugt, dass Krieg falsch war, aber sie haben sich nie geweigert, einem Menschen in Not zu helfen, ob er nun englischer Soldat oder Amerikaner war.« Die Erzählung stellt den Lesern dann Michael Whitman vor, einen Mann, der Miller für einen »dummen Narren« für seine Haltung, keinen Widerstand zu leisten, hielt und ihn mehrmals einkerkerte.

Eines Tages, als Miller sich einem »halbverhungerten« Deserteur von George Washingtons Armee zuwendete, hörte er von dem Weggelaufenen, dass Whitman als Abtrünniger gehängt werden sollte. Miller machte sich auf den Weg, um für seinen Peiniger Fürsprache einzulegen. Er ging drei Tage durch tiefen Schnee, um direkt bei General Washington zu appellieren. Der General hörte Miller geduldig zu, erklärte ihm aber, dass Whitman ein faires Gerichtsverfahren und ein gerechtes Urteil erhalten habe. Wäre das nicht der Fall gewesen, erklärte Washington ruhig, »wäre ich glücklich, Euren Freund zu begnadigen«. »Mein Freund«, rief Miller aus, »er ist mein schlimmster Feind.«

Washington war schockiert und konnte Millers Wunsch nach Gnade für seinen Feind nicht verstehen. Washington sprach eine Begnadigung aus, und Miller brachte sie in der letzten Minute zum Hinrichtungsplatz. Die Geschichte endet mit einem weiteren Lehrsatz der Amish: Handeln hat Vorrang vor Reden. »Oh, Peter«, schluchzte Whitman, »wie konntest du mir nach dem, wie ich dich behandelt habe, je vergeben?« Stumm schüttelte Peter den Kopf. Er konnte nicht sprechen, und es waren keine Worte nötig.

Nicht alle Mädchen, die in der West Nickel Mines School eingeschrieben waren, sollten ihre Lektionen im Pfad-Lesebuch beenden. Doch sie hatten schon die Werte der Amish von ihren

140

Familien, Kirchen und der Schule übernommen – Quellen des Unterrichts, des Vorbildes und der Ermutigung, die sich gegenseitig verstärkten.

Am Sonntag, dem 1. Oktober, haben Kinder in Haushalten um Nickel Mines herum vermutlich Jesu Gleichnis von dem Knecht gehört, der seinen Herrn um Vergebung gebeten hatte und dann wegging und sich weigerte, sie seinem Mitknecht zu geben (Matthäus 18, 21–35). Diese Geschichte, die Teil des Amish-Lektionars für die Wochen vor ihrem Gemeindetreffen mit Abendmahl ist, empfiehlt, dass es Christen zur Gefahr gelangt, wenn sie sich weigern zu vergeben. Familien, die an jenem Tag im Gemeindetreffen waren, haben wohl die Predigten über Vergebung mit Anspielungen auf die aufopfernde Liebe ihrer Märtyrervorfahren gehört. Da sich die Mitglieder der Gemeindedistrikte nur jeden zweiten Sonntag versammeln, haben Familien, die an diesem Tag nicht im Gemeindetreffen waren, den Text aus Matthäus 18 wohl zu Haus gelesen und besprochen. Als die Eltern ihre Tochter, ein zehnjähriges Mädchen, das bei der Schießerei verletzt werden sollte, nach der Bedeutung des Gleichnisses fragten, antwortete sie: »Wir müssen anderen vergeben.«

Als die dreizehnjährige Marian am nächsten Tag Charles Roberts bat, er möge sie zuerst erschießen, offenbar in der Hoffnung, sie könne seinen Zorn auf sich ziehen und damit ihre Klassenkameradinnen retten, war ihre erste Reaktion angesichts des unvorhergesehenen Risikos, sich selbst zu opfern und andere zu retten. Als Achtklässlerin hatte sie sich schon die Gewohnheiten der *Gelassenheit* angeeignet, die so tief in ihr verwurzelt waren, dass sie ihren Tod mit einem Mut entgegengehen konnte, der die Märtyrer kennzeichnete, von denen sie oft gehört hatte. Diese Werte, die so tief im Gewissen der Amish verankert sind, wurden bei Roberts Amoklauf in die Praxis umgesetzt – und in der Vergebung, die folgte.

9
Die Praxis der Vergebung

»Wir sind nicht immer imstande
zu vergeben. Wir müssen darum
kämpfen.«

Ein Prediger der Amish

Für viele Beobachter sah die Praxis der Vergebung leicht aus.
Die Amish, mit denen wir sprachen, sagten jedoch, Vergebung
sei harte Arbeit, die nie aufhöre. Sie gaben auch zu, dass es oft
viel schwerer sei, Menschen der eigenen Gemeinde Gnade zu
gewähren als Außenstehenden. »Der schwere Teil bei der Vergebung, der mich plagt, ist all der Groll, den wir in der Kirche
gegeneinander haben. Manchmal ist es schwerer, einander zu
vergeben, als jemandem wie Charles Roberts. Wir haben unseren eigenen kleinkarierten Groll.«

Die Amish geben zwei Dinge in Bezug auf Vergebung zu.
Erstens, glauben sie, dass die Vergebung Gottes ihnen gegenüber an ihre Fähigkeit zu vergeben gekoppelt ist. Zweitens
wissen sie, dass das Ausdehnen der Vergebung auf einen, der
einen verletzt hat, nicht leicht ist. Aus beiden Gründen verwenden sie viel Energie darauf, ihre Kinder in Vergebung zu trai-
nieren und es ihnen möglich zu machen zu lernen, wie sie das
selbst in die Praxis umsetzen können.

Ein Kind heranbilden

Es ist bemerkenswert, dass bei den Amish formale religiöse
Bildung weitgehend fehlt. Einige Untergruppen haben zwar
Sonntagsschulen, aber es gibt keine Kirchen-Sommercamps,
keine Ferienbibelschulen, Colleges oder Seminare. Selbst

Schulen der Amish wie diejenige in Nickel Mines bieten Glaubenslehre nicht in formaler Weise an. Zum Schultag gehört das Bibellesen und es wird das Vaterunser gebetet, und in den Lesebüchern stehen Geschichten, die die Werte der Amish lehren. Die Führer legen die Verantwortung für die religiöse Erziehung in erster Linie den Eltern und nicht der Schule oder der Gemeinde auf.

Die Eltern der Amish haben keinen formalen Lehrplan, dem sie folgen müssen (nur die Bibel, Gebetsbücher und verschiedene Amish-Zeitschriften). So haben wir die naheliegende Frage gestellt: »Wie lernen die Amish, Vergebung zu praktizieren?« Die Antwort darauf war einfach: »So, wie wir es gelehrt bekommen haben.« Als wir darüber Einzelheiten erfahren wollten, hatten die Eltern keine eindeutige Antwort parat. Sie erzählten – typisch für sie – Beispiele, wie Konflikte zwischen Geschwistern gelöst wurden. Mary, eine 38-jährige Mutter kleiner Kinder, sagte: »Meine Kinder lernen Vergebung, wenn sie kämpfen. Wenn sie kämpfen, bringe ich ihnen bei zu sagen: ›Es tut mir leid‹ und ›Ich vergebe dir‹. Das ist für uns einfach Routine.«

Andere Mütter betonten, wie wichtig es ist, dass ihre Kinder in einem frühen Alter Unterwerfung und Selbstkontrolle lernen. »Kinder müssen lernen, dass sie nicht herumwackeln können, wenn man ihre Windeln wechselt«, erklärte eine Mutter. Einige Eltern betonten, es sei wichtig, dass die Kinder lernen, die Hände zu falten und während der ruhigen Gebete vor und nach den Mahlzeiten still zu halten. Eine Großmutter sagte: »Es ist wichtig, dass sie das lernen, solange sie noch auf dem Schoß sitzen und ehe sie auf einem Stuhl sitzen.« Bei großen Familien mit einem halben Dutzend Kindern, die nach dem gleichen Stück Apfelkuchen schreien, gibt es um den Küchentisch herum eine Menge Nachgeben und Vergebung zu lernen.

Wie wichtig es ist, sich nach anderen zu richten, wird auch beim Singen gelernt. In der Weihnachtszeit singen die Kinder in der West Nickel Mines School manchmal ein Lied, das »Freude« lautet, nach der Melodie von »Jingle Bells«. Es lautet: »Freude, Freude, Freude, Freude für Freude, Jesus zuerst, du selbst zuletzt und andere zwischendrin.«

Für die Gewohnheit nachzugeben und zu vergeben sind Geschichten und Beispiele wichtiger als formale Unterweisung. Es ist das, was Erzieher manchmal als »den versteckten Lehrplan« bezeichnen – Werte, die oft nicht in Worte festgehalten sind, aber durch das Beispiel im täglichen Leben gelehrt werden. Ein Verfasser eines Artikels in einer Amish-Zeitschrift erinnerte sich an das versteckte Curriculum seiner eigenen Kindheit. »Als ich aufwuchs«, schrieb er, »lehrten mich meine Eltern durch ihr Vorbild, zuerst an andere zu denken, ehe ich an mich denke.« Insbesondere »haben mein Vater und meine Mutter immer versucht sicherzustellen, dass die anderen bei einem Deal am besten wegkamen. Mit Gottes Hilfe hoffen wir, dass wir dies (diese Haltung) an die nächste Generation weitergeben können.«

Das Selbst aufgeben

Eltern meinen im Allgemeinen, der erste Schritt im Ausüben von Vergebung sei, dass man sich der Autorität unterwirft. Es ist eine der bedeutendsten Herausforderungen, die kollektive Weisheit und Autorität der Gemeinde zu akzeptieren, wenn man in einer Gemeinschaft lebt. Die Kultur der Amish, die den Vorrang der Gemeinschaft über das Individuum betont, steht im Gegensatz zur Mainstream-Kultur Amerikas, wo die Rechte der Einzelnen geschätzt und sogar gefeiert werden. *Uffgevva* bedeutet, das Selbst aufzugeben und Gottes Willen zu akzeptieren«, sagte Mose, ein Möbelschreiner. »Das ist das, worum es in unserem Leben geht. Es ist das Schwierigste, wenn man Amish ist.« Eine junge Mutter drückte es so aus: »*Uffgevva* ist das Gegenteil von ›mir, mich und ich‹. Es bedeutet, den eigenen Willen loslassen.«

Prediger Amos beschrieb die Spannung zwischen Selbstverleugnung und Selbstbehauptung. »Es ist wie bei zwei Kräften, die miteinander kämpfen. Es kostet immer Kampf, aufzugeben (die Autorität der Gemeinschaft anzunehmen).« Er verglich den Weg der Amish mit dem Weg anderer Kirchen und bemerkte: »Viele Kirchen haben nichts, was aufgegeben werden muss (sie haben keine Regeln). Jeder steht für sich selbst, und es gibt nichts aufzugeben. Das Aufgeben ist die Basis.« Für die meisten Amerikaner, die ihr Spektrum an Wahlmöglichkeiten schätzen, ist das eine merkwürdige Basis. Doch Amos war dankbar, dass er »erzogen wurde, sich selbst aufzugeben«.

Wenn das Vaterunser die Amish motiviert zu vergeben und ihr Märtyrererbe sie inspiriert zu vergeben, orientiert sie *Uffgevva* auf Vergebung als Lebensweise. Der Vater eines Mädchens, das in Nickel Mines starb, brachte Vergebung unmittelbar in Verbindung mit *Uffgevva*: »Vergebung bedeutet, dein Recht auf Vergeltung aufzugeben.«

Uffgevva untermauert das ganze Leben der Amish. Es sichert das Überleben der Lebensweise von Generation zu Generation. In den letzten Teenagerjahren und bis sie Anfang zwanzig sind stehen Amish vor einer monumentalen Frage: Wollen sie der Gemeinde beitreten oder nicht? Diese freiwillige Entscheidung ist für die Theologie der Amish zentral. Diejenigen, die sich dafür entscheiden, der Kirche beizutreten, müssen sich bei der Taufe erniedrigen. Sie knien vor Gott und den Mitgliedern ihrer Kirche nieder und geloben, Jesus Christus zu dienen und die »Ordnung« ihr Leben lang hochzuhalten, ein Gelöbnis, das ihre persönlichen Wünsche der Autorität der Kirche unterstellt.

In den meisten Gemeinden der Amish schließen sich 90 Prozent oder mehr der jungen Erwachsenen der Kirche an und geloben dabei, sich von Sünde, vom Teufel und von der Welt abzuwenden. Die Entscheidung, sich taufen zu lassen und sich der Kirche anzuschließen, ist das äußerste *Uffgevva* – es bedeutet, sich auf ewig Gott und der Kirche hinzugeben.

Sich auf das Abendmahl vorbereiten

Zweimal im Jahr – während der Frühlings- und der Herbst-Abendmahlszeit – erneuern die Gemeindemitglieder der Amish ihr Gelöbnis, sich der Autorität der Gemeinde zu unterwerfen. Die einmonatige Abendmahlszeit, die aus vier Sonntagen besteht, hat ihren Höhepunkt im Abendmahlssonntag. An diesem Gemeindetreffen, das acht Stunden lang dauert, hören die Gemeindemitglieder Predigten und nehmen an dem christlichen Ritual, bei dem sie in Erinnerung an den Tod Jesu Brot essen und Wein trinken, teil. Sie waschen sich im Gehorsam zum Gebot Jesu in Johannes 13, 14 auch gegenseitig die Füße – ein Ritual der Demut und des Dienens. Sylvia drückte es so aus: »Ich glaube nicht, dass es etwas Heiligeres gibt als unsere Abendmahls-Gemeindetreffen.«

Die Regeln der Amish haben im Gegensatz zu den meisten protestantischen und katholischen Abendmahls- bzw. Kommunionsobservanzen, die davon ausgehen, dass der Einzelne vor Gott steht, eine tiefe Gemeinschaftsdimension. Für die Amish ist das Abendmahl im Wesentlichen eine Feier der Einheit der Gemeinde als Volk Gottes. Aus diesem Grund wird in der Abendmahlszeit die Bedeutung der Vergebung und richtiger Beziehungen innerhalb der Gemeinde in den Vordergrund gestellt, die bei den Amish für die persönliche Harmonie mit Gott als notwendig betrachtet werden.

Am zweiten Sonntag der Abendmahlssaison – zwei Wochen vor dem Abendmahlssonntag selbst – nehmen die Amish an einem Gemeindetreffen teil, das sie Ordnungs-Versammlung (Ordnungs-Gma) nennen. [1]

Diese wichtige Gemeindeversammlung kennzeichnet den Anfang der Vorbereitung auf den heiligen Augenblick, wenn die Kirchenmitglieder der Amish aus einem Gemeinschafts-kelch Wein trinken, von einem Gemeinschaftsbrotlaib Brot es-sen und einander die Füße waschen. Im Konzilstreffen ermah-nen die Prediger, denen zu vergeben, die ihnen Böses getan haben und Groll aufzugeben, sodass die Gemeinde das Mahl des Herrn in Einheit feiern kann.

Das Herzstück der Ordnungs-Versammlung ist Matthäus 18, ein Kapitel, das aus 35 Versen besteht. In dem ersten Absatz (1–14) erinnert Jesus seine Jünger daran, dass sie sich erniedri-gen und wie Kinder werden müssen, um in das Himmelreich einzugehen (Matthäus 18, 3). Alle Bischöfe, mit denen wir spra-chen, hoben diesen Satz hervor. Er gehört zu denen, die die Amish für ihren Glauben anführen, dass Demut eine Schlüs-seltugend des christlichen Glaubens ist.

Die zweite Gruppe von Versen (15–17) zeichnet einen Pro-zess von vier Schritten vor, um die Streitigkeiten innerhalb der Gemeinde beizulegen. Erstens, das Mitglied, das sich ver-letzt fühlt, soll sich privat mit dem, der ihn verletzt hat, tref-fen. Ist das nicht möglich oder findet keine Versöhnung statt, dann soll der Verletzte zwei oder drei Personen wählen, die mit dem, der ihn verletzt hat oder ihm etwas Böses getan hat, zusammenkommen. Bringt das keinen Erfolg, dann soll die Gemeinde denjenigen, der Böses getan hat, zum Zeugnis vor die ganze Gemeinde stellen. Zeigt das widerspenstige Mitglied immer noch keine Reue, dann muss die Gemeinde nach Jesu Worten diese Person als »Heiden«, als einen, der außerhalb der Glaubensgemeinschaft steht, betrachten. Wir untersuchen die Anwendung dieses Abschnitts in Matthäus 18 in Kapitel 11.

Mit diesen Absätzen aus der Heiligen Schrift, die die bib-lische Grundlage für die Ordnungsversammlung bilden, ver-wundert es kaum, dass Vergebung ein zentrales Anliegen des Glaubens der Amish ist. »Vergebung ist *immer* das Thema der

Ordnungs-Versammlung«, sagte uns Bischof Eli. »Hat jemand eine unversöhnliche Haltung, dann kann er nicht am Abendmahl teilnehmen.« Selbst ordinierte Führer, die für andere ein Beispiel sein sollen, bitten darum, ihnen für ihre Unzulänglichkeiten zu vergeben. Sie laden die Mitglieder ein, ihnen zu zeigen, wo sie geirrt haben. Die Führer ermahnen auch die Mitglieder, für Unzulänglichkeiten Vergebung durch die Liebe Christi zu suchen.

Er verwendete eine Metapher, von der er hoffte, ein Außenstehender würde sie verstehen: »Die Betonung von Vergebung bei der Ordnungsversammlung ist wie eine Suchmaschine, die nach allem sucht, das nicht vergeben ist.«

Diese Ordnungs-Versammlungen zweimal im Jahr sind keine leeren Rituale. Ja, sie werden so ernst genommen, dass ein Gemeindedistrikt das Abendmahl um Wochen verschiebt, bis Einheit erreicht worden ist. Das Aufschieben des Abendmahltreffens kann aus einer Reihe von Gründen erfolgen – zum Beispiel wegen Uneinigkeit über eine Bestimmung der *Ordnung* oder eine Auseinandersetzung darüber, wie man ein Mitglied mit einer rebellischen Haltung diszipliniert. Ein Aufschub findet typischerweise statt, wenn ernsthafte Unstimmigkeiten auftauchen. Sind nur ein oder zwei Mitglieder anderer Meinung als alle anderen, dann können sie weiterhin die Gemeindetreffen besuchen, aber nicht am Abendmahl teilnehmen, machen es aber den anderen möglich, fortzufahren. Natürlich ist das Ziel, dass jeder in Einheit teilnehmen kann.

Die Ordnungsversammlungen ermuntern zum tiefen Erforschen der Seele. Gemeindemitglieder überdenken dann schwierige Lehrstücke und Führer ermutigen sie, einander zu vergeben und ihr Herz von Bitterkeit reinzuwaschen. Die Mitglieder werden aufgefordert, ihre Sünden zu bekennen, anderen zu vergeben und sich Gott und der Gemeinde vollständig hinzugeben, damit sie das Abendmahl zwei Wochen später in Harmonie feiern können.

Der Kampf zu vergeben

Trotz aller Lehren und Predigten über das Thema ist Vergebung in den Amish-Gemeinden manchmal nicht anders als in der Welt außerhalb der Gemeinde: mehr Ideal als Realität. Es ist eine besondere Herausforderung für die Amish, in nächster Nähe zu den anderen Gemeindemitgliedern zu leben, sodass jedermanns Schwächen und Übertretungen wohl bekannt sind. Man kann auch niemandem so leicht ausweichen, weil erwartet wird, dass jedes Gemeindetreffen im eigenen Distrikt besucht wird. Ja, manche Amish besuchen das Sonntags-Gemeindetreffen ihr ganzes Leben lang im gleichen Kirchendistrikt. In diesen eng verbundenen Gemeinschaften ist es kaum möglich, über gewöhnliche Unstimmigkeiten hinwegzugehen. Oft liegt Groll in der Luft. Ein Amish Werkstattbesitzer erinnerte sich an den Selbstmord seines Schwiegervaters: »Es fiel uns sehr schwer zu vergeben, aber jeder von uns hat entschieden, dass wir ihm vergeben müssen, dass er Selbstmord begangen hat. Das war die einzige Möglichkeit, weiterzumachen. So haben alle Familienmitglieder ihm vergeben. Das war eine große Erleichterung, und uns war klar, dass es für uns nur so Heilung geben konnte.

»Manchmal ist es leichter, etwas Großes als etwas Geringfügiges zu vergeben.« sagte Mose, ein Großvater, der zwischen Stapeln von Amish Zeitungen in seiner geräumigen Küche saß. »Wir haben unseren geringfügigen Groll« gab ein Prediger zu. »Wir können Roberts mit der Schnelligkeit eines Herzschlags vergeben, aber nicht immer unseren Amish Nachbarn.« Manchen Amish fällt es schwer zu vergeben,« erklärte ein Farmer im Ruhestand. »Wir führen einen Kampf um Vergebung. Es ist schwer zu vergeben, aber uns wird nicht vergeben, wenn wir es nicht tun. So bemühen wir uns wirklich sehr, das zu überwinden. Wissen Sie, wir sind sehr menschlich.« Diese Worte hörten wir bei unseren Gesprächen mit Amish immer wieder. »Wir bemühen uns sehr zu vergeben, aber wir sind auch menschlich.«

Eine Mutter, deren Tochter bei dem Amoklauf starb, gab ebenfalls zu, dass Vergebung ein fortdauernder Kampf ist. »Vergeben braucht Zeit, aber man muss mit dem Willen zu vergeben beginnen. Bitterkeit kann immer wieder aufkommen. Dann muss man wieder daran denken, dass man vergeben muss.«

Als wir Amish über die Realität der Vergebung in ihrem Leben und ihrer Gemeinde befragten, hörten wir viele Geschichten, bei denen es mit der Gnade schief gelaufen war. Ein Mann bemerkte: »Ich habe einen Schwager, der Groll gegenüber anderen Menschen hegt. Er will den Groll einfach nicht loslassen.« Ein Elternpaar eines der ermordeten Mädchen fand es schwerer, einem Familienmitglied, das Informationen an die Presse gegeben hatte zu vergeben als dem Mörder. Familienfehden, verdrießliche Ehen und Erbstreitigkeiten wurden als weitere Beispiele für fehlgeschlagene Vergebung genannt.

Die Amish arbeiten sehr daran, dass trotz persönlicher Unstimmigkeiten Beziehungen nicht auseinander brechen. Die rituellen Begrüßungen vor dem Beginn jedes Gemeindetreffens hält alle, sogar Gegner, in Verbindung. Wenn Frauen sich in einem Kreis versammeln, grüßen sie einander mit einem Kuss. Die Männer, die sich zu einem anderen Kreis zusammenfinden, grüßen einander mit Handschlag. Diese Rituale helfen, Beziehungen aufrecht zu erhalten, die sonst zerbrechen würden. »Es kommt selten vor, dass Amish aufhören, miteinander zu reden, auch dann, wenn sie sich sehr uneins oder im Streit miteinander sind.«

Ein Tag mit Fasten und Beten fällt zwischen das Ordnungstreffen und den Abendmahlssonntag. Wieder ist Vergebung bei diesem letzten Ritual ein wichtiges Thema, ehe gemeinsam Brot gebrochen und Wein getrunken wird. Nachdem bei der Zusammenkunft davor ermahnt wurde, Groll fahren zu lassen, den sie gegen andere Gemeindeglieder hegen, beten viele Menschen an den Fastentagen um Gottes Hilfe bei der Vergebung.

Die Amish nehmen die Warnung des Apostels Paulus an diejenigen, die »unwürdig essen und trinken« ernst (1. Korinther 11,29). Diejenigen, die am Abendmahl teilnehmen sollen zuerst ihre Beziehungen zu anderen Mitgliedern in Ordnung bringen. Es ist nicht ungewöhnlich, dass Gemeindeglieder, die die Warnung des Apostels Paulus und den Rat in Matthäus 18 ernst nehmen, während der Abendmahlszeit andere Gemeindemitglieder aufsuchen, um sich miteinander zu versöhnen. Bei der Ordnungszusammenkunft und wieder am Abendmahlssonntag wird jedes Mitglied aufgefordert, zu bestätigen, dass es mit allen im Frieden und so bereit ist, am Abendmahl teilzunehmen. An beiden Tagen muss die Antwort ganz oder zumindest fast einhellig sein, wenn das Gemeindetreffen stattfinden soll.

An beiden Tagen muss die Antwort ganz, oder zumindest fast einhellig sein, wenn der Gottesdienst stattfinden soll.

Der Besuch des Abendmahls beginnt um 8 Uhr morgens und dauert bis 4 Uhr am Nachmittag ohne Pause. Während der Mittagspause gehen die Menschen aus dem Hauptversammlungsbereich in kleinen Gruppen in einen der angrenzenden Räume, um zu essen. Das Gemeindetreffen, zu dem Lieder, Gebete und einige lange Predigten gehören, erreicht seinen Höhepunkt, wenn der Prediger das Leiden Christi wiedererzählt und die Gemeinde Brot und Wein teilt. Der Bischof bricht ein Stück Brot von einem Brotlaib und bietet es jedem Mitglied als Symbol für den Leib Jesu an, der am Kreuz gebrochen wird. Die Gemeinde trinkt dann in Gedenken an das Blut Christi aus einem Kelch.

Während des Gemeindetreffens steht das Opfer und das bittere Leiden Christi im Mittelpunkt und wird als Vorbild für die Mitglieder hingestellt. Wenn der Bischof von Brot und Wein spricht, dann betont der Bischof, wie wichtig es ist, dass jedes Gemeindemitglied wie ein Weizenkorn zermahlen wird, damit es zum Laib Brot werden kann, und davon, dass man wie eine kleine Traube ausgepresst werden muss, um zu einer Flasche Wein zu werden. Ein Bischof erklärte: »Wenn ein Korn nicht gebrochen wird und ganz bleibt, dann hat es nicht Teil am Ganzen. ... Wenn eine einzelne Beere ganz bleibt, dann hat sie nicht Teil am Ganzen, und keine Gemeinschaft mit den anderen.« Diese Gleichnisse ermutigen die Mitglieder dazu, ihren Willen für das Wohlergehen des großen Ganzen zu unterwerfen.

Das Gemeindetreffen findet seinen Höhepunkt in der Fußwaschung, während die Gemeinde ein bekanntes Lied aus dem *Ausbund* singt. Die Mitglieder sitzen nach Geschlechtern getrennt in Paaren zusammen und waschen sich als Symbol für Dienst und Demut gegenseitig in einem Waschbecken mit warmem Wasser die Füße.

Die Amish sind, wenn sie ihre richtige Beziehung zu Gott und zu ihren Mitmenschen bestätigt haben, auf weitere sechs Monate des gemeinsamen Lebens vorbereitet. Die Rituale von Abendmahl und Fußwaschung und die Zeit der Selbstprüfung und Versöhnung, die ihnen vorausgeht, dienen dazu, die Amish an die Wichtigkeit der Vergebung für andere und um Vergebung für sich selbst zu erinnern. Diese feierlichen Praktiken machen Vergebung nicht leicht oder schmerzlos. Sie machen jedoch Vergebung nicht einfach zu einer Wahlmöglichkeit, sondern zu einer nicht endenden Erwartung.

Teil 3

10
Vergebung in Nickel Mines

»Die Säure des Hasses zerstört
das Gefäß.«

Ein Prediger der Amish

»Irren ist menschlich, vergeben göttlich.« Viele Menschen
meinen, diese wohlbekannten Worte des englischen Dichters
Alexander Pope seien die richtige Art und Weise, über Vergebung zu denken. Sie halten Vergebung für etwas Gutes, was
man tun sollte, was aber fast unmöglich ist. Aus diesem Grund
hielten viele Menschen die Amish von Nickel Mines fast für
Heilige aufgrund ihres Vermögens zur Vergebung. Ein Zahn-
arzt vor Ort brachte Popes Ideen ohne poetische Verfeinerung
zum Ausdruck: »Die Amish ... beeindrucken mich zutiefst.«

Obwohl Vergebung bei den Amish hoch geachtet wird,
brachte sie ihnen auch Kritik. Der Akt der Vergebung hat das
Verbrechen nicht ernst genug genommen, sagten manche. Sie
wurde zu schnell angeboten, sagten andere. Sie unterdrücken
natürliche und notwendige Gefühle, behauptete ein dritter
Chor von Stimmen.

Diese Klagen schneiden wichtige Fragen an. Was ist Vergebung genau? Wie können wir wissen, ob jemand wirklich einem anderen vergeben hat? Bedeuten die Worte »ich vergebe
dir«, dass Vergebung erfolgt ist, oder ist mehr nötig? Welches
sind die Bedingungen, unter denen man Vergebung gewähren
kann? Gibt es solche überhaupt? Ist es möglich, jemandem zu
vergeben, der sich nicht entschuldigt – wie ein Todesschütze,
der deine Kinder erschießt und sich dann selbst das Leben
nimmt?

Was ist Vergebung?

Vergebung ist ein Konzept, dass jeder versteht – bis er gebeten wird, es zu definieren. Viele Christen sagen, Menschen sollten vergeben, weil Gott ihnen vergeben hat. Die Amish sagen, Menschen sollten vergeben, damit Gott ihnen vergibt, aber auch sie definieren nicht, was Vergebung ist. Andere argumentieren, Vergebung bringe dem, der vergibt, emotionale Heilung. Aber auch dieses *psychologische* Motiv für Vergebung definiert Vergebung nicht.

In den letzten Jahren haben Psychologen wie Robert D. Enright und Everett L. Worthington Jr. geholfen, Vergebung zu definieren und seine Auswirkungen zu untersuchen. Sowohl Enright wie Worthington sind als Ergebnis ihrer klinischen Untersuchung zu der Überzeugung gelangt, dass Vergebung für die Person, die sie anbietet, gut ist. Sie baut »Zorn, Depression, Angst und Furcht« ab und »hat günstige Auswirkungen auf das kardiovaskuläre System und das Immunsystem.« Um diese Behauptung zu machen, mussten sie klären, was Vergebung ist – und was sie nicht ist.

In seinem Buch *Forgiveness Is a Chance*[1] verwendet Enright die Definition von Joanna North für Vergebung. »Wir vergeben, wenn wir ungerecht von einem anderen verletzt worden sind, wenn wir den Groll dem Täter gegenüber überwinden, nicht, indem wir unser Recht auf den Zorn leugnen, sondern stattdessen versuchen, dem Übeltäter Mitleid, Nächstenliebe und Liebe anzubieten.« In Enrights Vorstellung, beleuchtet diese Definition drei wesentliche Aspekte von Vergebung: dass das Vergehen ernst genommen wird (das Vergehen war unfair und wird es immer bleiben), dass das Opfer »ein moralisches Recht auf Zorn« hat und dass Opfer ihr »Recht auf Zorn und Feindseligkeit aufgeben müssen«, wenn Vergebung stattgefunden hat. Summa summarum ist Vergebung »ein Geschenk an den Übeltäter, der es nicht notwendigerweise verdient«.

158

Bei Vergebung gibt es sowohl psychologische wie sozialpsychologische Aspekte, psychologische, weil der Vergebende durch das Loslassen des Zorns verändert wird, und soziale, weil Vergebung eine andere Person einbezieht. Diese Person, der Übeltäter, kann sich auf die Vergebung hin ändern oder auch nicht. Enright und viele andere Wissenschaftler argumentieren, dass Vergebung nicht von Reue oder Verzeihung des Übeltäters abhängig ist und auch nicht sein sollte. Vergebung ist eher bedingungslos, ein unverdientes Geschenk, das negative Gefühle dem Missetäter gegenüber mit Liebe und Großzügigkeit ersetzt. »Trotz allem, was der Missetäter getan hat«, schreibt Enright, bedeutet Vergebung, den Missetäter »als Mitglied der menschlichen Gesellschaft zu behandeln«.

Es gibt jedoch gewisse Dinge, die Vergebung nicht bedeuten. Als Reaktion auf ihre Kritiker haben Verteidiger des Konzepts der Vergebung eine lange Liste von Dingen entwickelt, was Vergebung nicht ist: Sie bedeutet nicht, dass etwas Schlechtes nicht geschehen ist, sie bedeutet nicht, das vergessen gemacht wird, was geschehen ist, und sie bedeutet nicht, sie zu billigen oder zu entschuldigen. Im Gegenteil, Vergebung bedeutet zuzugeben, dass das, was getan wurde, falsch war und nicht wiederholt werden sollte.« Gleichermaßen ist Vergebung nicht das gleiche wie Begnadigung. In anderen Worten, Vergebung gewähren bedeutet nicht, dass der Übeltäter oder die Übeltäterin jetzt nicht die disziplinarischen Konsequenzen seines oder ihres Handelns tragen muss (z.B. gesetzliche oder andere Formen der Disziplinierung).

Schließlich sollte Vergebung nicht mit Aussöhnung – der Wiederherstellung einer Beziehung – verwechselt werden. Denn »Aussöhnung ist die Erneuerung von Vertrauen, und das ist manchmal nicht möglich.« Vergebung mag die Tür zur Aussöhnung öffnen, aber ein Opfer kann einem Übeltäter vergeben, ohne dass Aussöhnung stattfindet. Ein Opfer von häuslichem Missbrauch kann dem, der es missbraucht hat, vergeben,

159

aber gleichzeitig gesetzliche Möglichkeiten suchen, um ihn auf Abstand zu halten. Verteidiger von Vergebung wie Enright argumentieren sogar, dass Vergebung einem Toten gegenüber sowohl möglich als auch dienlich ist, auch wenn in solchen Fällen keine Aussöhnung geben kann.

Diese Ideen legen nahe, dass einige der Reaktionen auf die Vergebung der Amish in Nickel Mines auf falschen oder zumindest fraglichen Annahmen in Bezug auf Vergebung zurückzuführen sind. Eine Leitartikelschreiberin fragte zum Beispiel: »Warum ignorieren die Amish die Realität?« Damit machte sie eine Annahme, die Verteidiger von Vergebung gewöhnlicherweise herausfordert: dass Vergebung gleichbedeutend damit sei, etwas Böses habe nicht stattgefunden. Der anglikanische Bischof N.T. Wright bestritt ebenfalls die Vermutung, dass bei Vergebung Gleichgültigkeit im Spiel sei. »Vergebung bedeutet nicht ›Es macht mir nicht wirklich etwas aus‹ oder ›Es war nicht wirklich wichtig‹«, sagte Wright, »sondern es bedeutet: ›Es macht mir etwas aus, und es ist wichtig, sonst gäbe es überhaupt nichts zu vergeben.‹«

Andere Kommentatoren waren schärfer in ihrer Kritik als diejenigen, die andeuteten, sie hätten »die Realität ignoriert«. Das Problem war nicht, dass die Amish Vergebung angeboten hatten, bemerkten manche. Sondern dass sie sie zu schnell angeboten hatten. Andere meinten, die Schnelligkeit, mit der Vergebung angeboten wurde, habe gesunde Emotionen erstarren lassen. Ein Beobachter reduzierte die Reaktion der Amish auf einen Satz: »Sie haben auf das Massaker ihrer unschuldigen Kinder reagiert, indem sie sagten: ›Der Herr hat's gegeben, der Herr hat's genommen.‹« Er klagte die Amish an, sie würden von Herzen gefühlte Trauer durch abgedroschene theologische Mantren ersetzen. Die emotionale Reaktion der Amish war jedoch in Wirklichkeit viel komplexer, als diese Zusammenfassung in einem Satz. Ihr Geschenk der Vergebung wurde auch nicht so schnell oder so leicht gegeben, wie es sich einige Kommentatoren vorstellten.

Zorn der Amish?

Es ist kaum sinnvoll, über Vergebung zu reden, wenn kein Zorn oder andere negative Emotionen in der Folge einer Übeltat entstehen. Haben die Amish gegenüber Charles Roberts Zorn verspürt? Haben sie seiner Familie und seinen Freunden gegenüber Zorn verspürt? Einige Kommentatoren unterstellten ihnen stillschweigend, dass dies nicht der Fall war. »Ich möchte nicht so sein wie sie und auf schreckliche Verbrechen sachlich reagieren«, schrieb Jeff Jacoby vom Boston Globe. »Wer von uns möchte wirklich in einer Gesellschaft leben, in der niemand wütend wird, wenn Kinder ermordet werden?«

Jacobys Kritik war geistreicher als die von den meisten anderen, aber sie stand nicht allein. Am Mittwochmorgen, zwei Tage nach den Schüssen, sagte eine mennonitische Hebammenschwester, die mit einigen der Amish-Trauerfamilien enger befreundet war, in der NBC-Show *Today*, eine der Mütter der ermordeten Töchter habe Roberts schon vergeben. »Sie hegt keine bösen Absichten gegenüber dem Todesschützen«, berichtete Rita Rhoads. »Selbst gestern Abend (am Dienstagabend), hatte sie keinen Zorn auf ihn.« Eine Frau der Amish, die in Georgetown lebt, sagte: »Ich erschaudere geradezu, wenn ich daran denke, was geschehen wäre, wären wir im Feuerwehrhaus, bei den Trauerfeiern oder den Beerdigungen zornig gewesen. Wir haben uns damals nicht bewusst entschieden, *nicht* zornig zu sein. Die Gefühle von tiefer Verletztheit und Traurigkeit und Tränen der Trauer haben die zornigen Gefühle ausgelöscht. Ich habe in viel stärkerem Maße Liebe gefühlt als Zorn.«

Ist es möglich, dass einige der Familien, die am meisten von dem Amoklauf betroffen waren, keinen Zorn verspürten? Manche der Interviews, die wir durchgeführt haben, lassen zu dem Schluss kommen, dass dies der Fall gewesen sein mag. »Ich habe zu keiner Zeit Zorn verspürt«, sagte uns der Vater eines der ermordeten Mädchen. »Es ist eine sehr harte Erfahrung gewesen, aber ich habe gegen niemanden harte Gefühle, weder gegenüber dem Mörder, noch gegen jemanden aus seiner Familie.« Er zitierte einen Zeitungsartikel, in dem etwas über eine Familie stand, die nicht zu den Amish gehört. Noch Jahre nach dem Mord an einem Familienmitglied war sie von Hass erfüllt. Dieser traurige Vater zog den Schluss, dass »Zorn niemandem hilft, und die, die ihn hegen, fühlen sich mit Zorn noch schlechter«.

In anderen Interviews hörten wir, dass es Amish gab, die sehr wohl direkt nach den Schüssen und in den darauffolgenden Monaten zornige Gefühle hegten. Der Mörder wurde jedoch typischerweise nicht als Ziel des Zorns genannt. Sylvia zum Beispiel sprach von Zorn, den sie spürte, als sie zur Leichenschau des jüngsten Opfers Naomi Rose ging. »Sie war einfach so schön. Es machte mich wirklich zornig. Ich war nicht zornig auf Charles, ich war einfach wütend, dass sie tot war, einfach wütend auf das Böse.« Ihr Mann pflichtete ihr bei: »Ich bin zornig auf das Böse und wie viel Leiden durch Sünde verursacht wird.«

Das Paar erzählte dann von einer Begebenheit einige Monate nach dem Amoklauf, als der Vater über seinen Sohn wütend wurde, weil er Werkzeuge in der Werkstatt nicht gereinigt und aufgeräumt hatte. »Du warst wirklich zornig«, sagte seine Frau, »und ich glaube, es war wegen des 2. Oktobers.« Und fügte hinzu: »Ich glaube, du wirst jetzt manchmal wegen all der Gefühle, die mit den Schüssen in Zusammenhang stehen, wütender als sonst.«

Diese Kommentare veranschaulichen, was Psychologen als Verdrängung bezeichnen, die Umlenkung der eigenen Gefühle auf ein alternatives Ziel. Es ist ein Mechanismus, der dazu dient, mit etwas fertig zu werden, den es nicht nur bei den Amish gibt. Wie diese Kommentare zeigen, verspürten auch die Amish Zorn. Er wurde jedoch oft umgeleitet oder ander-

162

weitig gezügelt. In einigen Fällen haben Amish, die wir interviewt haben, eine Verbindung zwischen dem Verstoß und der Person, die ihn begangen hat, hergestellt. Im Vergleich zu der Art und Weise, wie viele Amerikaner ihre Wut zum Ausdruck bringen, war der Zorn der Amish immer sorgfältig kontrolliert, und er wurde in einer Art und Weise zum Ausdruck gebracht, wie man sie nur bei den Amish findet. Ein Ältester weigerte sich zum Beispiel, das Wort »böse« bei der Beschreibung des Todesschützen zu verwenden. »Man würde besser sagen, er wurde vom Bösen überwältigt«, sagte er, und sprach ruhig und mit keinem sichtbaren Anzeichen von Zorn. »Er ist von Satan, vom Bösen überwältigt worden, aber er war kein böser Mann.«

Psychologen haben oft beobachtet, dass sowohl die Erfahrung als auch der Ausdruck von Emotionen durch kulturelle Konditionierung geformt wird. Dies trifft sogar für Zorn zu. »Menschen werden zornig und interpretieren Zorn ganz der Kultur entsprechend, in der sie leben«, schreiben Wissenschaftler wie Eric Shirac und David Levy in ihrem Buch *Intercultural Psychology*. In kollektivistischen Kulturen, die die Ziele und die Identitäten der Gemeinschaft auf Kosten der individuellen Freiheit betonen, wird Zorn »als eine Regung des Losgelöstseins von der Gesellschaft gesehen«, und es wird versucht, ihn zu verhindern. In individualistischen Gesellschaften ist andererseits die Toleranz für Zorn viel höher, weil Menschen »die Rechte anderer Menschen auf Unabhängigkeit und Selbstausdruck anerkennen«. Diese Beschreibung hilft bei der Erklärung, warum einige Außenstehende die emotionale Reaktion der Amish als unangemessen mild bewerteten. Gemessen an kulturellen Normen wurden die zurückhaltenden Reaktionen der Amish als unnatürlich und deshalb als nicht angemessen bezeichnet.

Unnatürlich oder nicht – die Zurückhaltung der Amish in Nickel Mines spiegelte die typische Sichtweise von Zorn der Amish wieder. Für die Amish ist Zorn eine gefährliche Emotion. Eine Zeitschrift der Amish versah eine Serie von Aufsätzen über Zorn mit einem Bild von einem wie ein Diamant geformten Warnschild mit der Aufschrift »Gefahrenzone«. Wenn man Zorn gefährlich nennt, sagt das nichts darüber aus, ob es akzeptabel ist oder nicht, sich zornig zu fühlen. Obwohl jeder Angehörige der Amish, den wir interviewten, zugab, dass Amish zornig werden, haben wir unterschiedliche Antworten bekommen, wenn wir fragten, ob es okay sei, zornig zu sein. Mary sagte uns: »Gefühle des Zorns sind nichts Schlechtes«, eine Sichtweise, die durch das Büchlein *Zorn vertreiben* zum Ausdruck gebracht wird. Das Büchlein ist in manchen Gemeinden der Amish sehr populär. Sein Autor John Coblentz, beschreibt Zorn als unfreiwilliges Gefühl, das »Teil der menschlichen Erfahrung ist«. Coblentz zitiert Jesus, Moses und andere biblische Figuren, die Zorn verspürt haben. »Die Bibel verbietet nur destruktive Worte und Handlungen, die von Zorn verursacht werden, nicht den Zorn selbst«.

Aber nicht jeder Amish, den wir interviewten, war so bereit, zornige Gefühle zuzulassen. Bischof Eli erinnerte uns daran, dass Jesus im 5. Kapitel des Matthäusevangeliums Zorn mit Mord gleichgesetzt hat und veranschaulicht damit, wie wörtlich die Amish die Bergpredigt nehmen. »Zorn ist nicht okay«, schloss er, »aber er geschieht. Die Hauptsache ist, dass man keinen Groll hegt.«

Die durchgängigste Vorstellung der Amish in Bezug auf Zorn ist, dass es falsch ist, Groll zu hegen. Wissenschaftler, die Vergebung untersuchen, treffen oft die Unterscheidung zwischen *Zorn*, der ersten Reaktion auf eine Verletzung, und *Groll*, das ständige Spüren »des ursprünglichen Zorns«. Die Amish machen die gleiche Unterscheidung. Sie sind sich darüber nicht ganz einig, ob spontane zornige Gefühle akzeptabel sind oder nicht, aber sie sind alle der Meinung, dass zornige Reaktionen falsch sind, wenn dabei Groll und bittere Gefühle im Herzen gehegt werden. Sylvias Mann hat es so formuliert:

»Wir sagen: ›Es ist okay, zornig zu werden, aber wir verletzen das Pferd nicht, treten den Hund nicht und schlagen nicht auf den Bruder ein.‹« Gid sprach aus, was viele über das Problem der zornigen Gefühle dachten: »Wenn ich einen Groll einen Tag lang hege, dann ist das schlecht. Hege ich ihn zwei Tage, ist es schlechter. Hege ich ihn ein Jahr lang, dann kontrolliert dieser Mann (Roberts) mein Leben. Warum lassen wir den Groll nicht einfach jetzt fahren?«

Gids Frage ist gut, auch wenn selbst Amish zugeben, dass es nicht leicht ist, Groll loszulassen. »Vergebung ist etwas, was leichter gesagt als getan ist«, bekannte Mary. »Wir wissen, wir sollten es tun.« In der Bibel heißt es, dass wir es tun sollten. Doch wenn wir getestet und erprobt werden, ist es nicht immer einfach zu vergeben.« Ein Farmer im Ruhestand verwendete bei der Beschreibung, wie es für manche Amish ist zu vergeben, Metaphern aus dem Krieg. »Wir führen einen Kampf damit«, sagte er uns. »Wir müssen wirklich den Hang, nicht zu vergeben, bekämpfen.« Die Amish haben natürlich eine starke theologische Motivation, über die Feindseligkeit hinauszuwachsen. »Es kann uns nicht vergeben werden, wenn wir nicht vergeben. Es ist also wirklich schwer, das zu überwinden. So versuchen wir wirklich mit aller Kraft, den Zorn zu überwinden.«

Vergebung sofort?

Einige Berichte behaupteten, dass die Nickel Mines Amish nach dem Amoklauf nicht zornig gewesen seien, und in einigen unserer Unterhaltungen, sogar bei Eltern, die ihre Töchter verloren hatten, wurde das bestätigt. Andererseits hatten einige Amish Monate später mit bitteren Gefühlen zu kämpfen. Angesichts der grausamen Tat des Mörders ist es nicht verwunderlich, dass diese Gefühle nachklangen. Doch diese Beobachtung lässt eine entscheidende Frage aufkommen: Haben die Amish dem Mörder nach der Schießerei wirklich vergeben? Die Medien behaupteten das. Hatten die Medien das richtig erfasst?

Wenn wir diese Frage betrachten, dann ist es wichtig, dass wir noch einmal auf die kollektive Natur der Amish-Gesellschaft hinweisen. Die meisten Untersuchungen über Vergebung haben einen individualistischen Denkansatz: Ein einzelnes Opfer wird verletzt, hat negative Gefühle und die Wahl zu vergeben. So denken die meisten Amerikaner über Vergebung: Es ist etwas, was das Opfer seinem Angreifer gegenüber tut oder nicht tut. Manche, die über die Bedeutung von Vergebung intensiv nachgedacht haben, argumentieren, *nur* das Opfer könne dem Übeltäter vergeben.

Damit wird etwas Wichtiges angesprochen. Alle unsere Auskünfte über die Vergebung der Amish kommen von Erwachsenen der Gemeinschaft. Wir haben keinen Zugang zu den überlebenden Schulkindern gesucht und wissen deshalb relativ wenig über ihre Reaktion auf den Horror, dem sie am 2. Oktober ausgesetzt waren. Wir wissen, dass Familien der Amish Hilfe bei amerikanischen Spezialisten für seelische Gesundheit gesucht haben und sie gebeten haben, mit ihren Kindern über das erfahrene Trauma zu reden. Trotzdem bleibt es ungewiss, wie sich das Erlebte emotional auswirken wird und wie man es steuern kann. »Wir sind nicht sicher, was wir unseren Jungs sagen sollen«, erklärte ein Vater. »Wir reden mit ihnen nicht wirklich über Vergebung.«

In dem Bekenntnis dieses Vaters liegt eine wichtige Wahrheit: Weder den Schulkindern, noch ihren Eltern wurde allein die Verantwortung auferlegt, Charles Roberts zu vergeben, sondern die ganze Gemeinschaft der Amish nahm sich dieser Aufgabe an. Aufgrund ihrer kollektiven Natur würden die Amish die Verantwortung, einen Angriff von dieser Größe zu vergeben, niemals allein auf die Opfer legen. Natürlich waren die am meisten Opfer in Nickel Mines diejenigen, die Roberts im Schulhaus angegriffen hatte, aber die Amish waren sich der Tatsache bewusst, dass ihre gesamte Gemeinde betroffen war. Sie begriffen Vergebung als Aufgabe der Gemeinschaft und nicht nur der direkt Betroffenen. Mose bestätigte dies. Wir fragten ihn: »Haben die Männer, die Amy Roberts am Abend des Amoklaufs besuchten, Vergebung der ganzen Amish-Gemeinschaft übermittelt, oder haben sie nur für sich selbst gesprochen?« Seine Antwort war klar: »Sie haben für die ganze Gemeinde gesprochen.« Andere Amish waren der gleichen Meinung.

Dies ist ein weiteres Beispiel von gegenseitiger Hilfe unter den Amish. Wie jeder, der den Film *Witness*[2] gesehen hat, bestätigen kann, ist gegenseitige Hilfe beim Bau einer Scheune in Form von Arbeit und Geld ein schlagendes Beispiel für den Gemeinschaftsgeist der Amish: Dutzende von Menschen erledigen etwas, an dem eine einzelne Familie wochenlang oder sogar monatelang zu tun gehabt hätten. Gegenseitiges Füreinandereinstehen wird in weitaus weniger sichtbarer Weise gegeben, wenn Gemeindemitglieder sich in schwierigen Zeiten einander helfen. Nach den Schüssen auf die Schulkinder haben die Amish einander geholfen, Charles Roberts zu vergeben. Ganz zum Schluss haben sie einander geholfen, indem sie der Familie von Roberts sagten, dass sie die *Absicht* hätten zu vergeben.

Haben die Medien das richtig erfasst? Haben die Amish von Nickel Mines dem Täter *wirklich* innerhalb von vierundzwanzig Stunden nach der Schießerei vergeben? Wenn Vergebung als Verzicht auf das Recht auf Vergeltung definiert wird, dann haben die Amish Roberts sofort vergeben. Wenn aber Vergebung auch das Überwinden von Groll und Entsetzen durch Liebe bedeutet, dann muss die Antwort *Ja* und *Nein* heißen. Wir haben schon dargelegt, dass manch bitteres Gefühl blieb. Nichtsdestoweniger gab es die Bereitschaft der Gemeinde zu vergeben lange, ehe Charles Roberts in das Schulhaus eindrang. Deshalb konnten die Amish sofort ihre Bereitschaft zu vergeben erklären. Ihrer Erklärung mit Worten folgten bald kleine, aber beachtenswerte Handlungen der Gnade – Umarmungen zwischen den Amish und Mitgliedern der Familie von Roberts, die Teilnahme von Familien der Amish an Roberts Beerdigung und Beiträge der Amish zum Familienfond der Familie. Natürlich wurden diese Handlungen der Gnade nicht gegenüber Roberts zum Ausdruck gebracht, sondern seiner überlebenden Familie. Sie waren trotzdem eine Nebenerscheinung der Absicht, Roberts selbst zu vergeben. Zuerst kamen Worte der Gnade. Bald darauf folgten Taten der Gnade. Beides wurde in dem guten Glauben gegeben, dass freundliche Gefühle bald die bitteren ersetzen würden.

All dies entspricht den Ergebnissen der Forschung von Everett L. Worthington. Er hat zwei Arten von Vergebung herausgearbeitet: Vergebung, die auf Entscheidung beruht, und Vergebung, die auf Emotionen beruht. Vergebung die auf Entscheidung beruht, ist eine persönliche Verpflichtung. »Vergebung auf der Basis von Entscheidung«, schreibt Worthington, »verspricht, nicht aus Rache oder dem Wunsch nach Abwendung zu handeln. Sie bringt einen Menschen aber auch nicht unbedingt dazu, dass er das Gefühl hat, es falle ihm weniger leicht zu vergeben.« Worthington, der Christ ist, verbindet Vergebung aufgrund von Entscheidung mit zwei Abschnitten aus der Bibel, die für das Denken der Amish zentral sind: das Vaterunser in Matthäus 6 (»Vergib uns unsere Schuld, wie wir vergeben unserem Schuldigern«) und das Gleichnis vom ungetreuen Knecht in Matthäus 18. Emotionale Vergebung erfolgt, wenn negative Emotionen – Ressentiments, Feindschaft und sogar Hass – durch positive Gefühle ersetzt werden. So ist Vergebung sowohl ein kurzfristiger Akt als auch ein langfristiger Prozess, aber die beiden sind miteinander verbunden, wie Worthington schreibt. Die ursprüngliche Entscheidung

168

zu vergeben, mag emotionale Veränderung aufkeimen lassen. Eine Entscheidung zu vergeben, bedeutet noch nicht, dass die bittern Emotionen des Opfers ausgelöscht sind, aber es bedeutet, dass die Wahrscheinlichkeit größer ist, dass emotionale Transformation folgt.

Die Amish in Nickel Mines verwenden gewöhnlich keine akademischen Ausdrücke wie *Vergebung aufgrund von Entscheidung*, wenn sie das erklären, was sie nach der Schießerei taten. Wir denken, der Begriff hilft uns, die Berichte der Medien jener Woche zu erklären. Ein Amish, der weniger als achtundvierzig Stunden, nachdem seine Enkelin erschossen worden war, gefragte wurde, ob er vergeben habe, antwortete: »In meinem Herzen ja.« Mit diesen vier Worten brachte ein trauernder Amish seine Hingabe an etwas zum Ausdruck, das Gott von ihm erwartete, eine Hingabe, die in der Geschichte und in der Spiritualität der Amish verwurzelt war. Diese Hingabe zu vergeben war, wie Gid uns sagte, nur der erste Schritt. »Es macht mir Sorgen, dass diese Familien eine lange Zeit mit der Frage der Vergebung befasst sein werden. Sie werden immer wieder vergeben und annehmen müssen.«

Gid kämpfte selbst mit dem Groll, der an die Oberfläche kam, weil sein zwölfjähriger Sohn kürzlich von einem bewaffneten Eindringling, der in seine Wohnung kam, geträumt hatte. Der Albtraum des Jungen »hat mich an die Schießerei in Nickel Mines erinnert«, bekannte der Geistliche. »Ich musste Roberts noch einmal von Neuem vergeben.« Seine Frau pflichtete bei: »Gleichgültig, wie viele Male du vergibst – Vergebung muss immer wieder praktiziert werden.« Für die Amish basiert diese Einsicht nicht auf nüchterner, objektiver Forschung, sondern auf Erfahrung – und folglich auf der Bibel.

Ein Amish, der sich auf die Anweisungen von Petrus berief, dem Bruder siebzig mal siebzig Mal zu vergeben, riet seinen Lesern, allen Angreifern »immer wieder, unaufhörlich zu vergeben. Nur dann«, folgerte er, »können die zerbrochenen Beziehungen, die unsere Familien, unsere Kirchen, unsere Gemeinschaften zu zerstören drohen, geheilt werden.«

Der Familie des Mörders vergeben

Wie in Kapitel 4 berichtet haben die Amish in den Tagen nach der Schießerei nicht nur dem Mörder vergeben, sondern auch Roberts Familie. Wie andere Beobachter auch fanden wir diese Form der Vergebung besonders verblüffend. Die Familie Roberts war nicht verantwortlich für die Schießerei. Sie war ebenfalls Opfer der Taten des Todesschützen. Sie waren in einer anderen Art Opfer als die Schulmädchen, aber sie waren ebenfalls Opfer. Später erfuhren wir, dass sich die Frau des Todesschützen über die Berichte, »man habe der Familie vergeben«, geärgert habe. »Sie hatte keine Schuld«, erzählte uns eine ihrer Freundinnen. »Sie war ein Opfer und hat nichts getan, um jemandem zu schaden.«

Was für eine Bedeutung hatte die Vergebung, die die Amish der Familie von Roberts anbot? Erstens haben einige Amish Vergebung als pauschalen Begriff verwendet – etwas, das sie dem Mörder gegenüber zum Ausdruck bringen wollten. Mit Roberts Tod übertrugen sie einen Teil ihrer Vergebung, der sie sich verpflichtet fühlten, auf die Familie. Sie wurde damit zum Ersatzempfänger ihrer Vergebung für den Mörder. Zweitens war vielen Amish klar, dass die Familie Roberts Scham für das empfinden würde, was ihr Familienmitglied getan hatte. Ein Elternteil eines ermordeten Kindes sagte: »Der Schmerz der Eltern des Mörders ist zehnmal so groß wie mein Schmerz. Sie würden sich furchtbar fühlen, wenn Sie die Eltern des Mörders wären.« So verwendeten manche die Worte »ich vergebe dir« und meinten damit »du tust mir leid«. In dieser Hinsicht ist »wir vergeben dir« ein Ausdruck von Sympathie für eine von

Trauer und Scham getroffene Familie, die ebenfalls durch die Schießerei in der Schule Opfer geworden war.

Der Akt der Vergebung hatte noch eine weitere Bedeutung, die Roberts Familie von ihren Amish-Nachbarn zuteil wurde, wie wir glauben, die wichtigste. *Trotz des Bösen, was euer Familienmitglied unseren Kindern angetan hat, wollen wir unser Bestes tun, um keinen Groll gegen euch zu hegen.* Genau genommen, kann das Geschenk der Vergebung nur jemandem gegeben werden, der etwas Schlechtes getan hat. Wie wir schon festgestellt haben, ist in der Welt der Amish und darüber hinaus die Weigerung, Groll zu hegen, das, was unter Vergebung verstanden wird. Wenn man sich klar macht, wie leicht es ist, seine Bitterkeit auf Sündenböcke zu laden, dann wird klar, dass die Art und Weise, wie die Amish Roberts Familie Vergebung schenkten, ihre Form war zu sagen, sie würden der Bitterkeit keinen Raum geben.

Summa summarum ging es bei der Reaktion der Amish gegenüber der Familie Roberts um die Pflege von Beziehungen. In der kleinstädtischen Welt von Süd-Lancaster war die Gemeinschaft der Amish bestrebt, diese Beziehungen aufrechtzuerhalten und ihre zornigen Gefühle nicht auf die Familie des Todesschützen zu richten. Es ist vielleicht noch zu früh, um zu wissen, ob das Versprechen gehalten wird, aber Taten, die den Worten folgten, deuteten an, dass viele Amish hart daran arbeiten würden, damit dies geschieht.

Die Frage des Selbstachtung

Unsere abschließende Reflektion über die Vergebung der Amish geht weit über die Ereignisse von Nickel Mines und weit über die der Amish selbst hinaus. Manche Kritiker haben darauf hingewiesen, dass Vergebung ein selbstverachtender Akt ist, der in ein sentimentales Gewand gekleidet ist. Jeffrie

G. Murphy hat z.B. argumentiert, dass Vergeltungsgefühle als gefährlich angesehen werden und daher zu oft eine »schlechte Presse« haben. Murphy vertritt die Meinung, dass Vergeltungsgefühle oftmals Zeichen einer gesunden Selbstachtung sind.

Diese Kritik zielt auf das Herz der Vergebung. Wenn Vergebung bedeutet, seinen Groll aufzugeben, auf den man ein Recht hat, dann ist Vergebung per Definition Selbstverleugnung. Die Frage, die Murphy stellt, ist dann genauer gesagt folgende: Wann wird Selbstverleugnung für den, der vergibt, selbstzerstörend? Die komplizierte Frage kann nicht in ein paar kurzen Absätzen geklärt werden. An dieser Stelle wollen wir nur festhalten, dass Murphys Beobachtungen wichtig sind und dass wir auch der Meinung sind: Es gibt Zeiten, in denen Selbstverleugnung eine unangemessene Reaktion auf Böses ist.

Es hat Zeiten im Leben der Amish gegeben, die zu traurigen Konsequenzen geführt haben und die Qual der Opfer erhöht haben. Im Jahr 2005 wurde in der Zeitschrift *Legal Affairs* ein Bericht über sexuellen Missbrauch in einigen Gemeinden der Amish veröffentlicht. Bei dem Missbrauch ging es jedes Mal um Väter und Brüder, die an ihren Töchtern und Schwestern Missbrauch verübt haben. Die Autorin Nadya Labi beschreibt das Verhalten – und in vielen Fällen das Nichthandeln – der Gemeindeführer der Amish. Labi zitiert die Bereitschaft der Führer, denen zu vergeben, die Missbrauch verübt haben. »Vergeben« bedeutet hier, dass jemandem, der seine Sünden bekennt und Reue zum Ausdruck bringt, Gnade gewährt wird. Labi meint, die »Ethik zu vergeben und zu vergessen« mache es den Vergewaltigern oft möglich, ihre Missbrauchspraktiken fortzuführen.

Disziplinarische Maßnahmen in den Gemeinden der Amish untersuchen wir genauer in Kapitel 11. Idealerweise sollten Sanktionen der Gemeinde abwegiges Verhalten bestrafen und ihm Einhalt gebieten. In der Realität sind die disziplinarischen Maßnahmen der Amish bei chronischem Verhalten wie Alkoholismus und sexuellem Missbrauch oft wirkungslos. Darüber hinaus sträuben sich manche Führer der Amish, Gesetzesverstöße an außenstehende Autoritäten zu melden und Frauen, denen beigebracht wurde, sich der Autorität der Gemeinde zu unterwerfen, fürchten möglicherweise Repressalien, wenn sie von sich aus Kontakt zur Polizei aufnehmen. In solchen Situationen kann es passieren, dass Vergewaltiger straflos davonkommen und weiter Missbrauch üben. Da die Entscheidungen der Gemeinde, reuigen Vergewaltigern Gnade zu gewähren, von Gemeindemitgliedern befürwortet werden muss, kann es sein, dass Opfer enorm unter Druck stehen, ihren Schmerz hinunterzuschlucken und einfach so weiterzumachen. [3]

Das Problem, dass Druck ausgeübt wird, dem Täter zu vergeben, gibt es natürlich nicht nur bei den Amish. In *The Cry of Tamar* (Tamars Schrei) beschreibt Pamela Cooper-White die weitverbreitete Tendenz christlicher Kirchen, Opfer von sexuellem Missbrauch unter Druck zu setzen, ihren Schändern zu schnell zu vergeben. »Allzu oft«, behauptet Cooper-White, »werden Überlebende von Gewalt von Pastoren und anderen gut meinenden Helfern, die sie zur Vergebung drängen, von Neuem traumatisiert.« In diesen Fällen »können Überlebende, wenn sie versuchen zu vergeben, nur scheitern, und ihr Scheitern wird die ganze Selbstschuld und Scham des ursprünglichen Missbrauchs verstärken«. Diese Tendenz ist besonders in christlichen Gemeinschaften stark, die wie die Amish viel Wert auf Vergebung legen.

Die Amish-Mädchen und -Jungen, die die Schießerei in der Schule überlebt haben, waren zwar keine Opfer von häuslicher Gewalt. Aber manche Beobachter werden sich gefragt haben, ob diese Kinder einen ähnlichen Druck von ihrer Kirche und von ihrer Familie verspürt haben, Roberts zu vergeben, ehe sie dazu bereit waren. Wir können diese Frage nicht definitiv beantworten, aber unser Eindruck ist, dass dies nicht der Fall ist. Als wir bei den Eltern Nachforschungen zu ihren Kindern anstellten, sagte uns eine Mutter: »Wir erklären ihnen, was Vergebung ist, aber wir fordern sie nicht auf zu vergeben. Man kann niemanden dazu zwingen zu vergeben. Das braucht Zeit.« Diese Frau hatte sich vielleicht infolge ihrer Gespräche mit den Spezialisten für psychische Gesundheit der Meinung der etablierten Psychologie angeschlossen: Diejenigen, die sich um Missbrauchsopfer, besonders um missbrauchte Kinder kümmern, sollten diese nicht unter Druck setzen, zu emotionalen Entscheidungen zu kommen, ehe sie wirklich dazu bereit sind.

Natürlich sollte man den Unterschied zwischen Situationen häuslichen Missbrauchs und der Schießerei in der Schule von Nickel Mines nicht außer Acht lassen. Anders als bei häuslichem Missbrauch, fand das Böse sein Ende, als der Todesschütze sich das Leben nahm. Deshalb gab es auch keinen Druck auf die Opfer, sich allzu schnell mit ihrem Angreifer zu versöhnen. Als wir Amish eindringlich fragten, wie sie Roberts so schnell vergeben konnten, sagten einige, es sei leichter gewesen, weil er tot sei.

Enthielt dieser Akt der schnellen Vergebung ein Element der Selbstverleugnung? Ja, das hat er. Vergebung schließt ein, dass man Gefühle aufgibt, auf die man ein Recht hat. Wir glauben trotzdem, dass die Bereitschaft der Amish, bittere Gefühle aufzugeben, keinen Selbsthass erzeugt hat. Es könnte sogar das Gegenteil der Fall sein. Fred Luskin, der Direktor des *Stanford Forgiving Project* (ein Projekt über *Vergeben* der Universität Stanford, Kalifornien) schreibt in dem Buch *Forgive for Good*, dass Vergebung bedeutet, »dass Sie in der Geschichte, die Sie erzählen, zum Helden, statt zum Opfer werden«. Zugegeben, die Amish haben keinen Anspruch auf Heldentum erhoben, wenn sie darüber sprachen, dass sie Charles Roberts vergeben hatten. Aber mit ihrem Verständnis von christlichem Leben sehen wir einige Parallelen zu Luskins Annahme. Im Leben der Amish führt das Angebot zu vergeben auf die Seite der Märtyrer und damit auf die Seite Gottes. Es ist das Ermutigendste, was man tun kann. Das bedeutet nicht, wie bereits erwähnt wurde, dass die Amish von Nickel Mines mit Leichtigkeit zu ihrer Vergebung fanden. Vermutlich fiel es ihnen leichter als den meisten Amerikanern. Echte Vergebung setzt viel Arbeit voraus – den Schmerz verkraften, dem Täter Mitgefühl zeigen, sich von Bitterkeit lösen –, die oft erst *nach* der Entscheidung zur Vergebung ansteht. Amish müssen wie jeder andere auch diese harte Arbeit leisten, aber sie können für diese Aufgabe, anders als die meisten Menschen, auf die Grundlagen einer dreihundertjährigen Tradition zurückgreifen, die lehrt, Feinde zu lieben und Schuldigen zu vergeben. Ein Amish hat, was Vergebung anbelangt, einen Vorsprung, denn ehe sich ein Vergehen ereignet, haben spirituelle Vorfahren Wegmarken gesetzt. Es ist wie bei der gemeinschaftlichen Arbeit in der Scheune: die harte Arbeit der Vergebung ist einfacher, wenn jeder anpackt.

11
Was hat es mit Meidung auf sich?

>Manche Ausstehende denken,
Meidung sei barbarisch.«

Ein Amish-Schreiner

Trotz der weitverbreiteten Zustimmung für den Gnadenakt, der in Nickel Mines gezeigt wurde, gab es Beobachter, die auf die Unstimmigkeiten innerhalb der Gesellschaft der Amish hinwiesen. »Vergebung – aber nicht für alle«, erklärte der Leitartikel einer Zeitung vier Tage nach der Schießerei. Der Verfasser berichtete, wie eine Frau entschieden hatte, ihre Gemeinschaft zu verlassen und einen Außenstehenden zu heiraten. Sie wurde von ihrer eigenen Familie und von Freunden geächtet. »Einem schrecklichen Mörder wird vergeben, aber einer Frau, die einen Engländer heiratet, nicht.« Der Kommentar brachte es mit der gezielten Frage auf den Punkt: »Wo ist die Vergebung für sie?«

Das ist eine wichtige Frage, die betrachtet werden muss. Viele Außenstehende werden von dem Konzept der *Meidung* abgestoßen, die Rechtsbrecher in der Gemeinde stigmatisiert. Wie können die an Vergebung orientierten Amish ihren eigenen Leuten gegenüber so wertend sein? Die Antwort liegt in der Unterscheidung zwischen *Vergebung* und *Verzeihung*.

Die Vergebung der Amish kann, wie Vergebung in der Welt außerhalb, von ihnen angeboten werden, gleichgültig ob ein Täter seine Schuld bekennt, sich entschuldigt und Reue zum Ausdruck bringt oder nicht. Auf das Opfer des Täters bezogen ist es ein Geschenk, das ohne Vorbedingungen gegeben wird. Die Voraussetzung für Verzeihen ist jedoch zumindest in der christlichen Tradition Bußfertigkeit. Die Amish glauben, dass die Gemeinde Gott gegenüber verantwortlich ist, dass die Mitglieder sich an ihre Gelübde, die sie bei der Taufe abgelegt haben, halten. Wenn ein Mitglied gegen die *Ordnung* verstößt, dann bekommt es mehrere Gelegenheiten, Buße zu tun. Bekennt ein Mitglied seine Schuld und akzeptiert die Disziplinierung, dann wird dem Mitglied verziehen, und die Gemeinschaft wird wieder voll hergestellt. Wenn das Mitglied seine Schuld nicht bekennt, dann praktizieren die Amish Meidung mit dem Ziel, den Schuldigen zur vollen Mitgliedschaft zurückzuführen. Die Meidung scheint zwar nicht in Übereinstimmung mit Vergebung zu stehen, folgt aber in ihrer Logik den Vorstellungen der Amish von spiritueller Fürsorge.

Mitgliederversammlung und Verzeihen

Zusätzlich zu ihren halbjährlichen Konzilsversammlungen haben die Gemeinden der Amish von Zeit zu Zeit Mitgliederversammlungen am Ende der regelmäßigen Sonntags-Gemeindetrefen. Diese Versammlungen ermutigen auch zur Vergebung, aber ihr Hauptaugenmerk ist darauf gerichtet, Mitgliedern auf Abwegen zu verzeihen. Wenn jemand eine Sünde bekennt und die Disziplinierung der Gemeinde annimmt, dann setzen ihn die anderen Mitglieder wieder in ihre/seine volle Mitgliedschaft ein. Anders als bei der bedingungslosen Vergebung werden für die Verzeihung Bedingungen gestellt: Bekenntnis und Disziplin. Die Mitgliedsversammlungen betonen die Autorität der Gemeinde: Sie kann die volle Mitgliedschaft in der Gemeinde wiederherstellen, wenn das Mitglied Reue zeigt. Die Amish, die sich auf Matthäus 18, 18–20 stützen, sehen die Entscheidung zu verzeihen als eine ihrer Hauptverantwortlichkeiten. In mancher Hinsicht gleicht diese Autorität der eines römisch-katholischen Priesters, der einem bußfertigen Gemeindemitglied Gnade oder Absolution gewähren kann.

Die Amish glauben, dass Jesus die Kirche in Matthäus 18 autorisiert, bindende Entscheidungen über religiöse Angelegenheiten zu treffen, Entscheidungen, die im Himmel bestätigt werden. In der Interpretation von Vers 18 »Was ihr auf Erden binden werdet, soll auch im Himmel gebunden sein, und was ihr auf Erden lösen werdet, soll auch im Himmel gelöst sein« wird das, was die Gemeinde über die Mitgliedschaft auf Erden entscheidet, auch von Vers 20 unterstrichen: »Wo zwei oder drei versammelt sind in meinem Namen, da bin ich mitten unter ihnen.« Der Historiker C. Arnold Snyder sagt, die versammelte Gemeinde, die Zusammenkunft in der Gegenwart Christi, sei das einzig wahre Sakrament in der Tradition der Täufer. Diese Sichtweise von Kirche, die bei den Amish aus jeweils etwa dreißig Familien in örtlichen Distrikten besteht, verleiht den Mitgliederversammlungen moralisches Gewicht.

Die moralische Ordnung des Lebens der Amish hat zwei Dimensionen. Einige ethische Auffassungen kommen direkt aus der Heiligen Schrift: Lügen, Betrügen, Scheidung, unmoralisches sexuelles Verhalten – und sogar »das Pferd schlagen«, was laut Aussage eines Historikers der Amish im Alten Testament verboten wird. Andere Richtlinien, die im täglichen Leben zur Anwendung kommen müssen, werden von biblischen Prinzipien abgeleitet. Regeln der *Ordnung* über Kleidung, Nutzung von Technik und Freizeitaktivitäten beruhen auf den Vorstellungen der Gemeinde vom Prinzip der »Trennung von der Welt«. Die Gemeinde diszipliniert Mitglieder für das Übertreten biblischer Gebote, wie zum Beispiel Ehebruch, aber auch für das Übertreten von Richtlinien, wie zum Beispiel den Kauf eines Autos und dem Tragen von modischer Kleidung.

Die Amish betrachten zwar die Mitgliederversammlungen mit großem Respekt, aber die meisten von ihnen sind sich auch der Fehlbarkeit ihrer Gemeinde bewusst. Es ist ihnen klar, dass sie für Sünde anfällig, aber ernsthaft bemüht sind, den Willen Gottes auf Erden zu tun. Übertretungen von Regeln der *Ordnung* werden immer als sündig gewertet – nicht weil die *Ordnung* perfekt oder die genaue Wiedergabe des göttlichen Willens ist. Übertretungen der *Ordnung* werden als Sünde betrachtet, weil das für die Amish ein Zeichen von Egoismus und Aufsässigkeit ist – kurz gesagt, für ein ungehorsames Herz!

Die Sicht der Amish, was die *Ordnung* betrifft, ist in mancher Hinsicht ähnlich, wie Sportler ihre Sportuniformen oder ihr Mannschaftsdress sehen. Sportler würden zwar nie behaupten, dass die Farben ihrer Uniform sie zu besseren Spielern macht oder dass das Tragen der Uniform ein Ersatz für geschicktes Spielen ist. Sie glauben jedoch an die Notwendigkeit, dass das Team seine Uniform und nicht die des gegnerischen Teams trägt. Spieler können den Zwang, die Uniform zu tragen, ignorieren, auch wenn sie nicht sagen würden, dass die Uniform zum Gewinnen notwendig ist. Wichtig ist in der Vorstellung der Athleten, dass alle den Unterschied, den die Uniform repräsentiert, kennen.

Ähnlich setzen die Amish die *Ordnung* nicht mit dem göttlichen Gesetz gleich. Die Sünde bei jedem gegebenen Verstoß bezieht sich nicht auf den verbotenen Gegenstand (z.B. den Besitz eines Fernsehgerätes), sondern auf die Tatsache, dass nur ein egoistischer Mensch die *Ordnung* missachten kann. Der Egoismus, nicht der Fernseher, wird als Sünde gesehen. Prediger Amos sagte: »Ich weiß, dass dies Außenstehenden nicht einleuchtet. Sie denken: ›Was hat es mit dem Auto auf sich?‹ Nun – nichts. Es ist der Teil des Aufgebens. *Das* ist es, was wichtig ist.« Ein Bischof erklärte: »Ein Auto ist nicht unmoralisch; das Problem ist, wohin führt es die nächste Generation?«

Die Betonung der Amish, Dinge aufzugeben, die nicht explizit in der Bibel verboten sind, überrascht manche religiöse Menschen. Manche Außenstehende betrachten wohl gewisse Verstöße gegen die *Ordnung* als Zeichen freien Denkens und nicht als Selbstzentriertheit, nicht als Sündhaftigkeit, sondern als Zeichen gesunder Individualität. Ein solcher Unterschied zeigt einfach den tiefen Graben zwischen der Kultur der Amish und der herrschenden Kultur Nordamerikas. Für die meisten Amish ist es nicht sonderlich wichtig, was die Ordnung verbietet, oder ob sich Verbote im nächsten Jahr verändern. Es geht um Gehorsam oder Ungehorsam, der durch die Haltung eines Menschen deutlich wird, nicht um die Unfehlbarkeit der Gemeinde.

Bei den Mitgliederversammlungen zeigt die Kirche ihren Mitgliedern ihre Autorität in verschiedener Weise. Zum einen bekennt vielleicht ein eigensinniges Mitglied die Übertretung der *Ordnung*. In anderen Fällen kann ein Mitglied, das sich weigert, eine Missetat zu bekennen, eine Erklärung über sein oder ihr fragwürdiges Verhalten geben. Hat jemand seine Schuld bekannt und sich der Disziplin der Kirche unterworfen, dann verzeiht die Gemeinde diesem Menschen und stellt nach der Abstimmung durch alle Mitglieder die volle Mitgliedschaft wieder her. Schuldige, die nicht bereit sind, Reue zum Ausdruck zu bringen und sich Gott und der versammelten Gemeinde hinzugeben, können aus der Gemeinde ausgeschlossen werden.

Die freien Diskussionen und bindenden Entscheidungen in den Mitgliederversammlungen sind strikt vertraulich. Die Prediger ermahnen die Gemeindemitglieder, zu *fuhgevva* und *fuhgessa* (vergeben und vergessen) – genauer gesagt, es ist den Mitgliedern verboten, über die Bekenntnisse anderer zu sprechen oder sie als Klatsch zu verbreiten. »Dieses ›vergeben und vergessen‹ bedeutet, das gehen zu lassen, was geschehen ist, und es nicht wieder hervorzuholen«, erklärte ein Gemeindemitglied. Ein Amish-Historiker drückte es so aus: »Eine Sünde, die bekannt wurde, sollte einem Menschen nie wieder angelastet werden – sie ist tot und begraben.« Lässt ein Mitglied Informationen aus der Versammlung nach außen dringen, dann kann es für den Schweigebruch gemaßregelt werden.

Das Verzeihen in den Mitgliederversammlungen unterscheidet sich deutlich von der Vergebung, die erfolgt, wenn ein Einzelner einen persönlichen Groll oder Bitterkeit aus seinem Herzen löscht. Der Grundsatz zu vergeben und zu vergessen richtet sein Augenmerk auf die Vertraulichkeit, die den Mitgliederversammlungen folgt, aber sie bedeutet nicht, dass von den Amish erwartet wird, dass sie schmerzliche Erfahrungen, bei denen sie Opfer waren, oder Gefühle, die dabei entstanden sind, vergessen, Jeder, mit dem wir gesprochen haben, meinte, niemand werde die Schießerei in der Schule von Nickel Mines vergessen. Das würde auch nicht erwartet. Die Tatsache, dass die Schießerei von einem Außenstehenden verübt wurde, unterscheidet sie auch von Vergehen, die in einer Mitgliedsversammlung diskutiert werden. Selbst wenn sich Charles Roberts an jenem Tag nicht das Leben genommen hätte, bedeutete die Tatsache, dass er kein Amish war, dass die Amish keine Autorität über ihn hatten und ihn weder hätten bestrafen, noch begnadigen können.

Ausschluss aus der Gemeinde

Die Vorstellungen der Täufer von der Gemeinde betonen die Verantwortlichkeit der Mitglieder füreinander und die kollektive Autorität der Gemeinde. Die Verbindung zwischen Verzeihung und Gemeindedisziplin beruht auf einigen Schlüsselannahmen. Erstens, Mitglieder der Amish betonen, dass die Vergebung einem Täter gegenüber nicht bedeutet, dass diese Person von der Disziplinierung befreit wird. »Vergebung bedeutet nicht, dass es keine Konsequenzen gibt.«

Zweitens sehen die Amish einen spirituellen Unterschied zwischen Gemeindemitgliedern und Außenstehenden. Mitglieder der Gemeinde müssen, wenn sie bei der Taufe niederknien, ein freiwilliges Gelöbnis ablegen, die *Ordnung* der Gemeinde bis zu ihrem Lebensende zu unterstützen. Dieses Gelöbnis vor Gott und der versammelten Gemeinde wird sehr ernst genommen, weil die Amish glauben, es sei in der Gegenwart Christi ausgesprochen und im Himmel unterschrieben worden. Folglich fallen getaufte Mitglieder unter die Autorität der Gemeinde, während das für Außenstehende nicht der Fall ist.

Drittens, die Amish halten an einer Theologie von zwei Reichen fest, in der die Gemeinde, eine Manifestation des Reiches Gottes, unter anderen ethischen Standards wirkt als »die Welt«. So, wie die Amish Römer 13 deuten, glauben sie, dass Gott dem Staat Autorität verliehen hat, um die zu belohnen, die Gutes tun und um Missetäter zu bestrafen. Folglich gehen die Amish davon aus, dass die Regierung Zwang und, wenn es sein muss, sogar todbringende Gewalt ausübt, um ihren Willen durchzusetzen. Die Gemeinde als Teil des Reiches Gottes tritt jedoch für Widerstandslosigkeit und Gewaltlosigkeit ein. Aus diesem Grund sind den Mitgliedern Aktivitäten wie der Militärdienst, bei Kapitalverbrechen als Geschworener aufzutreten und Klagen einzureichen verboten. Die Amish achten zwar den Staat und beten für seine Führer, aber sie beteiligen sich nicht an staatlichen Tätigkeiten, bei denen Bedrohung oder Gewalt im Spiel sind.

Wenn ein Außenstehender wie Charles Roberts einem Amish Böses tut, dann fühlen sich Amish selbst verantwortlich zu vergeben, aber nicht zu bestrafen oder zu begnadigen. Wenn jedoch ein Mitglied einem anderen Mitglied etwas Böses tut oder die Gemeinde als Ganzes beleidigt, dann fallen sowohl Vergebung als auch Begnadigung unter die Rechtssprechung der Gemeinde. Bei kleinen und persönlichen Verstößen funktioniert die Unterscheidung zwischen Gemeinde und der Welt recht einfach: Die Gemeinde allein wickelt den disziplinarischen Prozess ab.

Hat ein Gemeindemitglied der Amish sein Taufversprechen gebrochen, dann wird es damit konfrontiert und eingeladen, seine Sünden zu bekennen und sein Verhalten zu ändern. Ein Prediger erklärte: »Wenn ein Mensch einen Fehler macht, dann gehen wir, wie es Matthäus 18 vorschreibt, dreimal zu ihm, ehe er aus der Gemeinde ausgeschlossen wird.« Bei jedem dieser drei Treffen kann derjenige, der einen Fehler begangen hat, Buße tun. Geschieht das, dann verzeiht die Gemeinde dem Mitglied und verpflichtet sich, nicht wieder über die Angelegenheit zu sprechen. Fast alle Übertretungen werden mit dieser Art von Bekenntnis, Disziplinierung und dem Versprechen, das Verhalten zu ändern, verziehen.

Gelegentlich sperrt sich jedoch ein Gemeindemitglied dagegen und weigert sich, seine Fehler einzugestehen. Denjenigen, die sich weigern zu bekennen, droht der Ausschluss aus der Gemeinde. Dies geschieht zum Beispiel, wenn ein Mitglied, das ein Auto kauft, sich weigert, es wieder zu verkaufen, keine Reue zeigt und nicht auf die »Vorladung« der Gemeinde reagiert.

Exkommunikation, wie sie seit langer Zeit in der katholischen Kirche und auch in vielen protestantischen Kirchen praktiziert wird, ist in mancher Hinsicht ähnlich wie die Kündigung eines Angestellten, der die Regeln eines Unternehmens bricht. Bei den Amish wird der Ausschluss aus der Gemeinde durch ein Votum der Gemeindemitglieder bestätigt. Das geschieht allerdings erst nach vielen Versuchen der Führer, das Mitglied auf Abwegen zur Buße einzuladen und sich an sein Taufversprechen zu halten. Immer ist die Wiederherstellung der Mitgliedschaft das Ziel. Weil aber Buße der Person, die sich auf Abwegen befindet, der Schlüssel zur Wiederherstellung der Mitgliedschaft ist, wird das Ziel nicht immer erreicht.

Die Amish machen eine klare Unterscheidung zwischen getauften Mitgliedern und denjenigen, die sich entscheiden, der Gemeinde nicht beizutreten. (Taufe und Mitgliedschaft in der Gemeinde erfolgen gleichzeitig.) Nur Mitglieder der Gemeinde der Amish können ausgeschlossen und gemieden werden.

Meiden

Die Amish glauben, die Mitgliedschaft in der Gemeinde sei nicht nur eine individuelle spirituelle Angelegenheit. Deshalb hat das Verlassen der Gemeinde oder anderweitiges Verlustiggehen der Mitgliedschaft in der Gemeinde bedeutsame soziale Folgen. Das Stigma, das die Exkommunikation begleitet, ist gemeinhin als *Meiden* bekannt. Meiden folgt dem Ausschluss und beinhaltet Rituale der Meidung, die alle Seiten an die gebrochene Beziehung erinnern sollen, mit der Hoffnung, das Mitglied auf Abwegen in die volle Gemeinschaft zurückzugewinnen. Es ist genau diese Praxis, die viele Außenstehende voreingenommen und unversöhnlich finden.

Im Gegensatz zu populären Vorstellungen beinhaltet das Meiden nicht das Durchtrennen aller sozialen Bande. Mitglieder dürfen mit Ex-Mitgliedern sprechen. Doch gewisse Dinge sind verboten, wie zum Beispiel das Mitfahren oder die Annahme von Geld von Ex-Mitgliedern oder das Essen mit ihnen am gleichen Tisch. »Erinnern Sie sich daran«, sagte ein Farmer »dass wir Ex-Mitgliedern immer noch helfen. Wenn die Scheune eines Ex-Mitgliedes abbrennt, dann gehen wir hin und helfen ihm, sie wieder aufzubauen. Wir helfen ihm, wenn seine Frau krank ist... [Aber] im Allgemeinen laden wir das Ex-Mitglied nicht zu gesellschaftlichen Anlässen wie Hochzeiten, Schultreffen etc. ein.« Von den Mitgliedern wird erwartet, dass sie Ex-Mitglieder sogar im eigenen Haushalt meiden. Wer es nicht tut, setzt seine eigene Stellung in der Gemeinde aufs Spiel. Das Meiden ist zwar im Glauben der Amish eine weitverbreitete Praxis, aber die Strenge, mit der es Anwendung findet, ist von Familie zu Familie und von Gemeindedistrikt zu Gemeindedistrikt sehr unterschiedlich.

Die Amish führen mindestens vier Gründe für die Praxis des Meidens an. Erstens wird die Praxis von mehr als einem halben Dutzend Stellen aus dem Neuen Testament unterstützt. Eine

Schlüsselpassage, die bei jeder Vollversammlung gelesen wird, erinnert die Teilnehmer an die Autorität über jedes Mitglied. Der Apostel Paulus erinnert in 1. Korinther 5, 8 die Gemeindemitglieder, »den alten Sauerteig« wegzuwerfen und sich von »Bosheit und Schlechtigkeit« zu befreien, ehe sie an den Tisch des Herrn treten. In einer gezielten Ermahnung fordert Paulus die Gemeinde von Korinth auf, eine frevlerische Person aus ihrer Mitte zu verweisen und »dem Satan zu übergeben« damit »der Geist gerettet werde am Tage des Herrn« (Vers 5).

Die Praxis findet Unterstützung in Artikel 17 des Dordrechter Glaubensbekenntnisses[1], einer frühen Darstellung des Glaubens der Täufer aus dem 17. Jahrhundert, das die Amish beim Unterricht für Taufkandidaten verwenden.

Drittens glauben die Amish, dass Meiden das wirksamste Mittel ist, die Integrität der Gemeinde aufrechtzuerhalten. In den Worten von Bischof Eli: »Es hilft, unsere Gemeinde intakt zu halten.« Sie entfernt rebellische und ungehorsame Menschen, die sonst Zwietracht säen würden.

Der letzte und wichtigste Punkt ist, dass das Meiden dazu dient, die Abtrünnigen zu ermahnen und sie an ihre gebrochenen Versprechen in der Hoffnung zu erinnern, dass sie ihre Verirrungen bekennen und zur Gemeinde zurückkehren. Führer der Amish sind schnell dabei zu sagen, Ex-Mitglieder seien keine Feinde der Kirche, sondern Brüder und Schwestern, die mit Liebe behandelt werden müssen. Sie sind immer willkommen, zur Gemeinschaft zurückzukehren, wenn sie ihre Sünde bekennen. Im Wortlaut des Dordrechter Glaubensbekenntnisses: »Solche Personen sollten nicht als Feinde betrachtet werden, sondern als Brüder ermahnt werden, um sie zur Anerkennung, Reue und Buße für ihre Sünden zu führen... damit sie mit Gott versöhnt werden und wieder von der Kirche empfangen werden... (sodass) die Liebe wieder ihren Weg zu ihnen finden kann.«[1]

Aus der Sicht der Amish ist das Meiden eine Form robuster Liebe. Ein älterer Bischof nannte es die »letzte Dosis Medizin, die man einem Sünder geben kann. Sie bewirkt entweder Leben oder Tod.« Ein anderer Bischof erklärte, eine Gemeinde ohne Meiden sei »wie ein Haus ohne Türen oder Wände, wo die Leute einfach so, wie es ihnen gefällt, herein- oder herausgehen können«.

Eine Amish-Mutter berief sich auf ihre Erfahrung als Mutter, um die Grundlage des Meidens zu erklären. »Meiden und schlagen stehen nebeneinander«, sagte sie uns. »Wir lieben unsere Kinder. Wenn wir sie schlagen, ist das eine Disziplinierung, mit der wir ihnen helfen wollen, ihren Geist zu beherrschen. Wenn wir schlagen, werden wir nicht böse auf sie. Das Gleiche trifft für das Meiden zu.« Der Vergleich von Schlagen und Meiden ist vielleicht keine perfekte Analogie, aber für die Amish sollten gesunde Gemeinden, so wie gute Eltern, Disziplin mit Liebe austeilen. Sowohl Eltern als auch Gemeinden sind bemüht, diejenigen, die ihrer Fürsorge unterstehen, vor ihren eigenen Schwächen zu schützen. Die Amish glauben, das ewige Heil eines Menschen stehe auf dem Spiel. So sind sie der Meinung, Disziplinierung durch die Gemeinde sei das, was aus Liebe getan werden muss.

Auch wenn die Gemeinde das Meiden als harte Form christlicher Liebe ansieht, sind Gemeindenführer der Amish genauso anfällig für Machtmissbrauch wie in anderen Kirchen. In manchen Fällen haben Bischöfe und Prediger ihre Autorität in repressiver Weise genutzt. Es ist schon vorgekommen, dass ein dominanter Führer die Ausschluss und die Meidung als Vergeltungsmaßnahme missbraucht hat.

Manche ehemalige Mitglieder schauen mit Verbitterung auf die Gemeinde und brandmarken das Meiden als lieblose Praxis. Ex-Mitglieder können jedoch jederzeit zur Herde zurückkehren und Gnade empfangen – wenn sie bereit sind, ihre Verfehlungen zu bekennen. »Ich habe einen Bruder, der exkommuniziert wurde«, erklärte Mose. »Wir haben ihm vergeben, (aber nicht verziehen). Die Tür zurück ist immer offen. Er kann, wenn er will, zurückkommen, aber das liegt bei ihm.« Die meisten Ex-Mitglieder kehren zwar nicht zurück, aber einige tun es doch. Ein Ex-Mitglied, das von den Geschehnissen in Nickel Mines sehr beeindruckt war, fragte bei den Gemeindeführern an, was es tun könne, um zurückzukehren.

Meiden und Vergebung

Manche Betrachter weisen auf das Meiden hin und fragen, wie die Amish Menschen wie Charles Roberts vergeben können und trotzdem so unversöhnlich mit ihren eigenen Mitgliedern sein können. Wird Gnade nur Außenstehenden gewährt, die schreckliche Dinge tun? Ein Schreiner fasste diese Gefühle zusammen, indem er uns frei heraus sagte: »Manche Außenstehende denken, Meiden sei barbarisch.«

Wird Ex-Mitgliedern vergeben? Zur Beantwortung dieser Frage ist es wichtig, noch einmal den Unterschied zwischen Vergebung und Verzeihung hervorzuheben. Die Gefühle des Grolls einem Missetäter gegenüber auszulöschen, unterscheidet sich davon, dass man einem Täter oder einer Täterin seine oder ihre Missetaten verzeiht. Groll loszulassen setzt nicht die Reue des Täters voraus. Die Voraussetzung für Verzeihen ist jedoch Buße. Dies ist in der Gemeinde der Amish sicherlich der Fall, wo Verzeihen und Wiederherstellen der Gemeinschaft für Mitglieder, die auf Abwege geraten sind, erfolgen kann, wenn sie ihre Vergehen zugeben.

Diese Unterscheidung zwischen Vergebung und Verzeihung hilft, die Reaktionen der Amish auf die Fragen zu klären: »Wird Mitgliedern vergeben?« Gid definierte Vergeben als »keinen Groll hegen« und beantwortete die Frage mit einem *Ja,* nachdem er sorgfältig nachgedacht hat. Ex-Mitgliedern kann und sollte vergeben werden, obwohl Gemeindemitglieder oft diesem Ideal nicht entsprechen. »Manche Leute meiden andere und vergeben ihnen nicht«, sagte er uns. »Viele vergeben jedoch und meiden trotzdem.« Ein anderer Amish formulierte es so: »Viele vergeben und meiden doch.« Ein weiterer Amish gab Folgendes zu bedenken: »Menschen, die gemieden werden, fühlen sich, als sei ihnen nicht vergeben worden, aber wir vergeben ihnen. Sie müssen jedoch an ihre Sünde erinnert werden, bis sie Buße tun.« Mose erklärte es so: »Wir versuchen denen zu vergeben, die weggehen. Wir hegen ihnen gegenüber keinen Groll. Wenn jemand gemieden wird, dann bedeutet das nicht, dass ihm nicht vergeben. Es ist einfach eine Erinnerung daran, wo sie stehen (in ihrer Beziehung zur Gemeinde).«

Ein Führer der Amish erklärte die Notwendigkeit des Urteils – den Grund, unbußfertigen Mitgliedern Verzeihung vorzuenthalten. »Die Menschen verstehen nicht, wie wir Außenstehenden so leicht vergeben können und unter uns nicht (vergeben)... Aber es gibt wirklich einen Unterschied. Wenn wir Böses in der Welt sehen, können wir es nicht verurteilen. Wir überlassen es Gott zu richten. Aber da Gott die Gemeinde dazu bestimmt hat, über Christen zu wachen, müssen wir (unsere Mitglieder) aus Sorge für die anderen Seelen richten. Darauf kommt es an: Mit Gemeindedisziplin sind wir um ihre Seele besorgt.«

Die Amish glauben, dass Gott ihnen die Verantwortung auferlegt hat, diejenigen zu richten, die ihre Taufversprechen brechen, daran zu erinnern, was die Amish glauben und was die ewigen Folgen ihres fahrlässigen Verhaltens sind, damit die Reinheit der Gemeinde gewahrt bleibt. Doch ihre Ansicht, dass sich die Gemeinde von der Welt unterscheidet, bedeutet auch, dass sie Außenstehenden gegenüber bemerkenswert wenig wertend sein können. Diese haben ja kein Versprechen vor Gott und der Gemeinde der Amish abgelegt. Diese Vorstellung von den zwei Reichen, verbunden mit einer klaren Definition von Vergebung, hilft, das Paradox der Gnade der Amish zu enträtseln. In anderen Worten, es zeigt uns, wie Amish in der Gegend von Nickel Mines dem Mörder ihrer Kinder vergeben konnten, während eine Gemeinde der Amish an einem anderen Ort nicht verzeihen konnte, dass eine Frau die Gemeinde auf der Suche nach romantischer Liebe verlassen hat.

Zwei Seiten von Liebe

Wie die meisten Menschen, die wir kennen, legen die Amish großen Wert auf die Liebe. Sie ziehen ihre Inspiration aus dem Gebot Jesu, andere Menschen zu lieben, und sehen, etwas allgemeiner gesprochen, in Gott, den sie verehren, einen liebenden und gnädigen Vater. Ihr Liebe einander gegenüber ist nicht immer perfekt, und wie viele Nicht-Amish, wissen sie nicht immer, was die liebevollste Reaktion ist. Trotzdem schätzen sie das Ideal der Liebe und folgen diesem Ideal in ihren Familien und in ihren Gemeinden.

Liebe ist wie Vergebung ein kompliziertes Konzept. Was bedeutet es, einen anderen Menschen zu lieben? Auf diese Frage, die schon von Philosophen, Dichtern und College-Studenten mit gebrochenem Herzen endlos diskutiert wurde, gibt es keine Antwort. Wir können jedoch Folgendes sagen: Die Vorstellung der Amish von der Liebe weicht, wie so viele andere ihrer Glaubenssätze, von den Vorstellungen ihrer englischen Nachbarn ab.

Ist Vergebung immer das Liebevollste, was man tun sollte? Die meisten Amish würden wahrscheinlich Ja sagen – wenn Vergebung bedeutet, dass man Bitterkeit im Herzen durch Mitgefühl für den Täter ersetzt. Die Amish pflegen auf Gottes Werk in Jesus Christus zu verweisen – das deutlichste Beispiel dieser Verbindung von Liebe und Vergebung. »Darin besteht die Liebe, nicht dass wir Gott geliebt haben, sondern dass er

190

uns geliebt hat und seinen Sohn gesandt hat zur Versöhnung für unsere Sünden« (1. Johannes 4, 10).

Doch wenn Vergebung bedeutet, einem Mitglied zu verzeihen, dann glauben die Amish, dass Vergebung nicht das ist, wozu Liebe auffordert. Sie glauben, das ewige Heil des Sünders stehe auf dem Spiel, und deshalb ist ihr Verständnis von Liebe in dieser Situation ähnlich dem von Eltern, die ein Kind disziplinieren. Sie würden, wenn sie das Disziplinieren unterließen, nicht nur ihrer von Gott auferlegten Verantwortung nicht gerecht, sondern es wäre sogar das Gegenteil von Liebe. Bereut hingegen der Sünder oder die Sünderin sein oder ihr Handeln, dann ist Verzeihen und Wiederherstellung der Gemeinschaft die Antwort der Liebe.

Dies ist keine verbreitete Vorstellung von Liebe im Amerika des 21. Jahrhunderts – zumindest, was die Kirchen betrifft. Von außen betrachtet mag der Stil der Amish zu disziplinieren hart, wertend und sogar grausam erscheinen. Jene, die das Meiden durch ihre Amish Gemeinden selbst erlebt haben, stimmen oft darin überein. In der Tat, mögen sich Ex-Mitglieder der Amish wie die Medienkritik, die die Amish der Heuchelei bezichtigten, fragen, wie die Amish Außenstehenden vergeben und gleichzeitig immer noch ihre eigenen religiösen Nachkommen meiden können.

Die Antwort der Amish auf diese Frage wird nie alle Kritiker befriedigen, aber zumindest ist ihre Antwort klar. Sie ist aus der Perspektive logisch, die davon ausgeht, dass das Leben kurz, die Ewigkeit lang und Himmel und Hölle eine Realität sind. Für eine Religionsgemeinschaft, die glaubt, dass Entscheidungen ewige Konsequenzen haben, gibt es zwei Seiten der Liebe. Und auf die eine oder auf die andere zu verzichten, würde für alle, die beteiligt sind, eine spirituelle Tragödie hervorrufen.

191

12
Trauer, Vorsehung und Gerechtigkeit

»Fragt dein Volk je: ›Warum hat Gott
dies geschehen lassen?‹«
»Ja, vermutlich eine Million Male«

Antwort eines Amish auf die Frage

In den Tagen nach dem Amoklauf in Nickel Mines trauerten die Amish über den Tod ihrer Kinder und übergaben sie bei der Beerdigung Gott. Sie glaubten, dass die Mädchen, die gestorben waren, jetzt im Himmel waren, eine Überzeugung, die es ihnen leichter machte, mit dem schrecklichen Verlust klarzukommen. Auch religiöser Glaube macht den Tod eines Kindes nicht leicht. Man täusche sich nicht – in den Häusern der Amish wurden viele Tränen vergossen. Eltern der Amish betrauern den Tod von Kindern so tief wie alle anderen Eltern. Die Amish von Nickel Mines grübeln wie nahezu alle Menschen, die mit Trauma kämpfen, über die Bedeutung ihres Verlustes. Ein Volk mit einem tiefen und beständigen Glauben an Gott wie die Amish stellen oft Fragen nach Gottes Mitwirkung in der Tragödie. Waren die Schüsse Teil eines größeren, geheimnisvolleren Plans? Gab es ein göttliches Zeichen oder eine Botschaft? Hatte Gott selbst die Tat verabscheut, es aber trotzdem getan, um etwas anderes, Gutes zu tun? Alle diese Fragen führten zu einem Hearing in der Amish-Gemeinde von Nickel Mines, doch keine einzige Antwort trug den Sieg davon. Genauso wie mit ihrer Hingabe an die Vergebung konnten die Amish bei der Suche nach Antworten auf eine Fülle von Traditionen zurückgreifen, die ihnen halfen.

Trauer der Amish

Die Trauer der Eltern und Gemeindemitglieder der Amish in Nickel Mines hatte einen charakteristischen Beigeschmack. Wie viele Aspekte des Lebens der Amish war die öffentliche Trauer zurückhaltend. Es gab kein unkontrolliertes Weinen oder keine abgrundtiefe Verzweiflung. Die Beerdigungen waren ruhig und ernst, aber nicht ohne Gefühle. Es ist nichts Ungewöhnliches, in der Öffentlichkeit Tränen zu vergießen, und Freunde und Familien, die bei dem Besuch am offenen Sarg zusammenkamen, weinten freimütig, wenn auch oft leise. Und die Tränen flossen noch Monate danach. Mary, die mit keinem der Opfer eng verwandt war, gestand ein, dass sie noch Monate nach dem Massaker jeden Tag weinte.

Und nicht nur Frauen weinten. Ein Prediger der Amish erzählte von seinen ersten Bemühungen, nach der Tragödie zu predigen. Nach dem Rotationsprinzip der Prediger in den Gemeinden der Amish musste er erst sechs Wochen nach dem Amoklauf predigen. Selbst da war sein Schmerz noch nicht verarbeitet. »Ich bin aufgestanden und wollte predigen, aber ich fand einfach keinen Anfang. Ich stand vor der Gemeinde und weinte und weinte, bis ich in der Lage war, den 23. Psalm zu lesen.«

Eine Amish-Großmutter, die in der Nähe der Schule lebt, sagte: »Wir haben eine tiefe Traurigkeit verspürt. Sie überschattete unseren Zorn in einer ganz realen Weise. Unser Herz blutete, unsere Augen waren von Traurigkeit erfüllt, und wir waren geschockt, konnten alles nicht glauben und fühlten uns von Trauer für die Familien überwältigt.« Eine andere Frau, die sich der Tiefe ihres Kummers und der ihrer Freunde bewusst war, fragte sich, ob die Amish intensiver oder bereitwilliger trauern als Nicht-Amish. Sie sagte schließlich: »Die Engländer können das Radio anstellen und versuchen, es zu vergessen.«

194

Ob die Amish wirklich *mehr* trauern als Nicht-Amish, kann man wahrscheinlich gar nicht so sagen. Sie lassen jedoch mehr Struktur, Raum, Zeit und Stille für Trauer zu, als es die meisten Amerikaner nach dem Tod eines Angehörigen tun. Abgesehen von persönlichen Gefühlen der Trauer haben die Amish vier Rituale des Trauerns, die auf Traditionen ihrer Gemeinschaft zurückgreifen und die im Trauerprozess hilfreich sind.

In der Siedlung von Lancaster ist es üblich, dass Trauerfamilien in den ersten zwei, drei Wochen jeden Abend Besuch haben. Dann folgt ein Jahr, in dem sie am Sonntagnachmittag besucht werden. An den ersten Sonntagnachmittagen nach einer Beerdigung ist es üblich, dass zwanzig bis dreißig Personen im Wohnzimmer der Trauerfamilie gleichzeitig auf Stühlen in einem Kreis sitzen.

Ein zweites Ritual, das den Trauerprozess der Amish vereinfacht, betrifft ihre Kleidung. Frauen tragen schwarz, wenn sie in Trauer sind. Eine von ihnen erklärte: »Wir kleiden uns vollständig in Schwarz, wenn wir in die Öffentlichkeit oder zu gesellschaftlichen Veranstaltungen gehen.« Dazu gehören natürlich die Gottesdienste und die Nachmittage, an denen Besucher zu ihnen nach Hause kommen. Wie lange die Frauen Schwarz tragen, ist unterschiedlich – je nach der Beziehung, die sie zu dem oder der Verstorbenen hatten: sechs Wochen für den Tod eines Vetters, drei Monate für eine Tante oder einen Onkel, eine Nichte oder einen Neffen, sechs Monate für Großvater oder Großmutter, für einen Enkel oder eine Enkelin, ein ganzes Jahr für ein Kind, einen Bruder, eine Schwester oder den Ehepartner. Das Ritual erinnert andere in der Gemeinschaft an den Tod, sodass sie mit angemessener Fürsorge für den Trauernden reagieren können.

Ein anderes verbreitetes Trauerritual ist das Schreiben von Gedichten zum Gedächtnis, um Dankbarkeit für das Leben des Verstorbenen und den Schmerz über seinen oder ihren Tod zum Ausdruck zu bringen. Diese Gedichte, die in der Regel von den erwachsenen Kindern des Verstorbenen geschrieben werden, können fünfzehn oder mehr Verse haben. Die Gedichte, die manchmal auch in Amish-Zeitungen stehen, werden auch auf einen Druckstock zum Drucken von Karten geschrieben und an die Familie und Freunde verteilt. Als ein Prediger der Amish an seinem 81. Geburtstag starb, haben seine Kinder die folgenden Zeilen geschrieben:

»O Vater, lieber Vater, wie kann es sein,
dass du jetzt in der Ewigkeit bist?
Es war so schwer, dich gehen zu lassen,
denn Vater, du weißt, dass wir dich so geliebt haben.
Happy birthday haben wir gesungen.
Hast du uns gehört, Vater,
als wir um dein Bett gestanden haben?
Wir haben durch unsere Tränen hindurch gebetet,
gefleht und gesungen.
Wir haben uns gefragt, ob uns unser Vater noch hört.
Doch die Zeit geht weiter, und wenn wir ehrlich sein wollen,
müssen wir weiter singen, auch wenn wir dich vermissen
und hoffen, dass wir eines Tages wieder gemeinsam
mit dem glücklichen Chor singen werden,
wo Zeit kein Ende kennt.«

Diese Zeilen veranschaulichen die Tiefe der Trauer, wenn jemand unter normalen Umständen stirbt. Diese Hinterbliebenen betrauern nicht den Tod eines Kindes, aber sie zeigen deutlich ihren Schmerz und spüren wirkliche Trauer. Obwohl das Gedicht Vertrauen in ein Leben nach dem Tod zum Ausdruck bringt, drückt es keine stoische Annahme des Todes ohne Emotionen aus – sogar bei einem alten Menschen.

Umso größer war die Trauer, die nach dem Amoklauf im Schulhaus empfunden wurde. Auch nach diesen herzzerreißenden Todesfällen wurden Gedichte geschrieben. Die

Schwester eines Jungen, der im Schulhaus war, schrieb ein paar Wochen später die folgenden Zeilen: »Menschen helfen, Menschen beten, Gott berührt das Leben von Menschen weit und fern.« Doch dann bricht der Schmerz auf: »Wir vermissen sie so sehr, dass es wehtut. Wann wird der Schmerz einfach verschwinden? Sie waren doch auch unsere Freundinnen und Schwestern.«

Ein viertes spezifisches Ritual ist das *Zirkular*. Amish in unterschiedlichen Staaten, die ähnliche Erfahrungen gemacht haben, schreiben einen Brief, in dem sie zum Beispiel über das Aufziehen von Zwillingen, Operationen am offenen Herz, die Betreuung von Kindern mit einer bestimmten Behinderung usw. berichten. Der Brief wird von Familie zu Familie geschickt. Die Schreiber im »Zirkel« bleiben oft viele Jahre lang in Kontakt miteinander. Manche Zirkulare verbinden Menschen in Trauer: Witwen, Witwer, Eltern, die Kinder durch plötzlichen Kindstod oder bei Unfällen verloren haben.

Gelegentlich bekommen Amish, die einen Verlust erlitten haben, zusätzliche Hilfe von außerhalb zum Beispiel durch Trauerbegleitung in Unterstützungszentren in ihrer Gemeinde. Ein solches Zentrum in Nord-Indiana fördert die Unterstützungsgruppen, zu denen sowohl Amish und als auch englische Teilnehmer gehören. Ein Ehepaar der Amish arbeitet als ausgebildete Gruppenleiterin ehrenamtlich für das Zentrum. Es stellt auch Übersetzer für Pennsylvaniadeutsch für Gruppen zur Verfügung, die nicht englisch sprechen, z.B. für Vorschulkinder. Die Teilnehmer der Amish schließen schnell Freundschaft mit Engländern, die ähnliche Verluste erlitten haben, berichten die Mitarbeiter des Zentrums. Der Sozialarbeiter, der nicht zu den Amish gehört und für das Programm zuständig ist, zeigt auf, wie universell die Natur der Trauer ist, stellt aber auch Unterschiede fest: »Wenn man ihnen (den Teilnehmern der Amish) zuhört, spürt man, wie sie vom Glauben durchdrungen sind. Und sie sprechen darüber – nicht missionierend, sondern auf Tatsachen bezogen. Sie übergeben die Dinge Gott – das sagen sie – mehr als die anderen Teilnehmer.«

Andere Amish entwickeln ihre eigenen, privateren Riten. Manche schreiben Tagebuch oder Memoiren. Einer sagte zum Beispiel: »Ich fühlte die Notwendigkeit, meine Gefühle auf Papier zu bringen, um meine Gedanken aus der Welt zu schaffen und sie aus meinem Gedankensystem herauszubekommen, denn sie wirkten in mir wie Gift. Meine Gefühle niederzuschreiben, war für mich wie Psychotherapie.« Auch einige Eltern der Nickel Mines-Kinder empfanden das Schreiben als hilfreiche Therapie für ihre Trauer. Und doch sagte ein Vater, der seine Tochter verloren hat: »Die beste Beratung fand statt, als wir Eltern zusammenkamen und miteinander sprachen. Da bekamen wir die meiste Unterstützung.«

Gottes Vorsehung und die Realität des Bösen

Betreuung in der Gemeinde, Trauerrituale, Gruppen für Hinterbliebene und Glauben an Gott: so wertvoll diese Methoden sind, sie bringen trauernde Mitglieder nicht davon ab, schmerzhafte Fragen über das Leiden zu stellen. Die Amish führen Menschen des Glaubens über alle Altersgruppen hinweg zusammen, um über eine der beunruhigendsten theologischen Fragen nachzudenken. Warum lässt Gott Böses geschehen? Jemand, der im Herbst 2006 in einem öffentlichen Forum Fragen stellte, fragte einen Amish: »Fragen eure Leute je: ›Warum hat Gott dies geschehen lassen?‹«, da antwortete der Mann sofort: »Ja, wahrscheinlich eine Million Male.«

Vorsehung, die Idee, dass Gott »unaufhörlich für die Welt sorgt, dass alle Dinge in Gottes Hand liegen und dass Gott die Welt zu ihrem von ihm bestimmten Ziel führt«, nimmt einen wichtigen Platz im christlichen Glauben ein. Alle Religionen, die auf Abraham zurückgehen – das Judentum, das Christentum und der Islam – haben in ihrer Tradition die Vorstellung, dass Gott für die Welt sorgt und die Welt ständig aufrechterhält.

Gottes Vorsehung hat sowohl übernatürliche als auch alltägliche Dimensionen. Der christliche Autor Philip Yancey sagt, dass sich der Wille Gottes nicht nur in übernatürlichen Ereignissen, sondern auch im Kreislauf der Natur und im Alltag und Tun der Menschen zeigt: im Regen, dem Aufgehen von Samen, dem Pflanzen und Ernten der Bauern und der Fürsorge für die Schwachen. Dazu gehört auch, dass diejenigen, die etwas haben, denen etwas geben, die nichts haben und dass die Gesunden den Kranken dienen.

Einerseits hält Gott die Welt aufrecht und sorgt für sie, andererseits geschieht in dieser Welt Böses, wie zum Beispiel, dass jungen Mädchen in den Kopf geschossen wird. Dieses überwältigende Anzeichen des Bösen in der Welt hat theologische Reflektionen ohne Ende hervorgebracht. Wie passt die Vorstellung von der Vorsehung Gottes zum Problem des Übels?

Die Christen haben gewöhnlicherweise drei Antworten auf diese Frage. Die erste lautet, dass Gottes Entscheidung, Menschen Freiheit zu gewähren – den Menschen zu erlauben, sowohl Gutes wie Schlechtes zu tun – es manchmal nötig macht, sie einfach gewähren zu lassen, weil er ihre Freiheit respektiert.

Die zweite Antwort behauptet, dass Gott – während er den Menschen die Freiheit der Wahl gegeben hat – letztlich aber die Kontrolle in Händen behält und manchmal aus bestimmten Gründen manche Dinge will oder geschehen lässt. Obwohl diese Gründe im Augenblick nicht offensichtlich sind, könnte man sehen, wenn man Gottes große Perspektive hätte, dass etwas augenblicklich Schlechtes eines Tages Teil von etwas Größerem, Guten ist.

Eine dritte Herangehensweise an dieses Problem ähnelt der zweiten Antwort, ist aber mehrdeutiger als diese. Im Prinzip enthält sie Folgendes: Böses geschieht in der Welt unter Gottes Aufsicht, und menschliche Wesen werden nie erfahren warum. Diese Auffassung stützt sich auf das Buch Hiob in der Bibel. Darin hört Hiob auf drei Freunde, die ihm erklären, warum er Ungemach leidet. Am Ende spottet Gott über ihre Erklärungen und fordert Hiob auf, seinen begrenzten Status im Verhältnis zu dem Einen zu betrachten, der das Universum geschaffen hat. Hiob kann daraufhin nur sagen: »Siehe, ich bin zu gering, was soll ich Dir antworten?« (Hiob 40, 4).

Es gibt natürlich andere Lösungen für das Problem des Bösen. Die hervorstechendste ist eine vollständige Verleugnung der Existenz Gottes. Viele Atheisten nennen das Problem des Bösen als Grund für ihren Unglauben und machen geltend, dass ein Gott, der Leiden erlaubt, in keinem bedeutungsvollen Sinn Gott ist. Wir wollen die Einwände derer nicht schmälern, für die es unmöglich ist, nachdem sie mit dem Problem des Bösen gekämpft haben, an Gott zu glauben. Nichtsdestotrotz haben die Amish diese Antwort als weder denkbar noch als nahe liegend in Betracht gezogen. In allen Unterhaltungen nach der Schießerei hat kein einziger Amish die Existenz eines liebenden Gottes infrage gestellt. Was also sagten die Amish angesichts dieses schrecklichen Ereignisses über Gottes Vorsehung?

Die Sichtweise der Amish von Vorsehung

Anders als einige andere religiöse Traditionen räumen die Amish einer systematisch-theologischen Betrachtung keine hohe Priorität ein. Sie stehen zum Dordrechter Glaubensbekenntnis, einer Erklärung der Täufer, die im Jahr 1632 verfasst wurde. Dieses Glaubensbekenntnis, das mit denen, die sich auf die Taufe vorbereiten, durchgegangen wird, sagt: *Daher so bekennen wir mit dem Munde und glauben mit dem Herzen samt allen Frommen, nach Laut der heiligen Schrift, an einen einigen, ewigen, allmächtigen und unbegreiflichen Gott, Vater Sohn und heiligen Geist.* Das Glaubensbekenntnis sagt auch: *Und dass Er dieselben und alle Seine Werke durch Seine Weisheit, Allmacht und durch das Wort Seiner Kraft noch regiert und unterhält.* [1] Durch das Bekenntnis, dass Gott die Welt regiert, und letztlich doch nicht zu begreifen ist, gibt das Dordrechter Glaubensbekenntnis einige Anhaltspunkte, für die Sichtweise der Amish zur Vorsehung, doch die Vorstellungen, die es zum Ausdruck bringt, sind keinesfalls einmalig für die Tradition der Amish.

Um die Sichtweise der Amish hinsichtlich Gottes Vorsehung noch besser kennenzulernen, haben wir Menschen interviewt und ihre Briefe in zwei Korrespondenzzeitungen gelesen, *The Budget* und *Die Botschaft*. Auf die schwierige Frage zu Gottes Vorsehung haben Amish unterschiedliche Antworten angeboten, von denen viele so ähnlich ausfielen wie die anderer Christen als Reaktion auf die Tragödie. Gleichzeitig haben die Amish die Sichtweise der Alten Ordnung von Gottes Vorsehung betont, eine Vorstellung, die es den Amish erleichterte, dem Mörder zu vergeben.

Bejahung, Fragen und Kämpfe

Ein überragendes Thema, das in den Zeitungen immer wieder zur Sprache kam, war, dass Gott die Verantwortung hatte. »Was soll man sagen?«, fragte eine Frau weniger als eine Woche nach der Schießerei in ihrem Brief an *Die Botschaft*. Sie antwortete voll Vertrauen: »Gott hat immer noch das Heft in der Hand.« »Wir vertrauen ihm, ja«, sagte ein anderer Schreiber, obwohl das, »was am Montag geschehen ist, genug war, um einen Menschen, seine Nerven und alles zu erschüttern«.

Trotz dieser Bejahung hat die Schießerei harte Fragen ins Zentrum gerückt. In einer Diskussion, die wir mit einigen Menschen in einem Haus der Amish am Küchentisch hatten, äußerte eine Person die Meinung, der Amoklauf sei Teil von Gottes Plan gewesen. Diese Behauptung fing eine heftige Diskussion zwischen zwei etwa sechzigjährigen Brüdern darüber an, ob Gott etwas geschehen lässt oder einfach erlaubt, dass es geschieht. »Können Engel etwas aufhalten?« »Wenn alles im Voraus geplant ist, warum beten wir dann?« »Verändern unsere Gebete Gottes Absicht?« »War dies ein Kampf zwischen Gut und Böse, der auf Nickel Mines wie ein stürmischer Tornado niederging?« Die tief greifende Diskussion brachte keine befriedigende Antwort. Doch selbst die Person, die behauptet hatte, die Tragödie sei Teil eines »Planes« gewesen, war nicht bereit zu sagen, Gott habe das *gewollt*. Ja, ein Prediger äußerte sich bei der Beerdigung eines der ermordeten Kinder sehr klar: »Es ist nicht Gottes Wille, dass die Menschen einander töten.«

Die Wahlfreiheit des Menschen war ein Thema, dass in Gesprächskreisen in der ganzen Amish-Gemeinde in den Mittelpunkt rückte, als Mitglieder nach Antworten auf ihre nagenden Fragen suchten. Eine Amish-Mutter mittleren Alters sagte mit Nachdruck: »Es war nicht Gottes Wille. Gott greift nicht bei allem Bösen in der Welt ein und hält es auf. Gott hindert die Menschen nicht daran, Schlechtes zu wählen.« »Wir haben einen freien Willen«, meinte ein Großvater, »und der Teufel hat auch einiges im Sinn.« Andere unterstrichen diesen Punkt, aber oft wurde hinzugefügt: »Aber Gott macht keine Fehler.«

Ein größerer Gott

Wie können diese beiden Betrachtungsweisen – Gott will das Töten nicht, aber Gott hatte die Verantwortung – in Einklang gebracht werden? Viele Amish glauben, dass Gott die Schießerei zugelassen hat, aber dann etwas größeres Gutes daraus hat entstehen lassen. Bischof Eli gab ein Gespräch wieder, das er mit einer der Familien hatte, die eine Tochter in Nickel Mines verloren hatte: »Ich habe keine Vorstellung davon, was dieses Gute sein könnte, das von diesem Ereignis kommen wird, aber vielleicht gibt es etwas.« Andere waren sich darüber einig, dass Gott etwas Gutes aus den schrecklichen Umständen schaffen konnte. »Es war nicht sein Wille, dass jemand so etwas Schreckliches tun würde«, schrieb ein Korrespondent in *Die Botschaft.* »Aber er erlaubt nur, was er erlauben will. Er hat gewählt, es zu erlauben, und wir hegen die Hoffnung, dass es uns spirituell zum Guten gereicht.«

Während sie versuchten, das Rätsel göttlicher Vorsehung zu lösen, haben die Amish oft das Beispiel vom Tod Jesu am Kreuz angeführt. »Wo war Gott, als sich die Schießerei in der Schule ereignete?«, fragte ein Bischof. »Ich sage, er war genau da, wo er war, als Jesus am Kreuz starb.« Ein Bauunternehmer erklärte es folgendermaßen: »Als Jesus für uns starb, war das etwas Schlimmes, aber er hat es getan, um uns zu helfen. Schaut, wie viel Gutes daraus entstanden ist. Die Schießerei war böse, aber das Gute, das daraus entstanden ist, hat viele Menschen berührt.«

Eine Amish fand eine Parallele im Matthäusevangelium. Sie erinnerte daran, dass König Herodes »vor langer Zeit in Bethlehem kleine Kinder hat ermorden lassen, und Gott hat es zugelassen«, schrieb diese Frau. »Wir wissen nicht warum, aber wir glauben, dass er aus allen solchen Geschehnissen etwas Gutes entstehen lassen kann.« Eltern der Amish stimmten dem zu: »Gott will niemanden zwingen, gut zu sein. Aber er wird Gutes aus jeder Situation entstehen lassen, wenn wir es ihm erlauben, wie schlimm die Tat auch gewesen sein mag.« Ein Brief in *Die Botschaft* brachte zum Beispiel den Gedanken ein, dass die Tode der Familienmitglieder Gottes Art und Weise waren, den Geist der Hinterbliebenen himmelwärts zu lenken. »Wenn unser Familienkreis, den wir so schätzen, hier unten nie gebrochen worden wäre, hätten wir dann wirklich Sehnsucht nach dem Himmel, wo wir unsere Lieben wiedersehen werden?« Jemand anders zitierte die Geschichte, dass zwei Außenstehende, die in einen Konflikt verwickelt waren, sich aufgrund der Berichte über Vergebung versöhnt hatten.

Einige Amish, die missionarischer als die meisten ihrer Glaubensgenossen sind, fanden einen anderen Grund, warum Gott so etwas Böses zugelassen hatte. Sie verwiesen auf die Art und Weise, wie die Geschichte von der Vergebung der Amish nach dem Amoklauf in der ganzen Welt verbreitet wurde. »Der Herr wirkt auf geheimnisvolle Weise. Vielleicht wird so das Evangelium ausgebreitet?« Ein anderer Mann sagte uns: »Ein Atheist schrieb uns und wollte mehr über Vergebung wissen.«

Eine Mutter, die bei der Schießerei eine Tochter verloren hatte, brachte ihre Gefühle und wahrscheinlich die von vielen anderen Amish so zum Ausdruck: »Es hat mir in meinem Heilungsprozess sehr geholfen, dass der Bericht von der Vergebung so viele Menschen in der ganzen Welt berührt hat. So wissen wir, dass die Mädchen nicht vergebens gestorben sind.« Es wäre wahrscheinlich sehr viel schwerer gewesen, all das zu akzeptieren, hätte es nicht die Geschichte von der Vergebung gegeben.

Ein Wagen ohne Räder

Trotz der Suche nach Antworten auf das Problem des Bösen fügte sich jeder Amish, mit dem wir sprachen, schlussendlich dem göttlichen Geheimnis. Mit typischer Demut der Amish gaben sie zu, sie wüssten nicht, warum sich dies ereignet hatte und was daraus an Gutem entstehen könnte. »Jede Religion birgt Geheimnisse«, sagte ein Amish-Handwerker. »Ich möchte sagen, eine Religion ohne Geheimnis ist wie ein Wagen ohne Räder.«

Die Amish kämpfen zwar mit Fragen der Vorsehung, aber sie sind nicht auf endlose Spekulationen aus und erwarten nicht, auf die theologischen Fragen, die sie haben, Antworten zu finden. Sie wollen nicht nur die spirituellen Gefahren, die manchmal mit theologischer Spekulation einhergehen, vermeiden, sondern ihre Bereitschaft, das Fragenstellen aufzugeben – eine andere Form des *uffgevva*, des Aufgebens – passt in ihr Denkbild von der Vorsehung Gottes. »Wir müssen aufhören, Fragen zu stellen, denn wir werden nie alle Antworten bekommen«, sagte ein Amish. Einige Prediger drückten sich noch entschiedener aus: »Wir sollten da, wo Gott einen Punkt setzt, kein Fragezeichen setzen.«

Eine Mutter von Mädchen im Schulalter sagte uns, dass der Prediger, der an einer der Beerdigungen die Hauptpredigt gehalten hatte, die Gemeinde der Amish mit Hiob verglichen hatte, der in einem frühen Stadium seines Leidens eine Erklärung von Gott verlangte. Der Prediger räumte ein, dass es menschlich ist, für Leiden Erklärungen zu suchen, aber er ermahnte seine Zuhörer »aufzuhören, Fragen zu stellen, denn wir werden nie alle Antworten bekommen, warum das geschehen ist«. Ein Mann schrieb später in der Zeitschrift *Die Botschaft* und stimmte in den Rat des Predigers ein: »Manche Dinge im Leben werden wir nie erfahren, so lassen wir sie dort, wo sie hingehören – in einer höheren Hand.« Er schloss seinen Artikel mit den folgenden Gedanken: »Der Tod liegt in den Händen des Herrn. Die Schießerei lag in den Händen des Herrn. Es gibt eine höhere Macht, und wir müssen uns nur vor ihr beugen.«

Wir beten nicht um Regen

Es erstaunte nicht, dass die Versuche der Amish, einen Sinn in der Tragödie zu finden oder zu enträtseln, warum Gott Böses aufhält, erlaubt oder billigt, vor dem Tor des Geheimnisses endeten. Nicht nur der Hiob der alten Zeit steht schlussendlich vor diesem Tor, sondern auch die gelehrten Theologen von heute. An der Reaktion der Amish war allerdings anders, dass sie nicht nur bereit waren, sich einer höheren Macht anzuvertrauen, die die Geheimnisse des Universums lenkt, sondern dass sie bereit waren, »sich dem so schnell zu beugen«. Sie vergaben schnell und sie sagten schnell: »Dein Wille geschehe.« Diese Worte im Vaterunser gehen den Amish häufig durch den Kopf, besonders dann, wenn sie Situationen gegenüberstehen, in denen sie verletzlich sind. Eine siebzigjährige Großmutter sagte, dieser Satz stehe ihr immer vor Augen. »Wenn ich auf der Straße auf dem Wagen sitze, sage ich es unbewusst ständig.«

Uffgevva heißt in den Worten eines Bischofs, »sich Gottes perfektem Willen zu unterwerfen«. Es bedeutet nicht, gegen Gott zu kämpfen oder mit ihm zu ringen. Ein Bischof zitierte ein paar Verse aus seinem deutschen Lieblingslied und erklärte damit die Unterwerfung unter Gottes Willen. *Gott, du lässt es so sein.* Ein anderer Amish-Ältester betonte die Bedeutung, sich schnell unter Gottes Willen zu beugen: »Je schneller du aufgibst, desto besser geht es. In unserer Lebensweise ist eine Menge Aufgeben notwendig.«

Trotz ihres einfachen Vertrauens in Gottes Willen versinken die Amish nicht in Fatalismus. Amish-Frauen zum Beispiel, die Handwerksbetriebe besitzen, fällen jeden Tag Entscheidungen. Sie planen, organisieren und suchen neue Märkte für ihre Produkte. Im religiösen Bereich des Lebens üben sie sich trotzdem in Geduld und sind bereit, ohne Antworten von Gott zu leben. In einem Brief, den wir von einer Frau der Alten

Ordnung bekamen, wurde *Gelassenheit* folgendermaßen beschrieben: »Es ist Ergebenheit in alles, was Gott schickt.« Das trifft besonders auf den vorzeitigen Tod eines Angehörigen oder eine langwierige Krankheit zu, aber auch für das Wetter, Trockenheit, Überschwemmungen, extreme Hitze oder Kälte, Missernten, Fehlproduktionen, Krankheiten bei Tieren, Hagel, Feuer und so weiter. »Wir beten nicht um Regen. Wir warten auf Regen, und wenn er kommt, danken wir Gott dafür.«

Erlösung und das Jüngste Gericht

Die Ausrichtung der Täufer, Böses nicht zu vergelten, seinen Feind zu lieben und sich nicht zu wehren, gibt die Verantwortung für Strafe direkt in Gottes Hand und nicht in die der Menschen. Die Märtyrer des 16. Jahrhunderts konnten, weil sie glaubten, die letzte Gerechtigkeit läge bei Gott, ungerechterweise sterben, ohne dass andere den Versuch gemacht hätten, ihren Tod zu sühnen. Diese seit Langem gepflegte Vorstellung von Gerechtigkeit ist teilweise das, was die Amish frei macht, auf Erden zu vergeben. Die Amish zitieren einen Abschnitt aus dem Römerbrief. Der Apostel Paulus schreibt darin, wir sollen uns nicht rächen, sondern die Rache Gott überlassen. Paulus geht sogar noch einen Schritt weiter: Wir sollen unseren Feinden zu essen geben, wenn sie hungrig sind, und ihnen zu trinken geben, wenn sie durstig sind. »Lass dich nicht vom Bösen überwinden, sondern überwinde das Böse« (Römer 6, 17–21).

Die Demut der Amish und ihre Bereitschaft, Gott das Gericht zu überlassen, unterscheiden sich deutlich von den Racherufen mancher Außenstehender. Ein englischer Beobachter sagte, er wünsche, dass Roberts Asche in den Müllcontainer geworfen werde. In keinem Gespräch mit den Amish hörten wir den Ruf nach Rache für Charles Roberts – nicht einmal nach der Rache Gottes. Die Reaktion der Eltern auf das Feuer in einem Studentenheim in New Jersey, bei dem drei Studenten starben, unterscheidet sich deutlich davon. Der Vater eines Opfers warnte bei der Urteilsverkündung für die Brandstifter die beiden jungen Männer, die das Feuer gelegt hatten: »Einst werdet ihr vor einem höheren Gericht stehen, und wenn dieser Tag kommt, wird euch dieses Gericht dazu verurteilen, zusammen in der Hölle zu schmoren.«

Auch wenn einige Amish vielleicht insgeheim gedacht haben, der Todesschütze, der sich selbst erschossen hatte, sei zur ewigen Strafe verdammt, haben wir nie den Ausdruck von Genugtuung oder Zufriedenheit darüber gehört. Die Menschen, mit denen wir sprachen, brachten an dieser Stelle ihre typische Amish-Demut zum Ausdruck. »Ich bin tief traurig, dass Roberts Leben ohne Möglichkeit zur Buße geendet hat«, sagte eine Mutter eines der ermordeten Mädchen. »Ich kann nichts darüber sagen, was in der Ewigkeit mit Roberts geschehen wird«, bemerkte ein Amish-Handwerker. »Das weiß nur Gott. Ich wünsche ihm (Roberts) das Gleiche wie mir selbst.« Als ein kanadischer Amish-Prediger kurz nach der Schießerei von einem englischen Bekannten gefragt wurde: »Glaubst du nicht, dass der Mörder in der Hölle schmort?«, antwortete der Prediger ähnlich unverbindlich: »Das weiß ich nicht. Nur Gott kann richten. Alles, was ich sagen kann, ist, dass ich nicht vor Gott stehen möchte, wenn ich das getan hätte, was dieser Mann getan hat. Aber wie Gott ihn gerichtet hat, kann ich nicht sagen.«

Interessanterweise sprechen die Amish genauso demütig über ihr eigenes Schicksal in der Ewigkeit wie über das von Roberts. Es ist ihnen zuwider, über Erlösung und Verdammnis zu spekulieren, und sie bestehen nicht darauf, dass Charles Roberts zur Hölle gefahren ist und sie gerettet sind. Die Amish sagen, sie haben eine »lebendige Hoffnung« auf die Erlösung. Anders als viele evangelikale Christen, die offen Heilsgewissheit zum Ausdruck bringen, weigern sich die Amish zu erklären, dass sie gerettet sind. Solche Erklärungen menschlicher Gewissheit ist in den Augen der Amish eine Beleidigung Gottes, denn nur Gott kennt die Geheimnisse der Erlösung. Es ist ihre Aufgabe im täglichen Leben den Weg Jesu zu gehen. Sie sollen sich nicht anmaßen, die Absichten Gottes zu kennen. Sie haben trotzdem die Hoffnung und das Vertrauen, dass Gott ein gerechter und gnädiger Richter sein wird.

Dieses Verständnis von Erlösung spiegelt wieder, dass die Amish ihr Hauptaugenmerk auf die Praxis und nicht auf Doktrinen legen, mehr aufs Handeln als aufs Reden. Ein junger Amish-Vater zog eine direkte Verbindungslinie zwischen Vergebung und der Sicht der Amish, was Erlösung betrifft. Dabei verwies er auf die Worte Jesu, dass Gott uns in dem Maße vergeben wird, in dem wir anderen vergeben. »Das bedeutet, dass du, wenn du in der Zukunft nicht vergibst, deine Erlösung verlierst. Du kannst nicht sagen: ›Einmal gerettet, immer gerettet.‹« Auch ein Amish-Diakon hat Vergebung und Erlösung miteinander verknüpft. In seinen Worten gehört beides zusammen. »Jede Sünde kann vergeben werden, aber wenn man gerettet werden will, muss man vergeben. Wenn man in einen heiligen Ort (den Himmel) eintreten will, müssen deine Sünden vergeben sein. Doch wenn du nicht vergibst, können deine Sünden nicht vergeben werden. Wenn wir nicht vergeben, hat das schreckliche Folgen.«

Diese Vorstellungsweise von Erlösung erhöht die Bedeutung von Vergebung im Glauben der Amish. Vergebung wird zur Voraussetzung für ewige Erlösung gemacht. Manche Christen mögen ein solches Verständnis von Ewigkeit beunruhigend finden. Während manche sich darüber einig sind, dass Gott der letzte Richter ist, unterscheidet sich die Demut der Amish, was ewige Sicherheit und ihre Verbindung zum Verhalten und Erlösung anbelangt, stark von den Vorstellungen vieler Christen. Die Vorstellungen von der Erlösung führen zu einer bemerkenswerten Anwendung der *Gelassenheit* – der Bereitschaft, die Folgen für die Ewigkeit der Vorsehung Gottes zu überlassen.

Irdische Gerechtigkeit

Jenseits der Frage der langfristigen Gerechtigkeit und göttlicher Vorsehung gibt es das Problem der irdischen Gerechtigkeit hier und jetzt. Für die Amish bedeutet Vergebung nicht, dass sie schlechtes Verhalten billigen oder die Folgen aus dem Gedächtnis streichen. »Wäre Roberts leben geblieben, dann hätten wir ihm vergeben, aber er hätte die Folgen tragen müssen«, erklärte ein Prediger. Doch die Amish glauben nicht, dass die weltliche Gerechtigkeit in den Händen der Gemeinde liegt.

Wie in Kapitel 11 erwähnt, haben sich die Amish einer Theologie von zwei Reichen verschrieben, die durch ihre Geschichte von religiöser Verfolgung in Europa geprägt ist. Das kirchliche Königreich Gottes wirkt mit einer pazifistischen Ethik, die Gewalt vermeidet, um etwas zu erreichen. Die Ethik, die Jesus lehrte – Liebe für den Feind, keine Vergeltung, Vergebung –, herrscht in diesem spirituellen Reich.

Im Gegensatz dazu stützen sich die weltlichen Reiche – die Regierungen dieser Welt – auf Gewalt oder zumindest auf die Androhung von Gewalt, um ihre Ziele zu erreichen. Die Amish akzeptieren die Autorität des Staates, Gewalt zum Einsatz zu bringen. Das Dordrechter Glaubensbekenntnis fordert zu Gehorsam dem Staat gegenüber auf, solange seine Ansprüche nicht mit denen Gottes in Konflikt kommen. Die Amish weigern sich rundweg, an Waffengewalt teilzunehmen, Ansprüche bei Gericht durchzusetzen oder diejenigen gerichtlich zu verfolgen, die ihnen Böses tun. Sie bezahlen alle Steuern außer Sozialversicherung (Social Security). Diese halten sie für eine Form der Versicherung, die die Verantwortung der Gemeinde unterminiert, für die Bedürfnisse ihrer Mitglieder zu sorgen.

Da sie glauben, dass der Staat von Gott dazu bestimmt ist, die Ordnung in der Welt aufrechtzuerhalten, erwarten sie, dass der Staat eine Polizeimacht organisiert, Gesetzesbrecher ins Gefängnis bringt und Krieg führt. »Wir erwarten unbedingt, dass ein Mörder ins Gefängnis kommt«, sagte ein Amish-Ältester. »Wir sind nicht naiv. Natürlich wollen wir nicht, dass ein Mörder auf freiem Fuß bleibt«, fügte ein Diakon hinzu. Als sich die Tragödie in Nickel Mines ereignete, haben die Amish das Eingreifen der Staatspolizei bereitwillig akzeptiert und ihnen reichlich für ihre Hilfe gedankt. Sie haben die Ereignisse jenes Oktobermorgens als Eindringen weltlicher Gewalt in ihre Gemeinde gesehen, und sie haben erwartet, dass weltliche Gewalt etwas dagegen tut.

Die Grenzen zwischen Gemeinde und Welt sind natürlich nicht immer so sauber, und die Amish standen hin und wieder verwirrenden Situationen gegenüber, wenn sich weltliche und kirchliche Autoritäten überschneiden. 1994 befand zum Beispiel ein Gericht in Pennsylvania den 28-jährigen Ed Gingerich der fahrlässigen Tötung für schuldig, da er seine Frau vor den Augen ihrer eigenen kleinen Kinder brutal getötet hatte. Zeugenaussagen brachten allerdings ans Licht, dass bei ihm Schizophrenie diagnostiziert und er in der Vergangenheit mehrmals stationär behandelt worden war. Seine Familie und Mitglieder der Gemeinde hatten ihm geholfen, die Medizin, die er verschrieben bekommen hatte, durch homöopathische Mittel zu ersetzen.

An diesem Fall wurden die widersprüchlichen Vorstellungen von Justiz, Verantwortung und Bestrafung deutlich. Die Geschworenen sagten später, sie hätten die Gemeinde beschuldigt, weil sie Bedingungen geschaffen habe, die den Mord wahrscheinlicher machten. Ein Professor für Kriminalrecht machte allerdings den Vorwurf, die Ankläger hätten nicht genug getan, um einen eindeutigen Schuldspruch für Mord zu bekommen. Dann wurde berichtet, dass ein Amish-Bischof, der Onkel des Opfers, gesagt haben soll, er sei bestürzt, dass das Gericht nur eine fünfjährige Gefängnisstrafe verhängt habe. »Wir haben gedacht, er würde lange eingesperrt, vielleicht zehn oder fünfzehn Jahre.« Als Gingerich aus dem Gefängnis entlassen wurde und in den Augen der weltlichen Gesellschaft für seine Schuld genug gebüßt hatte, erlaubte ihm seine Gemeinde in Nordwest-Pennsylvania nicht, zurückzukommen. Er wurde weiterhin gemieden und von seinen Kindern und den meisten Verwandten ferngehalten. Gingerich fand letztendlich eine neue Heimat in zwei Amish-Siedlungen im Mittleren Westen, deren Mitglieder seine Bestrafung für ausreichend befanden und ihm halfen, dass er wieder in psychologische Behandlung kam. An Gingerichs Fall wird deutlich, wie kompliziert die Grenzziehung zwischen dem weltlichen und dem Reich der Gemeinde im Leben der Amish ist, und wie sich die beiden überlappen können.

Die Welt ist nicht unsere Heimat

Der Glaube der Amish an Wunder ist Teil ihres Verständnisses von Gottes Vorsehung, und sie ist mit ihrer Vorstellung verwoben, dass Gott direkt in dieser Welt wirkt. Viele Amish sprachen im Zusammenhang mit der Schießerei von einem Wunder. Manche glaubten, dass Engel an diesem Tag über dem Dach der Schule schwebten. Wie schon früher erwähnt, erzählte das Mädchen, die das Gebäude vor den Todesschüssen verlassen hatte, sie habe eine Stimme gehört, die ihr gesagt habe: »Lauf schnell!« Diese Worte wurden einem Engel zugeschrieben. Auch die Heilung der verletzten Mädchen wird von einigen Amish als Wunder angesehen.

In einem Gedicht, das von der Schwester eines der Jungen in der Schule von Nickel Miles geschrieben wurde, fanden sich die folgenden Zeilen:

An manchen Tagen denken wir, wie können wir weitergehen, wenn so viele unserer Freunde gegangen sind?
Aber wir halten die guten Dinge fest,
Wir sind von Wundern umgeben.

Wie wir gesehen haben, ist es die Überzeugung der Amish, dass Gott in wunderbarer Weise eingreift. Das bedeutet allerdings nicht, dass sie die jahrhundertealten Fragen über die Vorsehung Gottes gelöst haben und nie mit Fragen kämpfen, warum ein liebender Gott nicht nur an »den guten Dingen« beteiligt ist, wie sie in dem Gedicht angesprochen werden, sondern auch an den erschreckenden und tragischen Dingen im Leben. Es bedeutet auch nicht, dass sie Fragen der Gerechtigkeit umgehen.

Ein Wunder wie ein Geheimnis anzunehmen, geht bei den Amish Hand in Hand mit Demut, Ergebenheit und Geduld mit dem Leben. Diese Verbindung von Werten gibt ihnen eine enorme Kraft, Not und Elend zu ertragen, auf Rache zu verzichten und angefüllt mit Gnade weiterzumachen.

13
Die Gnade der Amish und wir anderen

»Wahre Vergebung befasst sich mit
der Vergangenheit, der ganzen
Vergangenheit, damit die Zukunft
möglich wird.«

*Desmond Tutu, südafrikanischer
Erzbischof*

Als wir begannen, dieses Buch zu schreiben, standen wir bald
vor einer Herausforderung: Welchen Titel sollten wir ihm geben? Wir einigten uns schnell auf den Haupttitel: *Die Gnade
der Amish.* Es dauerte viel länger, bis wir den Untertitel hatten:
Wie Vergebung Katastrophen überwindet. Das Problem war das
Verb, das die Worte *Vergebung* und *Katastrophen* miteinander
verbinden sollte. Um es einfach zu sagen – wir konnten nicht
genau sagen, was der Akt der Vergebung nach den tragischen
Ereignissen am 2. Oktober 2006 bewirkt hatte.

Wir diskutierten das Wort erlöst. Hatte die Vergebung der
Amish die Katastrophe, die in ihre Gemeinde einbrach, erlöst?
Für ein Buch über die Amish hatte das Wort *erlöst* den Vorteil,
dass das Wort Erlösung christliche Sinnbezüge hat. Es legt
auch nahe, dass, wie es viele Amish zum Ausdruck brachten,
das Gute mächtiger ist als das Böse.

Je mehr wir darüber nachdachten, desto weniger fühlten wir
uns mit der Vorstellung wohl, dass Vergebung die Katastrophe
in Nickel Mines erlöst hat. Die Katastrophe bleibt. Es sind fünf
Mädchen gestorben, andere haben Wunden davongetragen
und eine bleibt halb im Koma. Familien der Amish trauern
weiter, Kinder der Amish haben weiter Albträume, und Eltern
der Amish beten mit einer Inbrunst, die sie vorher nicht kannten, für die Sicherheit ihrer Kinder. Der Akt der Vergebung, der

nach dem Amoklauf von Roberts stattfand, brachte Heilung, verband aber nicht alle Wunden, die die Schüsse verursacht hatten. Das Wort *erlöst* hatte einen zu hohen Anspruch.

Wir einigten uns aus zwei Gründen auf überwinden. Erstens vermittelt das Wort *überwinden* sehr gut, wie die Amish über das Böse, das ihr Schulhaus heimgesucht hatte, hinauswuchsen. Die Diskussion, ob das Gute mächtiger ist als das Böse, ist rein philosophischer Art. Aber wer kann die Tatsache bestreiten, dass die Amish auf den absoluten Horror mit erstaunlicher Großmütigkeit reagiert haben? Zweitens hat die Geschichte von der Vergebung der Amish schnell die Geschichte des eigentlichen Unglücks selbst in den Hintergrund gedrängt. Jeden Tag wird unsere Welt von verheerender Gewalt heimgesucht, aber selten wird Gewalt mit Vergebung begrüßt. In Nickel Mines war das der Fall, und diese Reaktion wurde die große Geschichte des kleinen Dorfes in Lancaster County.

Was soll uns diese Geschichte nun lehren? Wir sind, genauso wie viele Amish, die wir interviewt haben, froh, dass die Geschichte von der Vergebung weite Verbreitung gefunden hat. Gleichzeitig haben wir Vorbehalte über die Art und Weise, wie die Geschichte benutzt und gefeiert wurde. Da wir so beeindruckt, ja, inspiriert waren von der Reaktion der Amish in Nickel Mines, fragten wir uns: Steckt darin etwas für uns andere? Je länger wir an diesem Buch gearbeitet haben, desto verzwickter wurde die Frage.

Die Amish sind nicht wir

Wenn wir eins aus dieser Geschichte gelernt haben, dann ist es Folgendes: Die Hingabe der Amish an Vergebung ist kein kleines Pflaster, das auf ihre Glaubenssubstanz aufgeklebt wurde. Ihre Hingabe an Vergebung ist vielmehr kompliziert in ihr Leben und in ihre Gemeinden verwoben – so komplex, dass es schwer ist, über die Vergebung der Amish zu sprechen, ohne über Dutzende andere Dinge zu sprechen.

Als wir zum ersten Mal das Thema Vergebung bei Mitgliedern der Amish ansprachen, waren wir beeindruckt, wie zurückhaltend sie waren, auf abstrakte Weise über Vergebung zu sprechen. Wir hörten, dass Vergebung als »Groll fahren lassen« definiert wird. Noch häufiger hörten wir Antworten und Geschichten, die Vergebung mit anderen Begriffen in Verbindung brachten wie *Liebe, Demut, Mitgefühl, Unterwerfung* und *Annehmen*. Das Netz aus Worten, das sich in diesen Unterhaltungen abzeichnete, wies auf die ganzheitliche Sicht der Amish auf das Leben hin. Anders als viele ihrer konsumorientierten Nachbarn gibt es bei den Amish kein spirituelles Stückwerk, das auf persönlichen Vorlieben beruht. Die Spiritualität der Amish ist ein kostbares Erbe, das über die Jahrhunderte hinweg gewoben und mit Sorgfalt weitergegeben wurde.

Das Neue Testament bietet die Vorlage für ihre einzigartige Form der Spiritualität. In gewisser Hinsicht haben sie recht. Die Amish nehmen die Worte Jesu äußerst ernst, und Mitglieder erklären oft ihren Glauben, indem sie Jesus oder Texte aus dem Neuen Testament zitieren. Doch die Lebensweise der Amish kann nicht nur darauf reduziert werden, dass sie die Bibel oder Jesus ernst nehmen. Die Spiritualität der Amish muss auf die Art und Weise, wie sie bestimmte biblische Texte verstehen, zurückgeführt werden. Diese Spiritualität ist wie eine Linse, die durch ihre Tradition der Gewaltlosigkeit und des Märtyrertums geschliffen wurde. Die Amish mit ihrer Märtyrertradition geben Ermahnung und Ermutigung und haben Leiden über Vergeltung, Uffgeva über Streben und Vergebung über Feindseligkeit gestellt. Alle Christen können die Worte Jesu im Matthäusevangelium lesen: »Vergib uns unsere Schuld wie wir vergeben unsern Schuldigern«, aber die Amish glauben aufrichtig, dass ihre eigene Vergebung an ihre eigene Bereitschaft, anderen zu vergeben, gebunden ist. Für sie ist

Vergebung mehr als etwas Gutes, das man *tun* soll. Es hat eine absolut zentrale Stellung im christlichen Glauben.

All dies hilft uns zu verstehen, warum die Amish von Nickel Mines das Unglaubliche vermochten – dem Mörder ihrer Kinder wenige Stunden nach deren Tod zu vergeben. Die Entscheidung zu vergeben kam schnell, fast instinktiv. Sie kam darüber hinaus sowohl in Taten wie in Worten zum Ausdruck – in der Fürsorge für die Familie des Todesschützen. Für die Amish ist der Test für ihren Glauben das Handeln. Glaubensvorstellungen sind wichtig, und auch Worte sind es, aber erst das Handeln zeigt den wahren Charakter des Glaubens, den man hat. Deshalb bedeutet *wirklich* vergeben so zu handeln, dass Vergebung zum Ausdruck gebracht wird – in diesem Fall, indem Sorge für die Familie des Mörders zum Ausdruck gebracht wird.

In einer Welt, wo Fehlverhalten viel öfter Vergeltung als Vergebung zur Folge hat, ist all das inspirierend. Gleichzeitig sollte die Tatsache, dass Vergebung so stark in das Gewebe des Lebens der Amish eingewebt ist, uns davor bewahren, ihr Beispiel, so inspirierend es ist, auf andere Menschen in anderen Situationen übertragen zu wollen. Nachahmung ist vielleicht die ernsthafteste Form der Schmeichelei, aber wie kann man eine Gewohnheit nachahmen, die in eine Lebensweise mit einer fünfhundertjährigen Geschichte eingebettet ist?

Die meisten Nordamerikaner, die durch den Glauben an die Werte liberaler Demokratie und den konsumorientierten Kapitalismus geprägt sind, haben sich unterschiedliche kulturelle Gewohnheiten angeeignet. Ja, viele Nordamerikaner ziehen vielleicht den Schluss, dass gewisse Sitten der Amish problematisch, wenn nicht sogar schlichtweg absurd sind. Sich der Disziplin von fehlbaren Gemeindeführern unterwerfen? In restriktiven Geschlechterrollen verhaftet bleiben? Es ablehnen, für die eigenen Rechte geradezustehen? Sich weigern, für sein Land zu kämpfen? Diese kulturellen Gewohnheiten der Amish könnten nicht unterschiedlicher sein zur modernen Kultur der Amerikaner.

Viele Beobachter haben in der Folge der Schießerei die Andersartigkeit der Amish übersehen oder sie zumindest heruntergespielt. Außenstehende, die üblicherweise von dem, was sie sahen, beeindruckt waren, kamen ebenfalls zu der Annahme, dass die Gnade der Amish das Beste in »uns« darstelle. Wenige Kommentatoren brachten das so extrem auf den Punkt wie der Schreiber, der den Glauben der Amish mit dem Glauben der Gründerväter gleichsetzte. In seiner Vorstellung hätten die Amish von Nickel Mines nicht der amerikanischen Kultur entgegengesetzt gehandelt, sondern sie hätten einfach eine alte amerikanische Tradition, in liebevoller, großzügiger und »christlicher« Art und Weise zu handeln, ausgedehnt. Andere Kommentatoren, die darauf aus waren, erlösende Lehren in einem so sinnlosen Ereignis zu finden, ergingen sich in Allgemeinplätzen. Statt die schmerzliche Selbstentsagung der Vergebung (und so vieles andere vom Leben der Amish) zu beleuchten, priesen sie die Vergebung der Amish als inspirierenden Ausdruck der Tugend, der im Herzland Amerikas herrsche, an.

Wir behaupten nicht, dass die Reaktion der Amish auf die Schießerei nicht lobenswert war. Wir behaupten jedoch, dass das andersartige Wertesystem, aus dem sie hervorging, in den Lobreden, die dem Amoklauf folgten, zu oft vernachlässigt wurde. Ein Beispiel für die Tiefe dieser kulturellen Kluft: Prediger in einer Amish-Gemeinde in Ohio verboten es einem Mitglied, öffentliche Vorlesungen über Vergebung zu halten. Ironischerweise schränkte genau das Wertesystem, das die Amish von Nickel Mines zwang, Charles Roberts zu vergeben, die Freiheit eines Mitglieds ein, über Vergebung zu sprechen. Nein, die Reaktion der Amish in Nickel Mines war nicht ein Beispiel für »das Beste, was Amerika zu bieten hat«, viel mehr war es der Ausdruck von Liebe eines Volkes, das jeden Tag viele der Werte infrage stellt, die wir anderen hochhalten.

Die Gefahren des Tagebaus

Wenn einige Beobachter die Vergebung der Amish von ihrem gegenkulturellen Gewebe loslösten, haben sie andere aus ihrem sozialen Kontext gelöst – und daraus die zweifelhafte Lehre gezogen, die Amish könnten die Welt lehren. Zum Beispiel haben einige Autoren das Beispiel der Amish in Nickel Mines zitiert, um Argumente gegen die Gewalt zu sammeln, die in der amerikanischen Außenpolitik herrscht, besonders im Kampf der Bush-Administration gegen den Terror. Viele dieser Kritiker haben das Christentum von Präsident Bush dem Glauben der Amish gegenübergestellt und dann die Leser gefragt, welche Variante Jesus selbst gebilligt hätte. Einen solchen Vergleich zu ziehen, war rhetorisch gesehen natürlich sehr wirkungsvoll, allerdings hatten seine Befürworter vergessen zu erwähnen, dass die Amish, die der Lehre von den zwei Reichen anhängen, nie erwarten würden, dass die Regierung ohne den Einsatz von Gewalt handeln würde. Während die Amish ihre eigenen Disziplinarmaßnahmen nutzen, um Unrecht innerhalb ihrer Gemeinden zu sühnen, erwarten sie, dass die Regierung Verbrechen bekämpft – wenn es sein muss auch mit Gewalt. Aus diesem Grunde ist es nicht wahrscheinlich, dass die Amish den Präsidenten der Vereinigten Staaten auffordern würden, jemanden wie Osama bin Laden zu begnadigen.

Natürlich ist es möglich, dass diese Kommentatoren nicht von *Begnadigung* der Terroristen gesprochen haben, sondern von *Vergebung*. Bei ihrer schnellen Anwendung von Vergebung der Amish auf komplexe, tief verwurzelte Konflikte, haben manche Experten einen wichtigen Punkt übersehen: Der Todesschütze der Schülerinnen war tot, und sein Verbrechen lag in der Vergangenheit. So schrecklich der Amoklauf auch war: Er war ein einzelnes Ereignis, das unerwartet heraufzog und schnell endete. Man kann ihn nicht mit der Jahrhunderte währenden Geschichte der Unterdrückung der Sklaven, mit der geplanten Vernichtung von sechs Millionen Juden oder der Angst vergleichen, die Familien jeden Tag erleben müssen, die in einem Gebiet mit einem ethnischen Konflikt leben. Jemandem seine Vergebung anzudienen, ist bei anhaltenden Konflikten viel komplizierter und schwieriger. Auch kleinere Angriffe – erniedrigende Kommentare eines Vorgesetzten zum Beispiel – können Vergebung verhindern, wenn sie Tag für Tag wiederkehren.

Andere Faktoren machten diese Geschichte von Vergebung zu etwas Besonderem – sogar im Leben der Amish. Die Amish von Nickel Mines hatten nachbarschaftliche Beziehungen zu der Familie des Todesschützen, Beziehungen, von denen sie hofften, sie wieder verbessern und aufrechterhalten zu können.

In einer Kleinstadt wie Nickel Mines war es sowohl pragmatisch als auch unkompliziert, schnell Gnade zu gewähren, denn die Amish wussten genau, wen sie ansprechen mussten und konnten sogar zu Fuß zum Haus der Betroffenen gehen. Da so viele Menschen von diesem Verbrechen betroffen waren, musste nicht eine Person oder eine Familie allein die Last der Vergebung tragen. Die Gemeinschaft der Amish trug sich im Geist gegenseitiger Hilfe. Darüber hinaus machte die Ungeheuerlichkeit des Bösen die Amish offener für die Möglichkeit, dass das Unglück in Gottes Plan einen Platz haben könnte. All diese Faktoren helfen bei der Erklärung, warum manche Amish vermutet haben, es sei einfacher gewesen, Charles Roberts zu vergeben, als einem Gemeindemitglied für irgendein belangloses Allerweltsvergehen zu vergeben.

Um es noch einmal deutlich zu sagen, wir wollen nicht das großmütige Verhalten der Amish angesichts der schrecklichen Schießerei herabmindern. Wir weisen jedoch darauf hin, dass man immer die besondere Kultur der Amish und die Einmaligkeit der Tragödie im Blick haben sollte, wenn man das Beispiel der Amish anderswo zur Anwendung bringen will. Die Amish heften sich Vergebung nicht in einer individualistischen Weise an, und sie vergeben auch nicht immer so schnell und leicht, wie es die Berichte der Medien glauben machen wollten. Aus diesen Gründen kann die Vergebung der Amish nicht wie aus einer Mine des Süd-Lancaster Countys »abgebaut« werden, um sie dann in eine andere Umgebung zu transportieren. Die Lehren der Gnade, die wir aus Nickel Mines ziehen können, müssen mit Sorgfalt gewonnen und in angepasster Weise mit Demut zur Anwendung gebracht werden.

Lehren der Gnade aus Nickel Mines

Auch wenn die Amish auf einen reichen Schatz an kulturellen Traditionen zurückgreifen können, wenn sie sich einer Aufgabe stellen, so tun sie dies doch als fehlbare Menschen. In dieser Hinsicht *sind* die Amish wie wir anderen und wir wie sie. Dieser Punkt sollte offensichtlich sein, aber manche Leute mutmaßen, dass die Amish auf Hilfsmittel aus einer anderen Welt zurückgreifen können, die wir anderen bisher noch nicht gefunden haben. Der Gott, dem die Amish dienen – und hier steckt tatsächlich ein Stückchen Wahrheit in dieser Annahme – *erwartet*, dass der Mensch seine Feinde liebt und seinem Schuldigern vergibt. Die Fähigkeit zu vergeben ist aber nicht auf die Amish oder auf Christen oder auf Menschen, die an Gott glauben, beschränkt. Vergeben kann göttlich sein, wie es uns der Dichter Alexander Pope nahelegen möchte. Wenn dem so ist, dann ist es ein göttlicher Akt, der für alle menschlichen Gemeinschaften verfügbar ist.

Während wir an diesem Buch schrieben, sind wir auf viele Geschichten gestoßen, die von Vergebung handeln und genauso bewegend sind wie die Geschichte von Nickel Mines: Geschichten von Menschen, die erschossen und tot zurückgelassen wurden, Menschen, deren Kinder missbraucht und verletzt wurden, Menschen, deren Ehe von Untreue erschüttert wurde,

Menschen, deren guter Ruf durch sogenannte Freunde zerstört wurde. Die meisten dieser Menschen hatten keine Verbindung zu den Amish und konnten nicht auf kulturelle Wurzeln zurückgreifen, wie die, die bei den Amish zum Tragen kommen, wenn sie mit Ungerechtigkeit konfrontiert werden. Doch auch sie konnten vergeben – nicht so schnell oder so leicht. Doch eines Tages war es so weit – und sie erfuren all das Gute, das mit Vergebung einhergeht.

Psychologen, die sich mit dem Konzept der Vergebung beschäftigt haben, haben herausgefunden, dass Menschen, die vergeben, im Allgemeinen ein glücklicheres und gesünderes Leben führen als solche, die es nicht tun. Die Amish, die wir befragt haben, stimmten dem zu und führten ihre eigene Erfahrung, die sie mit der Vergebung gemacht hatten, an. Einige sagten, sie seien von dem, der ihnen Böses getan hatte, »beherrscht worden«, bis sie in der Lage waren zu vergeben. Die »Säure des Hasses« zerstört die Person, die nicht vergibt, bis sie sich vom Hass befreit. Da diese Äußerungen von Mitgliedern einer religiösen Gemeinschaft kommen, die auf Selbstverleugnung Wert legt, zeigen solche Kommentare, dass den Amish trotzdem daran gelegen ist, für sich selbst und ihr persönliches Glück zu sorgen. Vergebung mag in mancher Hinsicht Selbstverleugnung sein, aber sie ist kein Selbsthass. Die Amish, die wir interviewten, bestätigten, was Psychologen sagen: Vergebung heilt den Menschen, der sie anbietet, und befreit ihn, sodass er mit mehr Lebensfreude und einem Gefühl der Ganzheitlichkeit weiterleben kann.

Die Amish liefern also Belege dafür, dass Vergebung denjenigen, der vergibt, heilt. Noch deutlicher sind aber die Belege dafür, dass Vergebung auch dem Schuldigen nützt. Vergebung leugnet nicht, dass etwas Furchtbares passiert ist, aber sie verzichtet auf ihr Recht, den Übeltäter im Gegenzug zu verletzen. Auch wenn Charles Roberts tot war, starben mit seinem Selbstmord noch lange nicht die Möglichkeiten, Rache an seiner Familie zu üben. Statt Vergeltung zu üben, zeigten die Amish aber Mitgefühl für seine Familie und nahmen sogar an seiner Beerdigung teil. Mit anderen Worten, die Amish von Nickel Mines entschieden sich, den Mörder nicht zu verteufeln, sondern ihn und seine Familie als Mitglieder der Gesellschaft zu betrachten. Die Vergebung der Amish war folglich ein Geschenk an Charles Roberts, seine Familie und sogar an die Welt, denn mit ihr wurde der erste Schritt auf dem Weg zur Wiederherstellung des sozialen Netzes gemacht, das durch die Schüsse zerrissen worden war.

Dieser Akt der Gnade brachte viele Menschen, die aus der Ferne zusahen, zum Erstaunen. Die Reaktion der Amish bildete einen willkommenen Gegensatz zu den Selbstmordbomben und der religiös motivierten Wut, von der sonst immer die Rede ist. Schließlich leben wir in einer Welt, wo Religion eher zu Racheakten anstachelt, statt sie zu bremsen. Weniger klar ist, ob die Reaktion der Amish als Vorbild für die Welt dienen kann, oder ob sie ein unerreichbares Ideal bleiben muss.

Vielleicht liegt die Antwort auf diese Frage irgendwo dazwischen. Es mag sein, dass wir von Ehrfurcht ergriffen und tief davon beeindruckt waren, dass sich die Amish bemühten, einer bösen Tat mit einer liebevollen und heilenden Reaktion zu begegnen. Wir wissen wohl auch, dass wir mit Zorn und nicht mit Gnade reagiert hätten, wenn unsere Kinder wie die in der West Nickel Mines School erschossen worden wären. Diese Sichtweise ist zwar ehrlich, aber auch problematisch, weil sie davon ausgeht, dass Rache eine natürliche Reaktion ist, und dass Vergebung etwas für Leute wie die Amish ist, die ihr Leben damit verbringen, ihre natürlichen Neigungen zu unterdrücken.

Wir nehmen oft an, dass Menschen angesichts von Gewalt und Ungerechtigkeit angeborenes Verhalten an den Tag legen. Zum Beispiel wurde von einigen, die der Meinung waren, die Amish hätten Roberts »zu schnell« vergeben, vermutet, die

Amish hätten ein grundlegendes menschliches Bedürfnis nach Rache verleugnet. Doch vielleicht entspricht es ja unserem menschlichen Bedürfnis viel eher, Wege zu finden, um über Tragödien mit einem Gefühl der Heilung und Hoffnung hinwegzukommen.

Was wir sowohl von den Geschehnissen in Nickel Mines als auch ganz allgemein von den Amish lernen können, ist, dass die Art und Weise, wie wir mit Katastrophen umgehen, kulturell bestimmt wird. Für die Amish, die ihre religiösen Rituale nutzen, um mit Ungerechtigkeit umzugehen, besteht der bevorzugte Weg, mit Sinn und Hoffnung weiterzuleben, darin zu vergeben – und das so schnell wie möglich. Dieses Angebot, zu dem die Bereitschaft gehört, auf Rache zu verzichten, macht die Tragödie nicht ungeschehen oder verzeiht das Unglück. Es bietet jedoch einen ersten Schritt in eine Zukunft, die mehr Hoffnung und weniger Gewalt verspricht.

Wie können wir uns dieser Richtung annähern? Die meisten von uns sind von einer Kultur geprägt worden, die Rache nährt und Gnade verachtet. Hockey-Fans sind bereits unzufrieden, dass sie nichts für ihr Geld bekommen haben, wenn die Spieler nur laufen und Punkte erzielen, ohne sich zu schlagen. Blutige Videospiele sind überall erhältlich und die Spiele, die uns vor zehn Jahren bereits extrem gewalttätig erschienen, sind zahm im Vergleich zu den Standards von heute. Die Blockbuster-Filmplots handeln von Helden, die gnadenlos auf Rache sinnen. Und es ist nicht nur die Filmindustrie, die uns Gnadenlosigkeit vorführt. Verkehrsunfälle setzen Horden von Rechtsanwälten in Gang, die die Opfer ermutigen, das zu erstreiten, was ihnen von Rechts wegen zusteht. »Das, was uns zusteht« ist in unserer konsumorientierten Welt vielleicht der am weitesten verbreitete Satz. »Der Mensch, der ehrenamtlich Zeit opfert, der einem Fremden hilft, der für wenig Lohn für das öffentliche Wohl arbeitet, kommt sich wie ein Narr vor«, schreibt Robert Kuttner in *Everything for Sale*[1]. In einer Kultur, die Kaufen und Verkaufen in den Vordergrund rückt, statt Geben und Nehmen zu belohnen, ist Vergebung nicht gerade angesagt.

Gegen den Strom schwimmen, für unsere Welt alternative Wege finden, Wege, die Vergebung leichter machen – dazu braucht es mehr als den Willen Einzelner. Wir sind nicht nur die Produkte unserer Kultur, wir erschaffen sie auch. Und es ist dringend notwendig, eine Kultur zu schaffen, die Vergebung wertschätzt und nährt. Die Amish haben auf ihre Weise eine solche Umgebung geschaffen. Unsere Aufgabe wird es sein, *unsere* Ressourcen kreativ einzusetzen, um eine Kultur zu schaffen, die Rache als erste Reaktion vermeidet. Wie können wir Gemeinschaften schaffen, in denen Feinde wie Mitmenschen behandelt und nicht dämonisiert werden? Wie können diese Gemeinschaften Visionen unterstützen, die ihre Mitglieder befähigen, Verbrecher, genauso wie Opfer, als Personen mit echten Bedürfnissen zu sehen? Auf diese Fragen gibt es keine einfachen Antworten, aber jede Antwort enthält etwas, das wir wertschätzen wollen; Bilder, die wir feiern wollen und die Geschichten, an die wir uns erinnern wollen.

Ja, Vergebung ist weniger eine Angelegenheit des Vergebens und Vergessens als eine Angelegenheit des Vergebens und *Erinnerns*, und das auf eine Art und Weise, die Heilung bringt. Wenn wir uns erinnern, nehmen wir die zerbrochenen Teile unseres Lebens – eines Lebens, das durch Tragödien und Ungerechtigkeit zerstückelt wurde – und fügen sie durch unsere Erinnerung wieder zu einem Ganzen zusammen. Eine schreckliche Beleidigung zu vergessen, die einem Einzelnen oder einer Gruppe galt, ist vielleicht nicht ohne Weiteres möglich. Doch die Entscheidung liegt bei uns, wie wir uns an etwas erinnern wollen, was wir nicht vergessen können.

Bei den Amish gehören zu barmherzigem Erinnern Sitten, die vom Beispiel Jesus leben, der seinen Peinigern vergab, als er am Kreuz hing, und an Dirk Willems, der zurückkehrt und seinen Feind aus dem eiskalten Wasser zieht. Als die dreizehnjährige Marian im Schulhaus rief: »Erschieß' mich zuerst«, und als die Erwachsenen ihrer Gemeinde ein paar Stunden nach ihrem Tod mit Worten der Gnade zur Familie des Mörders gingen, griffen sie auf solche Gewohnheiten zurück. So, wie von ihrem Handeln in Nickel Mines in zukünftigen Generationen am Mittagstisch der Amish erzählt werden wird, so werden Erinnerungen über die Kraft des Glaubens wach gehalten, Glauben der auf Ungerechtigkeit und Gewalt mit Gnade in einer Welt reagiert, in der Glauben oft Rache rechtfertigt und verherrlicht. In einer Welt, in der manche Christen die Heilige Schrift zitieren, um Vergeltung zu rechtfertigen, war die Reaktion der Amish wirklich eine Überraschung. Ungeachtet der Details der Geschichte von Nickel Mines ist eine Botschaft klar: Die Religion wurde nicht benutzt, um Raserei und Rache zu rechtfertigen, sondern um Güte, Vergebung und Gnade zu wecken. Das ist die Lehre, die wir daraus ziehen können – gleichgültig, welchem Glauben wir anhängen und zu welcher Nation wir gehören.

Epilog

Unser Bericht über die Gnade der Amish wurde im November 2006 abgeschlossen. Seither ist die Gemeinde von Nickel Mines zu einer »neuen Normalität« zurückgekehrt, zu der es gehört, dass man Mut und Gnade zum Ausdruck bringt.

Weihnachten 2006 waren vier der fünf verletzten Mädchen in den Unterricht zurückgekehrt und kamen gut zurecht. Einige von ihnen nahmen an verschiedenen Rehabilitationsmaßnahmen teil und standen vor weiteren Operationen, die sie wieder gänzlich herstellen sollten. Das am schlimmsten verletzte Mädchen blieb im Halbkoma in der Obhut seiner Eltern, zeigte aber kleine Zeichen von Besserung. Eins der Mädchen, das zur Schule zurückgekehrt war, hatte erfolgreich alle Hausaufgaben erledigt, die die Lehrerin in den Wochen nach der Schießerei aufgegeben hatte und die sie nicht hatte machen können.

Ende Februar 2007 hatten Amish-Zimmerleute ein neues Schulhaus im Bau. Das neue Schulhaus, das weniger als eine halbe Meile von der alten Schule entfernt ist, liegt auf einem Platz, der etwas abgeschiedener ist, in der Nähe einiger Häuser und abseits der Straße. Nachdem die Schüler in einem Gebäude auf dem Grundstück eines Amish den Unterricht besucht hatten, zogen sie am Montag, den 2. April, genau sechs Monate nach der Tragödie in ihr neues Gebäude mit dem Namen New Hope (neue Hoffnung) ein. Eine neue Familie mit einigen Töchtern zog in die Gegend und erhöhte die Zahl der Mädchen in New Hope. Die Witwe des Mörders und Mitglieder ihrer Familie besuchten die Schule, sprachen mit den Kindern, spielten mit ihnen Ball und zeigten ihnen die Lichter und die Sirenen an ihren Autos.

Der Akt der Vergebung vom Oktober 2006 war der erste Schritt in einem weitergehenden, manchmal schwerfälligen, aber ständig anhaltenden Bemühen der Wiederaussöhnung, um die Beziehungen ins Gleichgewicht zu bringen, die von der Schießerei so belastet worden waren. Das von Gefühlen erfüllte Treffen im Bart Township Feuerwehrhaus zwischen den Verwandten von Charles Roberts und den Familien der Amish war nicht der letzte Kontakt zwischen ihnen. So fuhr zum Beispiel die Witwe von Charles Roberts, Amy, eine der Mütter zum Krankenhaus, damit sie ihre Tochter, die auf dem Weg der Genesung war, besuchen konnte. In der Weihnachtszeit gingen Amish-Schulkinder zum Haus der Roberts und sangen Weihnachtslieder. Amy und ihre Kinder zogen zwar später von Georgetown weg, aber andere Familienmitglieder blieben in der Gegend und hatten weiter Kontakt zu den Amish-Familien.

Roberts Eltern besuchten die Übergangsschule, nahmen an einem Amish-Weihnachtsprogramm teil und besuchten die Eltern, die in die Tragödie verwickelt waren. Amish, die den Taxidienst des Vaters des Todesschützen in Anspruch genommen hatten, versicherten ihm, dass sie weiterhin von ihm gefahren werden und seinen Dienst in Anspruch nehmen wollten. Amish-Farmer um Georgetown herum hießen die Wiederaufnahme von Roberts Milchroute durch seinen Schwiegervater willkommen. So hielten sie weiterhin zu der Familie Kontakt. Ein Amish-Vater, der über die freundliche Reaktion der Familie Roberts nachdachte, sagte: »Ihre Freundlichkeit hat uns in dem Heilungsprozess sehr geholfen.«

Trotzdem hält der Schmerz, der durch das Trauma entstanden ist, an. »Dieses halbe Jahr war für manche von uns ziemlich hart«, sagte Sylvia. Bestimmte Bilder, Geräusche und Wörter wecken noch immer ängstliche Gedanken und Reaktionen.

Einige der Schulkinder haben nachts Albträume, aber andere schlafen gut. Manche Erwachsene erschrecken noch immer beim Geräusch von Hubschraubern, die über die Gegend fliegen. Jeder versteht, dass Zeit und harte Arbeit nötig sind, um eine neue Normalität zu finden. Zwei Babys, von Eltern geboren, die bei der Schießerei Kinder verloren haben, erleichterten die Rückkehr zu einem normalen Leben.

Die Eltern der Schulkinder haben sinnvolle Unterstützung von Amish und englischen Freunden und vor allem untereinander bekommen. Die Mütter treffen sich noch regelmäßig in einem ihrer Häuser, um ihre Trauer zu teilen und Ermutigung zu finden. Auch die Väter kommen – wenn auch weniger regelmäßig – zusammen. Ein Vater, der eine Tochter verloren hat, sagte: »Wir bekommen die meiste Unterstützung, indem wir uns einfach treffen und mit den andere Eltern sprechen.«

Sechs Monate nach der Schießerei sagte ein Gemeindeführer: »In uns ist immer noch Zorn, aber wir bewegen uns in Richtung Vergebung.«

Mitglieder der Gemeinde unterstützen einander weiterhin in vielerlei Hinsicht. Immer noch fließen Geldgeschenke zum Haftungskomitee, das die mehr als 4 Millionen Dollar, die eingegangen sind, verwaltet und verteilt. Der »Bart Township Mud Sale« (Schlammverkauf), bei dem Geld für die Feuerwehrgesellschaft gesammelt wird und der nach den matschigen Wetterbedingungen im Frühjahr, unter denen die Veranstaltung oft abgehalten wird, benannt ist, fand am 3. und 17. März 2007 statt. Der Verkauf gab Außenstehenden und Amish-Gemeindemitgliedern eine Möglichkeit zusammenzukommen – dieses Mal zum Feiern. Bei der Auktion werden gewöhnlich Antiquitäten, Quilts, Möbel, Pferdewagen, landwirtschaftliche Gegenstände, Vieh und Essen verkauft. Die Spender waren sowohl Amish wie Engländer. In diesem Jahr hatte der Verkauf zusätzliche Bedeutung, auch wenn er immer ein sehnlich erwartetes Ereignis ist. Dieses Mal wurden die Einwohner daran erinnert, dass ihre Gemeinde, die eine unvorstellbare Tragödie erlebt hatte, auf dem richtigen Weg war.

Die Einwohner freuen sich auf ein Zusammenkommen im Sommer 2007, das sie für Polizeibeamte, die Mitglieder der Feuerwehr, Notdienste, Eltern und Familien der Amish und die Familie Roberts ausrichten wollen. Ein Künstler der Amish hat eine große hölzerne Gedenktafel für diesen Anlass geschaffen, auf dem ihre Dankbarkeit für die Polizei zum Ausdruck kommt. Die Schüler der West Nickel Mines School konnten mit einem Stift ihre Namen auf der Tafel einbrennen. Sie wird bei der Feier der Polizei übergeben werden.

Dann wird wenige Monate später die Herbst- Abendmahls-Saison beginnen. Die Amish werden wieder Matthäus 18 aus dem Neuen Testament lesen, wo Jesus über das siebzig mal sieben spricht.

April 2007

Danksagung

Es war Teamarbeit nötig, um dieses Buch mit seinem engen Zeitplan zu schreiben. Wir sind deshalb dankbar für die Freundlichkeit und Großzügigkeit vieler Menschen, die uns bei diesem Projekt halfen. Den größten Dank schulden wir einigen Dutzend Amish, die großzügig ihre Zeit gegeben haben, um über Vergebung der Amish zu sprechen. Sie haben geduldig viele Fragen beantwortet, von denen manche schmerzlich und alle bohrend waren. Ohne ihre Einsichten wäre dieses Buch nicht möglich gewesen.

Noch viele weitere Personen haben uns geholfen. Besonderer Dank geht an David Rempel Smucker für seine historische Forschung und die Übersetzung der deutschen Dokumente, an Florence Horning für die Übersetzung des Pennsylvaniadeutsch und ihre geistliche Unterstützung, Cynthia Nolt, deren hervorragende Fähigkeiten als Lektorin unseren Text verbessert haben, Valerie Weaver-Zercher, deren Herausgeberaugen unseren Stil und den Erzählfluss verbessert haben und vier studentische Hilfskräfte – Courtney Fellows, Benjamin Lamb, Megan Memoli und Kami Tyler – die eine Vielzahl von Forschungs- und Unterstützungsdiensten geleistet haben.

Wie immer haben wir von der Unterstützung unserer Kollegen in Elizabethtown College, Goshen College und Messiah College profitiert. Einige Kollegen haben sich zu Kapiteln, andere zu Ideen geäußert. Charles Seitz vom Messiah College und Joe Liechty vom Goshen College haben uns geholfen, die Aspekte, die mit Vergebung und Versöhnung verbunden sind, zu sehen, und die Bibliothekare aller drei Institutionen haben uns großzügig Zeit und Energie gewidmet.

Drei national anerkannte Wissenschaftler, die über Vergebung arbeiten – Robert Enright, Fred Luskin und Everett Worthington Jr. – haben Zeit und Energie aufgewendet und uns geholfen, die Aspekte von Vergebung besser zu verstehen. Ihre Bücher und Artikel haben uns in die wissenschaftliche Arbeit, die zu diesem Thema bereits geleistet wurde, eingeführt.

Wir schulden dem Fetzer-Institut besonderen Dank für die finanzielle Unterstützung unserer Forschung. Wir haben für die enthusiastische Unterstützung von Shirley Showalter, der Vizepräsidentin des Fetzer-Institutes, sowie von Wayne Ramsey, der viele Stunden mit uns über Forschung der Vergebung gesprochen hat, zu danken.

Der Text von *Die Gnade der Amish* ist genauer geworden, weil viele Menschen bereit waren, frühe Entwürfe des Manuskripts zu lesen und zu kritisieren. Neben sechs Amish-Lesern schätzen wir die aufmerksamen Reaktionen und Kritiken, die wir von Kimberly Adams, Nancy Adams, Herman Bontrager, Helen Burns, Julie Heisey, Jake Jacobsen, Joe Liechty, Fred Luskin, Wayne Ramsey, Stephen Scott, Richard Stevick und Everett Worthington bekamen. Sie haben gute Fragen über die Natur der Vergebung und das Leben der Amish gestellt. Auch wenn wir nicht alle ihre Fragen beantworten konnten, ist unser Text mithilfe ihrer Anmerkungen stärker geworden.

Schließlich danken wir unseren Ehepartnerinnen und Familien. Sie haben uns unerschütterlich in den hektischen Monaten unserer Forschung und unseres Schreibens beigestanden. Sie haben während des Schreibprozesses gewiss eine Menge über Vergebung gelernt – manchmal in der Theorie und manchmal in der Praxis. Es ist für uns ein Segen, dass es solch gütige Menschen in unserem Leben gibt.

234

Anhang – Die Amish von Nordamerika

Täufer – Amish und Mennoniten

Die Täuferbewegung entstand in der Zeit der protestantischen Reformation im Europa des 16. Jahrhunderts. Die Täufer, die oft als der radikale Flügel der Reformation bezeichnet wurden, betonten oft die wörtliche Interpretation der Lehren Jesu und besonders die der Bergpredigt. Sie lehnten Kindertaufe mit dem Argument ab, die Taufe solle eine freiwillige, erwachsene Entscheidung sein, Jesus nachzufolgen – und auf dieser Grundlage tauften sie einander in die Bewegung hinein. Alle diese Radikalen waren Jahre zuvor von der Staatskirche als Kinder getauft worden, und ihre Gegner nannten sie Anabaptisten, was »Wiedertäufer« bedeutet.

Der Ruf der Wiedertäufer nach einer freiwilligen, von der Aufsicht der Regierung unabhängigen Gemeinde brachte sowohl katholische wie protestantische religiöse Führer als auch Staatsbeamte gegen sie auf und führte zu heftigen Verfolgungen. Im ersten Jahrhundert der Bewegung wurden 25 000 Menschen hingerichtet – sie wurden entweder verbrannt oder enthauptet. Viele weitere wurden gefoltert oder eingekerkert. Diese Verfolgungen haben die Wiedertäufer in ihrer Vorstellung bestärkt, die wahre Kirche werde immer in der Minderheit bleiben. Es entstand eine Ethik des Separatismus. Die frühe Täuferbewegung wird gekennzeichnet durch kleine, zersplitterte Gruppen mit unterschiedlichen Interpretationen des Glaubens und dessen Umsetzung.

1536 konvertierte ein niederländischer katholischer Priester, Menno Simons, zum Täufertum und wurde später ein erfolgreicher Verfasser und einflussreicher Führer. Seine Anhänger wurden später *Mennoniten* genannt. Ende des 17. Jahrhunderts führte ein weiterer Anhänger der Täufer namens Jakob Ammann in der Schweiz und im Elsass eine Erneuerungsbewegung an. Die Wiedertäufer dieser Gegend waren in Ammanns Augen zu sehr an ihrem sozialen Ansehen interessiert. Deshalb forderte er strengere christliche Praktiken, die durch energische Kirchendisziplin durchgesetzt werden sollten. Ammanns Nachfolger wurden später als die Amish bekannt. Obwohl die Amish und die Mennoniten ihre gemeinsamen Wurzeln in der Täuferbewegung haben, gelten sie seit 1693 als zwei unterschiedliche Gruppen innerhalb der Täuferfamilie.

Amish und Mennoniten emigrierten unabhängig voneinander nach Nordamerika, siedelten aber oft in den gleichen Gegenden. Die Amish wanderten in unterschiedlichen Wellen aus, zuerst in der Mitte des 18. Jahrhunderts und dann wieder im 19. Jahrhundert. Sie gründeten Siedlungen in Pennsylvania, Ohio und Indiana und verbreiteten sich dann in anderen Staaten. In der zweiten Hälfte des 19. Jahrhunderts kämpften die Amish damit, wie sie auf die Veränderungen, die durch die industrielle Revolution entstanden waren, auf evangelikale Erweckungsbewegungen und die Eingriffe einer konsumorientierten Massengesellschaft reagieren sollten. In dieser Zeit schlossen sich einige der Amish verschiedenen mennonitischen Gruppen an. Die Amish, die an den älteren Gepflogenheiten festhielten, wurden schließlich als *Amish Alter Ordnung* bezeichnet.

Im 21. Jahrhundert gibt es zahlreiche Mennoniten- und Amish-Gruppen. Viele Mennoniten fahren Autos, tragen moderne Kleidung, unterstützen höhere Bildung und nutzen moderne Technologien, während einige der Mennoniten der Alten Ordnung für den Transport Pferd und Pferdewagen benutzen.

Fast alle Amish-Gruppen lehnen diese Dinge ab, und aus diesem Grund sind sie in den Vereinigten Staaten und darüber hinaus für ihre besondere Lebensweise bekannt geworden.

Familienbezirk, Siedlung und Verwandtschaft

Die Schlüsselbausteine der Amish-Gesellschaft sind die Großfamilie, der Gemeindedistrikt, die Siedlung und die Verwandtschaft. Riesige Großfamilien sind die Basis der Gesellschaft der Amish. Es ist für einen Amish nichts Ungewöhnliches, dass er 75 Cousinen und Cousins ersten Grades hat, und dass Großeltern 50 oder mehr Enkel und Enkelinnen haben. Die Männer und Frauen der Amish haben traditionelle und genau definierte Geschlechterrollen. Der Ehemann ist innerhalb der Familie das religiöse Oberhaupt. Frauen widmen sich typischerweise dem Haushalt und den Kindern. Frauen mit kleinen Kindern arbeiten fast nie außer Haus, obwohl manche zu Hause die Ladengeschäfte, Gewächshäuser oder Bäckereien organisieren. Die meisten Amish-Frauen sind an Haushaltsentscheidungen und Fragen der Kindererziehung beteiligt, ohne die Rolle des Mannes als religiöses Haupt der Familie infrage zu stellen.

Die Amish-Gesellschaft ist in selbstverwalteten örtlichen *Gemeindedistrikten* organisiert. Der Distrikt ist die soziale und religiöse Heimat für 25 bis 40 Haushalte. Die Amish haben keine Kirchengebäude, sondern versammeln sich stattdessen jeden zweiten Sonntag in Häusern der Mitglieder, wobei sie im Bezirk von Haus zu Haus wechseln. Die enge Nachbarschaft fördert einen starken Zusammenhalt und Kontakt untereinander im täglichen Leben.

Jeder Gemeindedistrikt hat seine eigenen Führer. Es sind immer Männer: ein Bischof, zwei oder drei Prediger und ein Diakon. Der Bischof hat die Oberleitung für den Bezirk und wird von den Predigern unterstützt. Diakone koordinieren die gegenseitige Hilfe und bestimmen zum Beispiel, wie die Mitglieder die Kosten einer teuren Arztrechnung untereinander aufteilen. Keiner der Führer hat eine formale theologische Bildung. Ihre wichtigste Qualifikation ist, dass sie ein konsequentes Leben führen, das dem Ideal der Amish entspricht. Sie sind auf Lebzeiten ordiniert und bekommen keine Bezahlung für ihre Arbeit in der Gemeinde. Sie müssen ihren Lebensunterhalt mit anderen Beschäftigungen verdienen.

Eine Ansammlung von Distrikten in einer bestimmten Region ist als *Siedlung* bekannt. Eine Siedlung kann nur einen Bezirk oder mehr als hundert Distrikte umfassen. Holmes County, Ohio, das Zentrum der größten Siedlung, umfasst etwa zweihundert Distrikte. Die Lancaster Siedlung ist die älteste überlebende Siedlung in Nordamerika. In der Lancaster Siedlung leben etwa 28 000 Kinder und Erwachsene der Amish. Derzeit hat sie etwa 165 Gemeindedistrikte.

Gemeindedistrikte, die ähnliche Praktiken haben und deren Führer miteinander kooperieren, sind als Assoziierungen bekannt. Assoziierungen basieren anders als Distrikte und Siedlungen, die geografisch definiert sind, auf gemeinsamen Regeln des Lebensstils und der Gemeindepraktiken. Die Mitglieder in einer Assoziierung stehen in engem Kontakt zueinander, heiraten oft untereinander und erlauben ihren Predigern, in ihren Gottesdiensten zu predigen. In Nordamerika gibt es mehr als zwei Dutzend Assoziierungen. Jede von ihnen hat ihre eigenen einmaligen Praktiken. Es gibt keine Zentralorganisation und keine Gemeindeautorität, die die Untergruppen zusammenhält. Die meisten Distrikte in einer Assoziierung haben ähnliche Praktiken. Trotzdem liegt die letzte Autorität für das Leben der Amish und ihre Rituale beim örtlichen Distrikt.

Wachstum und Verschiedenartigkeit

Es gibt etwa 375 Amish-Siedlungen, die auf 27 US-amerikanische Staaten und die kanadische Provinz Ontario verteilt sind. Wie gesagt, umfassen diese Siedlungen etwa 1600 Gemeindedistrikte. Nahezu zwei Drittel der Bevölkerung der Amish lebt in drei Staaten: Ohio, Pennsylvania und Indiana.

Man könnte erwarten, dass eine traditionelle Gruppe, die höhere Bildung, den Besitz von Autos und das Internet ablehnt, im Abnehmen begriffen sei. Überraschenderweise verdoppelt sich die Bevölkerung der Amish etwa alle zwanzig Jahre. Zählt man Erwachsene und Kinder zusammen, dann zählen sie zurzeit nahezu 200 000 Personen. Große Familien und hohe Verbleibquoten führen zu dem Wachstum. Die Familien haben im Durchschnitt sieben Kinder, aber zehn und mehr sind nichts Ungewöhnliches. In der Regel werden etwa 90 Prozent oder mehr ihrer jungen Leute Mitglieder der Gemeinde. Die Amish versuchen niemanden zu bekehren. Außenstehende können sich ihnen jedoch anschließen, wenn sie sich den Richtlinien der Amish unterwerfen.

Für Außenstehende sehen die Amish alle gleich aus, aber die Regeln sind von Assoziierung zu Assoziierung recht unterschiedlich. Die meisten Gruppen haben zum Beispiel an ihren Pferdewagen von Batterien erzeugtes Licht, aber die konservativsten Gemeinschaften verwenden nur Kerosinlaternen. Die meisten Häuser der Amish haben ihre Toilette im Haus, aber die Mitglieder in den traditionellsten Gruppen gehen zum Plumpsklo außerhalb des Hauses. Mit Benzin betriebene Mähmaschinen sind in einigen Regionen erlaubt, in anderen nicht. Die Frauen in einer Gemcinde dürfen nur Tret-Nähmaschinen verwenden, in anderen Gruppen sind Nähmaschinen mit Batterieantrieb erlaubt. Einige Gemeinschaften sind reich und andere ziemlich arm. Selbst innerhalb von Assoziierungen und örtlichen Gemeindedistrikten sind die Unterschiede groß.

Ordnung

Biblische Prinzipien werden durch die *Ordnung* zur Anwendung gebracht. Die *Ordnung* besteht aus distriktspezifischen Regeln, die meist nicht schriftlich festgehalten sind und durch die Praxis und mündliche Tradition weitergegeben werden. Die Regeln wenden das biblische Prinzip der »Abkehr von der Welt« auf Themen wie Kleidung, den Gebrauch von Massenmedien, Technologie und Freizeitaktivitäten an. Gemeindeführer bringen die Regeln auf den neuesten Stand, wenn neue Sachverhalte auftauchen, die häufig von Distriktmitgliedern eingebracht werden. Kontroverse Themen wie der Gebrauch von Handys, Computern, ausgefallenen Möbeln oder unzüchtiger Kleidung werden in den Mitgliederversammlungen erörtert. Die Einzelheiten der *Ordnung* sind manchmal umstritten. Die Mitglieder jeder Vereinigung bestätigen die *Ordnung* ihres Distriktes zweimal im Jahr – vor den Frühlings- und vor den Herbst-Abendmahls-Zusammenkünften.

Alle Amish-Gruppen erwarten, dass Männer und Frauen die vorgeschriebene Kleidung tragen. Von verheirateten Männern wird erwartet, dass sie sich einen Bart, aber keinen Schnurrbart wachsen lassen und einen Hut und eine Weste im Stil der Amish tragen. Von Frauen wird erwartet, dass sie eine Kopfbedeckung und gewöhnlich ein dreiteiliges Kleid, zu dem ein Umhang und eine Schürze gehört, tragen. Anders als in der modernen amerikanischen Kultur, in der Kleidung oft dazu dient, persönliche Vorlieben zum Ausdruck zu bringen, lässt die Kleidung bei den Amish die Unterwerfung unter die kollektive Ordnung erkennen und dient als öffentliches Symbol der Gruppenidentität.

Teil ihrer *Ordnung* ist es, dass die Amish der Alten Ordnung den Besitz eines Autos, elektrischen Strom von einer öffentlichen Stromleitung, den Besitz eines Fernsehapparates, eines Radios oder eines PCs, den Besuch der Highschool oder des Colleges, Dienst im Militär und Scheidung ablehnen. Die Mitglieder verpflichten sich bei der Taufe, der *Ordnung* zu gehorchen mit dem klaren Verständnis, dass sie der Gemeindedisziplin unterstellt und vielleicht ausgeschlossen werden, wenn sie dieses Versprechen brechen.

In der Regel schließen sich die Amish keiner öffentlichen Organisation oder den Gemeindediensten in ihren Ortschaften an. Einige sind jedoch Mitglieder der örtlichen freiwilligen Feuerwehr und des medizinischen Notdienstes. Sie entwickeln zwar keine engen Beziehungen zu Außenstehenden und heiraten sie auch nicht, aber sie sind gewöhnlich gute Nachbarn und haben viele Freundschaften mit Nicht-Amishen.

Jugend und Rumspringa

Die Kinder lernen zwar die Ordnung ihres Distriktes durch sorgfältige Einhaltung, aber von den Jugendlichen wird nicht erwartet, dass sie sich an die *Ordnung* halten, ehe sie getauft sind. Junge Leute warten sehnsüchtig auf ihren sechzehnten Geburtstag, wenn die Zeit des *Rumspringa* beginnt, eine Zeit des »Herumtreibens«. In dieser Zeit verbringen sie mehr Zeit mit ihren Altersgenossen, besonders an den Wochenenden, und oft beginnen sie, Verabredungen mit dem anderen Geschlecht zu treffen. *Rumspringa* endet mit der Hochzeit, die typischerweise in einem Alter von 18 bis 22 Jahren stattfindet.

Rumspringa ist ein Zeitabschnitt, in der manche Amish-Jugendliche, junge Männer mehr als junge Mädchen, größere Freiheit erleben. In dieser Übergangszeit stehen sie nicht mehr unter der strengen Kontrolle ihrer Eltern, und weil sie noch nicht getauft sind, unterstehen sie noch nicht der Autorität der Gemeinde. Während dieser Zeit halten viele Amish-Jugendliche am traditionellen Verhalten der Amish fest. Andere jedoch experimentieren mit »weltlichen« Aktivitäten – sie kaufen ein

Auto, gehen ins Kino, tragen moderne Kleidung, kaufen ein Fernsehgerät oder einen DVD-Player. In den größeren Amish-Siedlungen hängt das Verhalten der Jugendlichen oft von der Clique ab, der man sich anschließt. Amish-Eltern beobachten oft mit Sorge, welcher Clique sich ihr Kind anschließt, weil sie häufig einen großen Einfluss auf das Verhalten des Teenagers ausübt. Die Praxis des *Rumspringa* unterscheidet sich stark von Gemeinde zu Gemeinde. Manche Gemeindedistrikte sorgen dafür, dass sie unter Beobachtung von Erwachsenen stehen, andere tun es nicht.

Zu traditionellen Jugendaktivitäten gehören Volleyball, Schwimmen, Eislaufen, Picknicks, Wanderungen in den nahe gelegenen Nationalparks und große Partys mit Essen. Zu typischen Zusammenkünften gehört das »Singen«. Gruppen treffen sich in einem Haus und singen deutsche Kirchenlieder und englische Gospel Songs und unterhalten sich dann beim gemeinsamen Essen. Die »rebellischeren« Gruppen fahren manchmal Auto, mieten ein Gebäude für Partys und gehen in eine nahe gelegene Stadt in Bars und Nachtclubs. Die Kluft, die sich zwischen dem erwachsenen Amish-Leben und den rowdy-haften Jugendpartys während des *Rumspringa* öffnet, bietet spannendes Material für die Medien. Für die meisten Amish-Jugendlichen besteht *Rumspringa* aus ein paar neu gefundenen Freiheiten, die auf bescheidene Weise Ausdruck finden.

Der kurze Flirt mit der modernen Welt erinnert Amish-Ju-gendliche daran, dass sie die Wahl haben, ob sie Mitglied ihrer Gemeinde werden wollen oder nicht, und diese Wahl haben sie tatsächlich. Meist überwiegen die Kräfte des Amish-Lebens und führen sie wieder zurück in den Schoß der Gemeinde, der sie sich durch die Taufe anschließen. Das Wissen, dass sie eine Wahl haben, stärkt wahrscheinlich ihre Bereitschaft, den Stan-dards der Gemeinde und, langfristig gesehen, der Autorität der Gemeinde selbst zu folgen.

242

Wandel der Arbeit

Bis in die 1960er Jahre hinein lebten die meisten Amish auf Familienfarmen, egal in welchem Staat sie wohnten. Die Farmen der Amish waren kleine Mischbetriebe mit einem Dutzend Kühen, einigen Hühnern und ein paar Rindern. Viele halten diese Tradition noch immer aufrecht, aber es gibt inzwischen auch stärker spezialisierte Farmen mit Milchkühen und in manchen Fällen Hühnern und Schweinen. Die größeren Farmen sind tendenziell stärker mechanisiert, aber in der Regel immer noch viel weniger als die Nachbarfarmen von Nicht-Amish. Farmer mit mehr als zwanzig Kühen verwenden in der Regel Melkmaschinen und große Kühltanks. Die traditionelleren Farmer melken von Hand und transportieren ihre Milch in altmodischen Kannen zu Käsereien.

Obwohl es immer wieder behauptet wird, betreiben die meisten Amish-Farmer keine organische Landwirtschaft. Viele von ihnen verwenden Insekten- und Unkrautvernichtungsmittel und chemischen Dünger. In einigen Siedlungen gibt es einen wachsenden Trend zu kleinen spezialisierten Betrieben, die Gemüse, Kräuter und Blumen anbauen. Manche dieser Betriebe bringen Biomethoden zum Einsatz, um sich eine Nische auf den städtischen Märkten zu erobern.

Die Landwirtschaft hat zwar immer noch einen großen Stellenwert im Leben der Amish. Die meisten Amish in vielen Siedlungen haben jedoch ihre Pflüge aufgegeben. In manchen größeren Gemeinden betreiben weniger als 10 Prozent von ihnen Landwirtschaft. Dieser Wechsel zu nicht-landwirtschaftlicher Tätigkeit ist die größte Veränderung in der Amish-Gesellschaft des vergangenen Jahrhunderts. Trotz wachsender Beteiligung an Geschäften und Handel bleiben die Amish ein ausgesprochen ländliches Volk, das an Landstraßen und in den Außenbezirken kleiner Dörfer wohnt. Viele Familien verbinden die Arbeit außerhalb des Hofs mit Nebenerwerbslandwirtschaft.

In den vergangenen Jahrzehnten sind in manchen Gemeinden Hunderte von Werkstätten entstanden, die Amish gehören. Die meisten sind kleine Familienbetriebe mit weniger als zehn Angestellten und werden gewöhnlich, wenn auch nicht immer, von Männern geführt. Die meisten stellen Produkte aus Holz her – Möbel für drinnen und draußen, Gartenlauben, Schuppen, Dekorationsgegenstände für den Garten. Auch Quilt-Shops, Gewächshäuser und Bäckereien sind sehr erfolgreich. Bei niedrigen Kosten und familiärer Hilfe bei der Arbeit werfen die kleinen Geschäfte viel Gewinn ab. Der jährliche Umsatz von größeren Geschäften kann 5 Millionen Dollar übersteigen.

Arbeit auf dem Bau bietet den Männern in manchen Staaten ebenfalls Beschäftigung. In manchen Gemeinden fahren Dutzende Bautrupps beträchtliche Strecken und bauen für Nicht-Amish Privat- und Geschäftshäuser. In anderen Siedlungen arbeitet die Mehrzahl der Männer in Fabriken, die in ländlichen Gegenden liegen und Engländern gehören. In Nord-Indiana zum Beispiel arbeiten viele Amish in Fabriken, die Freizeitgeräte herstellen.

Das Wachstum an Beschäftigungen außerhalb der Landwirtschaft hat in manche Amish-Gemeinden neuen Wohlstand gebracht. Manche Führer machen sich Sorgen darüber, dass die neuen Jobs zu viel »leichtes Geld« bringen und schließlich eine Arbeitsethik auslöschen werden, die seit Generationen auf landwirtschaftlicher Arbeit gründet. Andere fürchten, dass die Ersatzleistungen wie die Krankenversicherung, die mit der Beschäftigung in einer auswärtigen Fabrik einhergehen, die Bereitschaft zur gegenseitigen Hilfe in der Gemeinde untergraben. Aus diesem Grund bevorzugen viele Amish-Gemeinschaften Werkstätten zu Haus statt Jobs weit von zu Hause entfernt. »Wir versuchen«, sagte ein Werkstattbesitzer, »die Familie zusammenzuhalten.«

Technik

Viele Außenstehende denken fälschlicherweise, die Amish würden Technik generell ablehnen. Dies ist aber nicht der Fall, sondern sie nutzen die Technik sehr selektiv. Fernsehen, Radio und PCs werden klar abgelehnt, aber andere Arten von Technik werden genutzt oder so verändert, dass sie den Bedürfnissen der Amish dienen. Mechaniker der Amish bauen auch neue Maschinen, die zu ihren kulturellen Richtlinien passen. Darüber hinaus kaufen sie bereitwillig viele dem neuesten Stand der Technik entsprechende Geräte wie Gasgrills, Werkzeuge, Campinggegenstände, und Dinge, die in der Landwirtschaft benötigt werden.

Warum fürchten die Amish Technik? Sie halten die Technik selbst nicht für böse, aber sie glauben, dass Technik, wenn sie nicht gezähmt wird, würdige Traditionen unterminiert und die Anpassung an die sie umgebende Gesellschaft beschleunigt. »Das ist das, was sie in der nächsten Generation erreichen wird«, sagte ein Bischof. Sie fürchten, dass besonders die Massenmedien fremde Werte in ihre Kultur einführen. Ein Auto wird nicht als unmoralisch betrachtet, aber es birgt die Gefahr, dass es die Familie auseinanderreißt. Fortbewegung mit dem Pferdewagen verankert die Gemeinschaft fest an ihrer Basis vor Ort. Autos bringen gewöhnlich größere Mobilität mit sich, sie lassen die örtlichen Bande brüchig werden.

Die meisten Amish verbieten, Elektrizität von öffentlichen Stromleitungen zu nutzen. »Nicht die Elektrizität ist schlecht«, sagte ein Mitglied. »Sie steht nur für all das, was wir nicht brauchen und was damit einhergehen würde.« Elektrizität von Batterien ist stärker örtlich gebunden, kontrollierbar und unabhängig von der äußeren Welt. In manchen Gemeinden verwenden die Amish zum Beispiel Batterien für die Beleuchtung an den Pferdewagen, für Rechenmaschinen, für Gebläse, Taschenlampen, Ladenkassen, Kopierer und Schreibmaschinen. Solarenergie wird manchmal genutzt, um Batterien aufzuladen und elektrische Zäune und Haushaltsgeräte mit Strom zu versehen.

Die selektive Verwendung von Technik bringt Außenstehende oft zum Staunen. Warum sollte Gott ein Telefon missbilligen? Welchen Sinn macht es, einen Traktor in der Scheune stehen zu lassen und ihn nicht aufs Feld zu bringen? Ist es nicht inkonsequent, englische Taxifahrer zu engagieren, aber sich zu weigern, Autos zu besitzen? Und worin besteht der Unterschied zwischen Elektrizität mit zwölf Volt aus Batterien und Strom mit 110 Volt aus Elektrizitätsnetzen? Diese Unterscheidungen mögen dem Außenstehenden seltsam vorkommen, aber im Kontext der Geschichte der Amish sind sie wichtige kulturelle Kompromisse, die geholfen haben, das Tempo des sozialen Wandels aufzuhalten und die moderne Welt in Schach zu halten.

All diese Anpassungen spiegeln den Versuch der Amish wieder, Tradition und Wandel in Einklang zu bringen. Ökonomische Zwänge spielen oft bei ihren Entscheidungen, was Technik betrifft, eine Rolle. Aber Annehmlichkeit um der Annehmlichkeit willen hat bei ihnen keine hohe Priorität. Die Amish sind bestrebt, die Technik zu beherrschen und nicht ihr Sklave zu werden. Wie nur wenige andere Gemeinschaften haben sie Beharrlichkeit darin gezeigt, die mächtigen Kräfte der Technik zu zügeln, um ihren traditionellen Lebensstil zu bewahren.

Beziehungen zur Regierung

Im Gegensatz zu manchen Fehlwahrnehmungen zahlen die Amish Steuern: Landessteuern und Bundes-Einkommensteuern, Umsatz- und Liegenschaftssteuern und Steuern für öffentliche Schulen. Sie sind jedoch von Abgaben für die Sozialversicherung befreit, weil sie sie als eine Form von Versicherung ansehen und sich weigern, Unterstützungsleistungen anzunehmen. Die Amish glauben, dass die Bibel ihnen vorschreibt, für die Kirchenmitglieder zu sorgen, die besondere Bedürfnisse haben, einschließlich der Alten. Sich auf eine kommerzielle Versicherung oder eine Versicherung der Regierung zu verlassen, verspottet ihrer Meinung nach ihren Glauben, dass Gott durch die Kirche für sie sorgen wird.

Den Amish wird gelehrt, Ermahnungen der Bibel zu folgen und Regierenden Respekt zu zollen und für sie zu beten. Wenn sie jedoch in einen Konflikt zwischen ihrem Gewissen und dem Zivilgesetz geraten, dann zitieren sie den Bibelvers: »Du sollst Gott mehr gehorchen als den Menschen« (Apostelgeschichte 5, 29). Aufgrund ihres Studiums des Neuen Testamentes, besonders der Bergpredigt, glauben sie, dass die Nachfolger Jesu auf Gewalt verzichten sollen, und sie verbieten jegliche Selbstverteidigung und den Eintritt in die Armee. Im Allgemeinen vermeiden sie es, öffentliche Ämter anzunehmen und sich an politischen Aktivitäten zu beteiligen.

Allerdings ist ihnen erlaubt zu wählen. Die Wahlbeteiligung ist in der Regel niedrig, es sei denn, eine örtliche Angelegenheit steht zur Entscheidung an.

In den zurückliegenden Jahren haben die Amish gegen die wachsende regulierende Macht des Staates angekämpft. Zu den Spannungsfeldern gehört Militärdienst, Bildung, Sozialversicherung, Krankenversicherung, Grenzziehung bei Grundstückseigentum, Kinderarbeit, Identifikation durch Fotos und der Gebrauch von Verkehrszeichen für langsame Gefährte. Um mit diesen verschiedenen Konflikten klarzukommen, haben die Amish ein nationales Steuerungskomitee mit Repräsentanten in verschiedenen Staaten gebildet. Sie sollen mit den öffentlichen Gesetzgebern verhandeln, wenn Streitfälle aufkommen. Im Allgemeinen haben sich die Amish gut in das politische System eingepasst, das ihre Freiheit respektiert und ihre Freiheit des religiösen Ausdrucks schützt.

Makel und Vorzüge

Die Amish sind weit davon entfernt, perfekt zu sein. Auch die Herzen von Amish sind manchmal von Gier, Eifersucht und Zorn erfüllt. Eltern klagen über ihre Kinder, und manche Amish-Jugendliche rebellieren gegen ihre Eltern, ihre Gemeinde und sogar gegen das Gesetz. Die Amish verbieten zwar die Scheidung, aber manche Ehen sind schwierig. Es ist auch bekannt geworden, dass Kirchenführer ihre Macht missbraucht haben, und in Amish-Familien gibt es sexuellen und körperlichen Missbrauch wie in anderen nordamerikanischen Familien auch. Uneinigkeit schwächt manchmal einen Gemeindedistrikt und führt zu Spaltungen.

Trotz ihrer Schönheitsfehler haben die Amish eine bemerkenswert stabile Gesellschaft entwickelt. Für alte und behinderte Mitglieder bietet sie Fürsorge und Würde mit nur wenig Hilfe der Regierung. Einmal abgesehen von gelegentlichem Arrest wegen Alkohol- oder Drogenmissbrauchs unter ihren Jugendlichen, haben die Amish-Gemeinden bis jetzt viele der schädlichen Einflüsse des modernen Lebens unterbinden können. Sie haben, von ein paar Ausnahmen abgesehen, keine obdachlosen oder arbeitslosen Mitglieder, und niemand lebt von staatlichen Hilfen. Nahezu kaum ein Amish sitzt im Gefängnis, und nur sehr selten trennen sich Paare der Amish. So haben sie, wenn man alles in Betracht zieht, auch ohne höhere Bildung, professionelle Ausbildung und die volle Nutzung von Technologie eine humane Gesellschaft geschaffen.

Die Amish haben gelernt, mit Begrenzungen zu leben. Ja, sie pflegen zu argumentieren, dass das Setzen und Respektieren von Grenzen bei fast allem eine der Grundlagen der Weisheit ist. Grenzen sind für die Amish eine notwendige Voraussetzung für menschliches Glück. Ohne Grenzen – so glauben die Amish – wird der Einzelne arrogant, eingebildet und selbstzerstörerisch. Begrenzungen – das ist nicht zu leugnen – schränken die individuelle Freiheit, die persönliche Wahlmöglichkeit und verschiedene Formen der Selbstentfaltung ein. Gleichzeitig, so sagen sie, geben sie dem Einzelnen mehr Würde und Sicherheit als die endlosen Wahlmöglichkeiten, die das moderne Leben bietet. In der Denkweise der Amish schafft der Respekt vor Grenzen erst die Gemeinschaft, erzeugt Zugehörigkeitsgefühl und prägt die Identität – drei wichtige Schlüssel für menschliche Zufriedenheit und menschliches Glück.

Anmerkungen

1. Die Amish von Nickel Mines

1) Die Autoren verwenden die erste Person Plural (wir). Jeder der Autoren erhielt in den Tagen nach der Schießerei viele Anfragen der Medien. Die Beobachtungen vor Ort in Nickel Mines am 3. Oktober stammen jedoch von Donald B. Kraybill.

2. Die Schießerei

1) Aus: Eine Unparteiische Lieder-Sammlung zum Gebrauch beim Öffentlichen Gottesdienst und der Häuslichen Erbauung, Pathway Publishers, Aylmer, Ontorio – LaGrange, Indiana.

2) Dora Rappart, 1847–1923, Originaltext deutsch

3. Die Nachwehen

1) *Die Botschaft* ist eine von mehreren Amish-Zeitungen. Diese Veröffentlichungen bestehen aus Briefen, die von »Schreibern« (Korrespondenten) geschrieben sind, die von den neuesten Ereignissen in ihrer Gegend berichten.

2) Aus: Eine Unparteiische Lieder-Sammlung zum Gebrauch beim Öffentlichen Gottesdienst und der Häuslichen Erbauung, Pathway

Publishers, Aylmer, Ontorio, LaGrange, Indiana, S. 88–89.

5. Die Reaktionen

1) Ullstein TB, 1998.

2) In Kapitel 10 werden wir zeigen, dass einige Wissenschaftler, die über Vergebung arbeiten, der Meinung sind, Vergebung dürfe nicht an Bedingungen geknüpft und nicht von Reue oder Bußfertigkeit des Übeltäters abhängig sein. Ihrer Ansicht nach ist Vergebung ganz die Wahl des Opfers. Diese Betrachtungsweise von Vergebung bedeutet, dass man eine klare Unterscheidung zwischen Vergebung und Wiedergutmachung trifft. Letztere Betrachtungsweise von Vergebung verlangt Bemühungen in Treu und Glauben sowohl seitens des Opfers wie seitens des Schuldigen.

7. Die Wurzeln der Vergebung

1) Ein Lektionar ist ein liturgisches Kalendarium mit Bibeltexten, die im Gottesdienst verwendet werden Viele christliche Traditionen benutzen Lektionare. Die Texte sind in den verschiedenen Traditionen unterschiedlich.

2) Die Ordnung, die Verbote und Vorschriften für das Leben der Amish

enthält, bezieht sich auf Kleidung, Erholung, Technologie und viele andere Themen. Sie ändert sich langsam und wird jährlich zweimal durch eine Abstimmung jedes Kirchendistrikts bestätigt.

3) In einigen Freikirchen ist es Brauch, im Gottesdienst »Zeugnis abzulegen«.

8. Die Spiritualität der Vergebung

1) Aus: Ausbund – das ist: Etliche schöne Christliche Lieder. 49. Ausgabe, Verlag der Amish Gemeinden in Lancaster County, Pa. 2007, S. 418–419.

2) Aus: Die Lieder der Hutterischen Brüder – Gesangbuch, Cayley, Alberta, 1962, S. 9.

9. Die Praxis der Vergebung

1) Distrikte haben jeden zweiten Sonntag Gemeindetreffen (Gma), so ist der erste und der dritte Sonntag »freier Sonntag«. Am ersten freien Sonntag, bleiben die Amish-Familien zu Haus und lesen Matthäus 18 als Vorbereitung auf die Ordnungs-Versammlung. Am zweiten freien Sonntag (dem dritten Sonntag der Abendmahlszeit) lesen Familien Abschnitte der Heiligen Schrift als Vorbereitung auf den Abendmahlssonntag.

10. Vergebung in Nickel Mines

1) *Vergebung als Chance*, auf Deutsch erschienen bei Hubert Lang – Hofgrefe AG, Bern.

2) Deutsch: Der letzte Zeuge

3) In vergangenen Jahren haben einige Amish-Gemeinden Hilfe von außen

in Anspruch genommen, um mit dem Problem häuslicher und sexueller Gewalt fertig zu werden. Ein Amish-Verleger hat neuntausend Exemplare eines Nachschlagewerkes mit dem Titel *Starke Familie, sichere Kinder* verteilt. Es bietet Beratung, wie man Vorfälle von Missbrauch erkennt und meldet. Die Buchveröffentlichung, die von Psychologen des sozialen Dienstes geschrieben wurde, zeigt den Wunsch mancher Amish an, die Angelegenheit wirksamer anzugehen.

11. Was hat es mit Meidung auf sich?

1) Glaubensbekenntnis des wehr- und rachelosen Christentums, Dordrecht, den 21. April 1632, James Keller Print, 1994.

12. Trauer, Vorsehung und Gerechtigkeit

1) Glaubensbekenntnis des wehr- und rachelosen Christentums, Dordrecht, den 21. April 1632, James Keller Print, 1994.

13. Die Gnade der Amish und wir anderen

1) Robert Kuttner, Everything for Sale: The Virtues and Limits of Markets, New York 1997, Random House Publishing

Stichwortverzeichnis